세계복음화전략
삼인조운동

[세계를 움직이는 월드 크리스천을 위하여]

조대영 저

도서출판 **메이킹북스**

세계복음화전략
삼인조운동

ⓒ 2022, 조대영

Trio Movement, International
주 소 : 서울시 마포구 마포대로4라길 30, 103동 2002호 (04178)
이메일 : dycho1104@daum.net
연락처 : +8210-6274-1699

초판 발행 ‖ 2022. 08. 15
발행처 ‖ 도서출판 **메이킹북스**
발행인 ‖ 장현수
영업부 ‖ 02-2135-5087
서울특별시 구로구 경인로 661
핀포인트 타워 912-914호

ISBN 979-11-6791-210-7
부가기호: 13230

이 책은 저작권법에 의해 보호를 받는 출판물입니다.
기록된 형태의 허락 없이는 무단 전재와 복제를 금합니다.

추 천 사

이번에 주님의 신실한 전도의 종, 조대영 장로님을 통해서 기도와 전도로 세계를 복음화하는 삼인조운동을 발간하게 된 것을 진심으로 축하드리며 이 책에 대하여 추천사를 쓰게 된 것을 하나님께 진심으로 감사를 드립니다. 저는 이 책의 원고를 받고 읽기 시작했을 때, 매우 흥미롭고, 너무나 감동적이고, 세계복음화에 꼭 필요한 책이라고 확신하게 되었습니다.

PET(Praying Evangelism Trio)훈련, 또는 삼인조 훈련은 네 요소로 이루어져 있습니다. 기도훈련, 전도훈련, 교회개척훈련, 그리고 세계복음화전략 등에 대한 훈련입니다. 이 삼인조운동은 처음부터 (三自 敎會 = 自給, 自傳, 自治)를 개척하는 교회개척 운동으로 짜여 있습니다. 이 삼자교회 개척은 현대선교에서 세계복음화의 핵심전략으로서 특히 서방선교에서는 꿈만 같이 생각하는 전략을 실제로 선교현장에서 실천했다는 것은 현대선교에서 삼인조운동의 하나의 쾌거라고 생각합니다.

이 책을 쓰신 조대영 장로님은 주님께 충성된 종이며, 사랑의교회의 신실한 장로님이십니다. 저자는 하나님의 아가페 사랑의 높이와 깊이와 넓이를 깨닫고, 사랑으로 영혼을 구원하는 데 혼신을 바친 분입니다. 그는 이 책을 쓰기 위하여 아들과 같은 젊은이들과 함께 선교대학원에서 선교신학을 연구한 학구파이기도 합니다. 저자의 삼인조운동은 18개국에서 50회 이상을 실시한 PET훈련(삼인조훈련)의 결과를 토대로 정리 분석, 평가한 것으로 정말 세계복음화에 꼭 필요한 책이라고 생각합니다.

이 책의 또 하나의 중요한 특징은 "선교사는 산모(産母)가 아니라 산파(産婆)가 되라."는 motto의 길라잡이 역할을 하고 있다는 것입니다. 저자의 전도(선교)방법은 능력있는 삼인조기도(Trio prayer), 효과적인 전도(Evangelism Explosion, EE), 그리고 능률적인 가정교회 개척 등 세 가지 방법 중에서 장점만을 선택하여 PET훈련(삼인조훈련) 방법을 창안하여 어느 민족, 어느 교회, 어느 선교사들도 현지에서 현지인들을 통하여 전도할 수 있도록 안내하고 있습니다. 또한 이 책은 세계복음화뿐만 아니라 지역교회에서 기도훈련이나 전도훈련 및 구역활성화에도 매우 유용한 내용으로 되어 있어서 교회성장에도 크게 도움이 될 것입니다. 이 책의 부록에는 PET 훈련 매뉴얼, 교회개척 프로그램, 그리고 즉석양육 프로그램까지 상세하게 실려 있습니다.

이에 저는 이 책을 주저함 없이 모든 교회 목회자들, 선교사들, 평신도들, 그리고 선교후보생들에게 적극 추천하는 바입니다. 감사합니다. 할렐루야!

2022년 5월 30일

교수 강승삼 박사
GMS 원로 선교사
전 총신대학교 선교대학원장
전 KWMA 사무총장, 대표회장

들어가는 말씀

이 책은 개인이 자습하거나 PET훈련을 받아 그룹 선교훈련을 실시할 수 있도록 쓴 책입니다. 전도나 선교에 대한 책들이 많이 나와 있으나 이 책들은 대개 이론이나 원리에 대한 책들이거나 극히 부분적인 책이 대부분입니다. 그러나 이 책은 18개국의 선교현장에서 50회 이상의 기도훈련, 전도훈련, 교회개척훈련, 그리고 선교전략에 대한 훈련 등을 실시하고 그 결과를 평가하여 누구든지 예수 그리스도의 지상명령(至上命令)에 대한 열정을 가지고 삼인조운동(PET훈련)에 헌신하면 세계 복음화를 위한 선교훈련을 실시할 수 있도록 집필하였습니다.

구약시대에는 하나님의 선교사역은 부족이나 국가 중심으로만 가능했으나 신약시대에는 하나님의 선교전략의 변경으로 개인 중심으로 선교사역이 가능하도록 하셨습니다. 성경 예레미야의 말씀에서 "나 여호와가 말하노라. 보라 날이 이르리니 내가 이스라엘 집과 유다 집에 새 언약을 세우리라. 나 여호와가 말하노라. 이 언약은 내가 그들의 열조의 손을 잡고 애굽 땅에서 인도하여 내던 날에 세운 것과 같지 아니할 것은, 내가 그들의 남편이 되었어도 그들이 내 언약을 파하였음이니라. 나 여호와가 말하노라. 그러나 그날 후에 내가 이스라엘 집에 세울 언약은 이러하니 곧 내가 나의 법을 그들의 속에 두며 그 마음에 기록하여 나는 그들의 하나님이 되고 그들은 내 백성이 될 것이라. 그들이 다시는 각기 이웃과 형제를 가리켜 이르기를 너는 여호와를 알라 하지 아니하리니 이는 작은 자로부터 큰 자까지 다 나를 앎이니라..."(렘 31:31-34). 이 하나님의 말씀은 하나님의 말씀을 개인적으로 자습할 수 있고 개인적으로 선교 사역을 할 수 있는 근거가 되는 말씀이기도 합니다.

하나님의 꿈과 계획은 가능한 한 많은 사람을 구원하기 위해 땅끝까지 하나님의 복음이 전파되도록 하는 것이었습니다. 하나님께서는 그 꿈을 이루시기 위해서 예수 그리스도의 재림의 때를 세계복음화와 연계(連繫)시키시면서까지 늦추고 계신 것이라고 생각합니다. "이 천국 복음이 모든 민족에게 증거되기 위하여 온 세상에 전파되리니 그제야 끝이 오리라"(마 24:14)고 성경은 말씀하고 있습니다. 이 세계복음화를 위하여 예수님께서 승천하시기 전에 유언을 남기셨다면, 그의 제자 된 우리로서는 어떻게 하여야 할까요? 우선 무슨 일이 있어도 유언만큼은 들어드려야 하지 않을까요? 그런데 이상한 것은 지상명령(至上命令)이라고 하는 유언의 말씀을 다 알면서도 대부분의 제자들은 왜 무관심할까요? 대개의 유언은 유언을 한 사람이 죽었지만, 예수님만은 영원히 살아계신 하나님이신데 그렇게 중대한 유언을 무시하며 살아도 괜찮을까요?

예수님의 지대한 관심 때문에 우리가 하나님의 심판대 위에 섰을 때, 주님께서는 아마도 제일 먼저 지상명령에 대해 질문을 하실 것이 분명합니다. 우리가 천국에 들어가려면 물과 성령에 의해 거듭나야 하는데(요 3:5), 거듭나는 데 필요한 성령을 주신 가장 큰 목적이 이 "지상명령"을 지키게 하기 위해 주신 것이라면 어떻게 해야 할까요? 예수님은 사도행전 1:4절 말씀에서 "... 예루살렘을 떠나지 말고 내게서 들은 바 아버지께서 약속하신 것(성령)을 기다리라."고 말씀하시고 이어서, "오직 성령이 너희에게 임하시면 너희가 권능을 받고, 예루살렘과 온 유대와 사마리아와 땅끝까지 이르러 내 증인이 되리라 하시니라"(행 1:8)고 하신 말씀은 성령을 주신 목적이 제자들이 증인으로 살도록 하기 위한 것이라는 것을 보여주고 있습니다. 따라서 구원받은 사람은 누구나 주님이 유언으로 부탁하신 지상명령에 관심을 기울여야 할 것입니다.

예수님이 승천하신 후 이 복음화의 불길은 요원(燎原)의 불길처럼 타 올라 많은 박해에도 불구하고 순식간에 예루살렘에서 일루리곤(오늘날의 유고슬라비아)까지, 그리고 고대 로마제국 전역(全域)에 복음이 편만하게 전파되었다고 성경은 증언하고 있습니다. 그 전파 속도가 오늘날까지 지속되었다면 온 세상을 몇 번이고 복음화했을 것인데, 애석하게도 선교의 주역이었던 사도 바울의 순교와 함께 복음화의 여정도 끝을 맺고 말았습니다. 초대교회 시대에 왕성하게 뻗어나가던 기독교 선교운동은 3~4세기에서 교회지도력이 유대인으로부터 이방인에게 넘어가면서 성령의 역동적 사역도 사라지고 초대교회의 성장동력은 그 힘을 잃고 말았습니다.

기독교에 대한 다른 황제들의 박해는 대개 국지적(局地的)이었지만 디오클레시안 황제(A.D. 287-305)의 기독교 박해는 매우 잔혹했으며 그는 로마제국 전역에 걸쳐 교회를 박해했고 수천 명이 체포되어 고문당하고 순교당하는 참사를 겪었습니다. 이때 교회는 대부분의 신실한 지도자들을 잃었으며 4세기 초 로마 카톨릭의 형성과 함께 교회 지도력은 유대인들로부터 대개 헬라 철학을 공부한 희랍 주교들에게 넘어가게 되었던 것입니다. 여기서 매우 애석한 것은, 사도행전 시대의 뜨거웠던 성령의 역사가 교회로부터 사라졌다는 사실입니다.[1]

중세 1,500여 년 동안에 일어난 교회성장은 성령의 역사라기보다는 자연성장과 힘을 앞세운 정복 또는 교황이나 황제들의 명령 등 인간의 방법이 주류를 이루었고, 16세기의 종교개혁 이후에는 서방을 중심으로 하는 선교가 주류를 이루었는데, 현대 서방선교는 사도 바울의 선교전략을 이해하지도 못하고 실천해 본 경험도 없으며 효과 면에서도 비교가 되지 않으며 기본 정신도 사도 바울의 선교정신과 맞지 않는다고 로랑 알렌은

---

1) Robert D. Heidler, "메시아닉 교회", 진현우 역, WLI Korea, 2008, 62-78.

큰 아쉬움을 가지고 피력하고 있습니다.2) 이는 서방선교 방법에 일부 문제가 있음을 시사(示唆)해 주는 것이라고 하겠습니다. 사도행전에서 보여주는 사도 바울의 왕성한 선교와 교회개척은 그 후에 선교사역을 물려받은 사역자들이 바울의 방법을 따라 하기는 했으나 이미 성령의 능력은 사라지고 능력과 효과 면에서 한참 뒤지는 결과를 가져왔을 뿐입니다.3) 사실상 사도 바울의 선교전략과 방법은 사라진 것이나 다름없다고 할 수 있습니다.

특히 64개국의 선교 및 교육의 상담역을 맡았었고 세계적인 선교지도자 양성을 하며 선교신학을 이끌었던 트리니티 복음주의 신학대학원의 국제학과장을 역임했던 테드 워드 박사(Ted W. Ward)는 지난 1996년 한국해외선교회(GMF)에서 주최한 한 세미나에서 한국교회를 향해서 권고하기를, "서방선교 200년은 많은 시행착오를 겪었으므로 세미나 개최 당시 20년의 짧은 선교역사를 가진 한국 교회는 서방선교를 그대로 답습하지 말고, 첫째 어떻게 하면 성경에 근거한 효과적인 선교를 할 수 있을 것인가 하는 것과, 둘째 선교사역에서 어떻게 하면 문화적인 요소를 제거할 수 있을 것인가 하는 것을 자체적으로 계속 연구해 나가라"고 권고하였습니다.4)

오늘날과 같이 전도하기 어려운 시대에 15명 정도의 전도팀이 아무 연고도 없는 생소한 지역에 전도하러 나가서 하루 동안 전도하고, 예배드릴 장소를 정하고, 그 장소에서 당일 전도한 사람들을 모아서 교회 개척예배까지 드리고 돌아온다면, 과연 이런 사실을 믿을 수 있을까요? 만일

---

2) Allen Roland, "Missionary Methods: St. Paul's or Ours?", Grand Rapids, Michigan: Wm. B. Eerdmans Publishing Co.,1962
3) John Mark Terry, "Evangelism, Concise History", Broadman & Holman Publishers, 1994,
4) Ted W. Ward, "선교와 교육", 사단법인 한국해외선교회 주최 세미나 자료, 1996.

60명에게 전도훈련을 시킨다고 할 때, 3일 동안 전도훈련을 하고, 다음 날 4개의 팀으로 나가서 하루에 4개의 가정교회를 개척하고 돌아온다면 이는 분명히 초대교회 시대의 사도 바울의 교회개척 효과에 버금가거나 교회개척 속도 면에서 오히려 그것을 능가하는 결과를 가져오는 효과적인 방법이라고 할 수 있을 것입니다. 그런데 이런 현상이 "삼인조운동"에서는 통상적으로 볼 수 있는 결과라고 한다면 놀라지 않을 수 없겠지요? 사실 우리가 "PET훈련 (또는 삼인조훈련)"이라고 명명(命名)한 훈련에서, 처음에는 우리 자신도 기대하지 못했던 결과를 얻게 되었습니다. 왜냐하면 그런 종류의 사역은 초대교회 시대를 제외하고는 교회 역사상 거의 없었기 때문입니다. 우리는 처음 생각하기를 "현지인들에게 전도훈련을 시킨다면 현지인들이 미전도 지역에 가서 전도하게 될 때, 결신한 새 신자들에게 가정교회라도 세워서 양육할 수 있도록 해주어야 되지 않겠는가?"라는 막연한 생각을 하게 되었고, 그에 따라 우리는 전도훈련을 하러 갈 때, 가정교회까지 개척하는 계획을 세웠던 것입니다. 그런데 한국 선교사의 요청에 의해 국외에 나가서 전도훈련을 했을 때, 우리 자신도 놀라는 결과를 가져왔던 것입니다. 이것을 우리는 "삼인조운동"이라고 불렀습니다.

    삼인조운동은 사실 우연하게 시작되었습니다. 1995년 9월 이성준 집사는 캄보디아에 있는 선교사로부터 자기가 섬기는 교회의 교인들에게 전도훈련을 시켜달라는 요청을 받았습니다. 우리는 준비관계를 감안하여 가장 빨리 출발할 수 있는 항공편이 10월 29일 출발하여 캄보디아 현지인 42명에게 전도훈련을 실시할 수 있었고, 5일 동안의 전도훈련에서 하루에 두 개의 가정교회를 개척하면서 "삼인조운동"은 시작되었던 것입니다. 이 훈련에서 보여준 놀라운 결과는 하나님께서 이 사역을 기뻐하신다는 확신을 갖게 하였으므로 우리는 한 나라가 아니라 어디든지 하나님께서 인도하시는 대로 계속해서 이 사역을 이어나가겠다는 기도를 드리게 되었습니다.

따라서 우리의 단기선교 사역은 계속되었습니다. 1995년에 캄보디아 및 네팔에서, 1996년에는 미얀마, 필리핀, 캄보디아 2차, 불가리아, 미얀마 2차, 태국, 인도 등에서 7회의 훈련을 실시하였고, 훈련을 통해 412명을 훈련했는데 이들을 통해서 4,652명에게 전도하여 1,967명의 새신자를 얻었고, 38개의 가정교회를 개척하는 결과를 얻게 되었으며, 2000년까지 총 18개국에서 50여 회에 걸쳐서 PET훈련을 실시하여 3,228명을 훈련하였으며 훈련생들을 통해 35,000여 명에게 복음을 전하여 그중 12,000명의 새 신자를 얻었고 248개의 가정교회를 개척했습니다.

저는 하나님께서 함께하셨던 이 놀라운 사역을 후대 사람들이 알 수 있도록 기록으로 남기기 위해서는 신학교의 논문 형태가 가장 적합하다는 생각을 하게 되었고, 따라서 1998년에 총신대 선교대학원에 입학하였고, 2000년도에 졸업논문으로 기록을 남기게 되었으며, 이 기록은 신학교가 존속하는 한 남아 있게 될 것입니다. 저는 이 훈련결과를 평신도들이 볼 수 있도록 책을 쓰려고 했지만, 보고서 형식의 초록을 써놓고 보니 우리 업적을 자랑하는 것만 같아서 20년 가까이 탈고를 하지 못하고 있었습니다. 그러다가 하루는 모세가 이스라엘 백성에게 하나님의 거룩하심을 나타내지 않음으로 인해 가나안에 들어갈 기회를 잃어버리게 된 경우가 생각났습니다. "(모세가) 그 손을 들어 그 지팡이로 반석을 두 번 치매 물이 많이 솟아나오므로 회중과 그들의 짐승이 마시니라. 여호와께서 모세와 아론에게 이르시되 너희가 나를 믿지 아니하고 <u>이스라엘 자손의 목전에 나의 거룩함을 나타내지 아니한 고로 너희는 이 총회(이스라엘 백성)를 내가 그들에게 준 땅으로 인도하여 들이지 못하리라 하시니라</u>"(민수기 <u>20:11-12</u>). 저는 하나님께서 인도하였고 또 기뻐하신 PET훈련에 대한 책 쓰는 것을 등한시(等閑視)함으로써 하나님의 영광을 드러내지 못하게 되는 것이 두려웠습니다. 또 한편으로는 이 사역이 전적으로 하나님의 인도하심이었음을 독자들께서 잘 이해하실 것이라는 믿음을 가질 수 있게 되었으므로 용기를 내어 하나님의 거룩하심을 나타내기 위해 다시 집필하게 되었습니다.

마지막으로 기억해야 할 것은 애석하게도 사도 바울의 선교전략과 교회개척 방법은 도중에 사라졌고 성령의 능력도 대부분의 선교현장에서 사라졌다는 사실입니다. 이 잃어버린 사도 바울의 선교방법과 성령의 능력을 되찾을 수 있는 방법이 있다면 그 이상 바랄 것이 없지 않겠습니까? 우리는 사도 바울의 능력있는 사역의 현장을 문틈으로 조금 엿볼 수 있었을 뿐인데, 그것이 바로 삼인조운동의 전도 현장이었다고 생각됩니다. 하나님께서 문틈으로 보여주셨던 그 사역들을 통해서 우리가 오늘날 하나님께서 원하시는 사역을 할 수만 있다면, 또는 사도 바울의 선교전략을 복원할 수 있다면, 이 삼인조운동은 그 사명을 다 하는 것이라고 할 수 있을 것이며 한 가지 장점은, 이 훈련은 목회자든 평신도든 누구든지 하나님의 도우심만 믿고 열심을 가지고 삼인조운동 방법을 참고하여 실시하기만 하면 이 책에서 보여주는 결과를 얻을 수 있는 장점을 가진 세계복음화 방법이라는 것입니다. 많은 분들이 일어나서 삼인조운동의 연장선상에서 열심히 전도하고 훈련하여 예수님께서 명령하신 지상명령을 지킴으로써 땅끝까지 복음이 편만하게 전해지는 세계복음화가 앞당겨지기를 간절히 소원하는 바입니다.

끝으로 오랜 선교 경험과 현지인 선교훈련에 많은 관심을 가지고 지도해 주신 전 총신대학교 선교대학원장 강승삼 박사님께 심심한 감사를 드립니다. 또한 적절한 충고와 평신도사역연구소 설립을 위해서 직접 지도해 주신 한국세계선교협의회(KWMA) 사무총장이셨던 한정국 선교사님께도 충심으로 감사를 드립니다. 삼인조운동에 많은 관심을 가지고 영문으로 논문을 쓰는데 많은 도움을 주신 OMF 선교사 David Harrison 박사님에게도 심심한 감사를 드립니다. 또 저의 논문을 자세히 읽고 이 책을 쓰도록 격려해주신 정수균 선교사님에게도 감사의 말씀을 드립니다.

이 삼인조운동을 함께 계획하고 함께 많은 수고와 협력을 아끼지 않았던 동역자님들; 이성준 집사님과 인도네시아 선교사 문갈렙 선교사님과 지금은 미국에서 상담목회를 하고 계신 황규만 선교사님에게도 감사의 말씀을 드립니다. 동료인 이성준 집사님의 노고에 특별히 감사하는 것은 이 운동의 매 훈련 때마다 준비는 거의 그의 몫이었고 전체 사역비의 70% 정도는 이성준 집사님이 담당하였음을 밝혀 두는 바입니다.

유별나게 외국인으로서 많은 협력을 아끼지 않고 지금도 삼인조운동을 실시하고 있는 미얀마 Gospel Baptist Church(GBC)의 담임목사인 느헤미야 라민(Rev. Nehemiah Hla Myint) 목사님께 깊은 감사를 드립니다. 라민 목사님은 삼인조운동의 확산을 위해 많은 노력을 아끼지 않고 협력해 주셨으며, 특히 <u>PET훈련을 받은 삼인조운동 선교사들을 선교 여행으로 미얀마 전국에 파송하여 전도와 교회개척을 실시함으로써 오늘날에 있어서도 사도 바울의 선교방법의 실현이 가능하다는 것을 증명해준 것에 대해 특별히 감사를 드립니다.</u>

마지막으로 선교사역 때마다 어려움을 함께 하며 격려해준 아내 성혜용 권사와 지금은 따로 분가해서 살지만 사역 당시에는 여러 가지 불편을 감수하며 응원해 준 아들 성욱과 딸 유경에게도 고마운 마음을 전합니다. 또한 저의 신앙의 중심을 잡아주시고 평생을 저를 위해 기도하시며 24년 간 제주영락교회와 서귀포교회에서 여전도사로 사역을 하셨던 사랑하는 저의 어머님께 이 책을 드립니다.

차 례

추천사
들어가는 말씀
서 문 ——————————————————————15

제1부 삼인조운동의 특징
제1장 삼인조운동(PET훈련)의 시작 ———————————20
제2장 PET훈련의 선교지에서 있었던 일들 ——————————24
제3장 삼인조운동의 특징 ——————————————52
제4장 삼인조운동의 장점들 —————————————60
제5장 삼인조운동의 결과 ——————————————62
제6장 PET훈련의 실제적 적용 ————————————64
제7장 PET훈련의 각 요소에 대한 고찰 —————————65
제8장 삼인조운동을 가능케 한 변화의 원동력 ——————— 99
제9장 세계복음화의 문제점 및 삼인조운동의 필요성—————115

제2부 삼인조운동의 실제
제10장 PET훈련의 개요 ——————————————122
제11장 삼인조운동의 교재 일람표 및 표준시간표 ——————124
제12장 PET훈련의 진행 순서에 따른 훈련요령———————127
제13장 간추린 복음제시 ——————————————157

제3부 여러 나라의 PET훈련 결과
제14장 캄보디아의 PET훈련 결과 ———————————159
제15장 네팔의 PET훈련 결과 —————————————163
제16장 불가리아의 PET훈련 결과 ———————————166
제17장 미얀마의 PET훈련 결과 ————————————174
제18장 태국의 PET훈련 결과 —————————————179
제19장 PET훈련의 파급 효과(미얀마 GBC 교회) ——————188

제4부 PET훈련의 종합평가(논문 요약) ——————————190

[부록] PET훈련 매뉴얼 ————————————————1

도표 일람표

표 번호	도표 이름	페이지
표 1	지역선교와 우주적선교의 차이점	16
표 2	환경이 다른 여러 나라에서의 PET훈련의 결과	62
표 3	하나님의 나라와 교회	94
표 4	복음의 확산 과정	96
표 5	PET훈련을 통한 전도자 수의 증가(최대치)	98
표 6	복음서에 나타난 "사랑"의 종류	105
표 7	이스라엘 백성이 가나안에 들어가는 세 가지 자격	110
표 8	기독교인의 순종과 불순종의 결과	114
표 9	1900년도와 2000년도의 세계 종교인구 비율	115
표 10	세 가지 중요한 세계선교전략의 비교	119
표 11	PET훈련의 교재 일람표	125
표 12	PET훈련의 표준 시간표	126
표 13	삼인조의 증식 방법	133
표 14	세 가지 전도방법의 효과 비교표	193

서 문

【삼인조운동의 사명 선언문】

예수 그리스도의 뜻을 따라, 성령님의 능력으로, 삼인조를 조직하여 기도와 전도로 세계를 복음화하고, 사람이 사는 세계 모든 마을과 동네와 도시에 3-S(自立, 自傳, 自治)의 교회를 세우는 것을 사명으로 한다.

선교 사역은 두 가지 범주로 나눌 수 있습니다. 즉, 협의적인 지역선교와 광범위한 우주적선교(세계복음화)로 나눌 수 있습니다. 우리가 현재 일반적으로 선교라는 이름으로 수행하고 있는 사역은 대체적으로 지역선교라고 할 수 있습니다. 지역선교는 문화적 선행을 통해서 복음이 전파되도록 하는 것으로서 학교, 병원, 고아원 사역, 생활개선 사업 등, 사회사업을 통해서 기독교를 전파하는 것이 보통이며, 궁극적인 목표는 물론 선교이지만, 우선적으로 선교 지원을 받는 국가나 교회, 교단 또는 선교단체의 영위를 목적으로 하는 거주 선교사에 의한 사역인 경우가 대부분입니다. 그러나 우주적선교는 비거주가 대부분이며 궁극적인 목표를 세계복음화에 두고 하나님 나라의 확장을 위해서 복음을 선포하고 제자를 삼는 사역으로서 예수 그리스도나 사도 바울의 사역을 예로 들 수 있습니다. 이것을 간단한 도표로 [표 1]과 같이 표시할 수 있습니다. 그러므로 그 사역 과정을 중심으로 구분한다면 지역선교의 총화를 우주적 선교사역이라고 할 수 없을 것입니다. 예수 그리스도의 피로 구속함을 받아 성령으로 거듭난 성도들은 하나님 아버지의 자녀 된 신분으로서 마땅히 우주적인 영적전쟁에 그리스도의 용사로서 참여하여야 할 것이며, 사탄의 사슬에 매여 있는 영혼들을 구원할 책임이 주어진 것입니다.

[표 1] 지역선교와 우주적선교의 차이점

선교의 종류	지역선교	우주적선교
주 사역지	온 지구	온 우주
관련 분야	인간, 사회적 사건들 국가, 단체, 재난들	삼위일체 하나님, 천사 사탄, 전 세계, 천국, 지옥
목 표	교회, 사회사업	교회, 하나님 나라
사역의 장	교회, 사회사업	교회, 세계복음화

그리스도에 대한 우리의 믿음을 잘 지키는 것과 기도를 통해 사탄에 대적하는 것은 바로 우주적인 영적 전쟁에 참여하는 것입니다. "삼인조운동"은 우주적선교의 특성을 가지며 초대교회 시대를 제외하고는 교회사적(敎會史的)으로 공인된 바가 없는 새로운 세계복음화 운동의 하나입니다. 삼인조운동은 사도 바울이 초대교회 시대에 사역했던 것처럼 교회개척을 빠르게 확산시킴으로써 하나님의 나라를 빠르게 확장해 나가자는 세계복음화 운동의 하나입니다. 빠른 가정교회 개척의 주된 목적은 하나님 나라의 빠른 확장과 교회가 없는 생소한 지역에 가서 전도사역을 하려는 성도들에게 새로운 교회들을 공급하는 것입니다. 이와 같은 빠른 교회개척은 개척선교사들에게도 큰 도움을 줄 수 있을 것입니다. 이 "삼인조운동"은 모든 분들에게 아주 생소한 용어일 것이기 때문에 먼저 소개의 말씀을 드리고자 합니다.

삼인조운동은 기도, 전도, 교회개척 및 세계복음화전략 등 모든 사역을 항상 세 사람이 한 조가 되어 실시하기 때문에 붙여진 이름입니다. 사실 이 삼인조운동은 나중에 일반화한 이름이고 처음에는 "PET훈련" 또는 "삼인조훈련"이라는 이름으로 전도훈련과 교회개척 훈련을 시작했습니다. "PET"는 Praying Evangelism Trio의 약자이며, 그 의미는 세계복음화를 목표로 하기 때문에 여기서는 "기도와 전도로 세계를 복음화하는 삼인조운동"이라고 번역합니다. 이 PET훈련은 기도훈련, 전도훈련, 교회개척훈련, 그리고 세계복음화전략에 대한 훈련 등 네 가지 훈련을 동시에 그리고 조직적으로 실시함으로서 훈련 효과를 극대화하고, 처음부터 자립하는 가정교회(3-S 교회; self-supporting, self-propagating, and self-governing [三自敎會; 自給, 自傳, 自治하는 교회])를 개척함으로써 교회개척이 자유로운 지역은 물론, 창의적 접근지역 같은 교회개척이 어렵거나 교착상태에 있는 지역에서도 사도 바울의 선교 사역처럼 교회를 빠르게 개척해 나갈 수 있는 장점이 있는 전도훈련입니다. 삼인조운동은 이 PET훈련을 통해서 미전도 지역이나 교회가 없는 세계 모든 지역에 교회를 빠르게 확산시켜 나가자는 운동(훈련)입니다.

삼인조운동의 성경적 근거

사실 "삼인조운동"이란 단어는 생소하지만 이 운동은 매우 오랜 성경 역사를 가지고 있습니다. 창세기 1:26절에서 하나님은 삼위(三位)로 계신다는 것을 믿는 것이 우리의 신앙고백입니다. "하나님이 가라사대 우리의 형상을 따라 우리의 모양대로 우리가 사람을 만들고..."에서 하나님께서 하나님 자신을 "우리"라는 복수(複數)를 사용하셨는데 여기에 성부, 성자 그리고 성령님 이렇게 세 분께서 함께하셨다고 믿는 것입니다.

즉, 기독교 소교리문답(小敎理問答)의 여섯 번째 문답에서 우리는 "하나님의 신격(神格)에 삼위가 계시는데, 성부와 성자와 성령이십니다. 이 삼위는 한 하나님이시며, 본질도 같으시고, 권능과 영광은 동등하십니다"라고 되어 있습니다. 하나로 통일되시며 완전한 조화를 이루어 역사하시는 성부, 성자, 성령님의 한 분 같이 움직이시는 것은 바로 이상적인 삼인조(Trio)라고 말할 수 있습니다. 즉 감히 우리는 삼인조운동의 삼인조는 삼위일체 하나님의 역사하시는 방식을 닮는 것을 이상으로 삼아 서로 사랑하고, 상호적이며, 협동적이고, 평등하며, 계급이 없는 공동체라고 말할 수 있습니다. 그리고 삼인조의 별명을 각각 성경의 모세, 아론, 훌로 바꾸었는데, 이것은 하나님께서 하나님과 아브람 사이에 할례를 통해 언약을 맺으시고 열국의 아비를 삼으신 다음에 제일 먼저 아브람의 이름을 아브라함이라고 바꾸신 것을 본받아 세계복음화를 위해 헌신하기로 하나님과 사람들 앞에서 서약한 삼인조 각 개인의 이름을 바꾸게 되었습니다.

하나님께서 왜 삼위로 계실까요? 이것은 인간으로서 감히 제기할 수 없는 질문이지만, 하나님의 형상대로 만드신 인간을 통해 추리해 볼 수는 있지 않을까요? 만일 사람이 혼자서 존재하고, 혼자서 모든 일을 해야만 한다면 어떻겠습니까? 하나님께서도 "사람이 독처(獨處)하는 것이 좋지 못하니"(창 2:18)라고 하시면서 배필을 지어주셨습니다. 인간은 집단으로 존재해야 하고, 서로 교제하며, 서로 협력하는 관계 때문에 산다고 한다면, 비슷한 이유가 하나님께도 있으셨을 것으로 추리할 수 있지 않겠습니까? 우리 인간도 세 사람이 삼위일체를 닮은 방식으로 연합하여 일을 한다면 많은 시너지 효과가 나타날 것입니다. 이것은 실제로 삼인조의 장점에서 확인할 수 있는 것입니다. 현대 조직신학의 대가이며 "희망의 신학자"라고 불리는 독일의 위르겐 몰트만(Jürgen Moltmann)은 그의 "창조 안에 계신 하나님"이란 책에서, 삼위일체의 존재는 비계급주의적이고 비중앙집권적인 "완전한 사귐"의 형태라고 하였는데, 이것은 삼위일체뿐만 아니라 바로 이상적인 삼인조의 활동을 말해주는 것이기도 합니다. 즉 이것은 세 사람이 생동적인 현실에 함께 그리고 동시에 참여하여 조화를 이루는 것을 생명으로 하여 각자가 최선을 다하는 형태를 말한다고 할 수 있습니다.

성경역사에서 삼인조는 계속됩니다. 실제적인 사례가 출애굽기 17장에서 이스라엘 백성이 아말렉과 싸울 때, 여호수아는 군대를 이끌고 전쟁에 나가고, 모세와 아론과 훌은 산꼭대기에 올라가서 기도할 때, 모세가 손을 들면 이스라엘이 이기고, 모세가 손을 내리면 아말렉이 이겼습니다. 모세가 팔이 피곤하여 계속해서 기도할 수 없을 때, 아론과 훌이 돌을 가져다가 모세를 그 위에 앉히고 양쪽에서 모세의 손을 붙들어 올려줌으로써 모세는 하루 종일 기도할 수가 있었고, 이스라엘이 아말렉을 완전히 무찌를 수 있었습니다. 이것은 모세 혼자서 할 수 있는 일이 아니었고 오직 삼인조로 해낸 일이었습니다.

예수님께서도 두세 사람이 함께 행동할 것을 말씀하셨습니다. "두세 사람이 내 이름으로 모인 곳에는 나도 그들 중에 있느니라."(마 18:20). 예수님께서 임재하시는 조건은 단지 두세 사람이 주님의 이름으로 함께하는 것뿐입니다. 주님께서 그들 중에 계셔서 구경만 하시겠습니까? 주님께서 그들 중에 함께하셔서 함께 역사하신다는 뜻 아니겠습니까? 또 주님께서 겟세마네 동산에서 기도하실 때, 열한 제자와 함께 가셨는데 베드로와 요한과 야고보 세 사람을 따로 불러 기도하게 하셨습니다. 왜 그렇게 하셨을까요? 보통의 생각으로는 11명이 함께 기도하면 더 큰 능력있는 기도를 할 수 있으리라고 생각되지만, 주님께서는 셋을 따로 불러 기도하게 하셨습니다(막 14:32-38). 조나단 에드워드의 해석을 빌리면, 3명이 기도할 때, "분명한 일치(Explicit agreement)와 가시적(可視的)인 연합(Visible union)"이 이루어지기 때문에 3명의 기도가 특별한 능력을 가져올 수 있다고 하였습니다. 이렇게 삼인조기도는 다른 숫자에서 볼 수 없는 특별한 능력이 있다는 것을 알 수 있습니다. 따라서 우리는 이 특별한 능력이 있는 삼인조기도에 효과적인 전도사역과 빠르게 개척하는 가정교회 개척과 효과적인 세계복음화전략을 함께 실시함으로써 특별한 능력이 있는 삼인조운동(PET훈련)을 완성하게 된 것입니다. 저는 이 책에서 PET훈련의 중요한 내용들을 자세하게 설명함으로써 목회자나 평신도들 누구나 스스로 자습할 수 있고 예수 그리스도의 지상명령을 이루기 위하여 누구나 PET훈련을 실시할 수 있도록 집필하였습니다.

본서는 훈련을 통해서 교회개척을 확산해 나아가는 것이므로 훈련서식 등 자료들이 필요한데 그 자료들은 [부록]으로 첨부하였으며 이 자료들은 훈련을 위해서 수정 없이 그대로 사용할 수 있도록 하였습니다. 또한 대부분의 해외선교 사역은 영어로 실시되기 때문에 본서는 한글과 영문으로 작성하였습니다. 그러므로 독자 분들께서는 [부록]의 자료 일람표를 가지고 훈련을 실시하실 때, 앞의 부분에서 제시한 설명을 참고로 하시면 어려움 없이 훈련을 실시할 수 있을 것입니다. 또한 훈련에 편의를 제공하기 위하여 훈련에 그대로 사용할 수 있도록 영문과 한글로 기록한 부록을 A4 사이즈의 별책으로 공급해 드릴 수 있도록 하겠습니다.

제1부 삼인조운동의 특징

제1장 삼인조운동(PET훈련)의 시작

서론에서 말씀드린 바와 같이 삼인조운동은 PET훈련 또는 삼인조훈련을 전 세계적으로 실시하여 세계복음화를 빨리 이룩하자는 운동입니다. 사랑의교회에서 전도폭발 훈련을 받은 평신도들이 "전도특공대"라는 이름으로 전도대를 조직하여 전도지원을 요청하는 교회들을 찾아가 현지 교인들의 안내로 전도도 하고, 선교영화도 상영하고, 전도설교를 통해 전도에 대한 사명감을 불러일으키며 국내 전역을 다니며 사역하고 있었습니다. 그러던 중 1995년 9월에 이성준 집사가 캄보디아 선교사로부터 자기가 개척한 교회에 와서 전도훈련을 시켜달라는 연락을 받고 전도훈련을 약속했습니다. 이성준 집사의 요청에 따라 저도 캄보디아 전도훈련에 함께

제1장 삼인조운동(PET훈련)의 시작

가기로 약속했으며, 자료를 준비하던 중, 우리가 한국에서 사용하던 "전도특공대"라는 이름을 쓰면서 돌아다니면 특히 전쟁 중인 나라에서 오해를 받을 염려가 다분히 있어서 이름을 바꾸기로 하고, 그 이름을 "PET훈련"이라고 바꾸게 되었습니다.

 1995년 당시 캄보디아는 북한과는 수교가 되어 있었지만 한국은 수교국이 아니었으며 캄보디아 북서쪽의 국경지역에서는 1975년에 일어난 공산혁명의 잔당이 게릴라화한 공산군과 정부군 사이에 교전 상태에 있었고, 국가 경제는 오랜 전쟁과 국민의 1/4을 학살한 크메르루즈 공산군의 학정으로 피폐할 대로 피폐해지고 국민생활은 참혹했습니다. 정부는 유엔의 지원 등으로 치안은 유지되고 있었지만 경찰이나 군인들에게 몇 달째 봉급을 주지 못했고 전기는 초저녁 2시간 정도만 공급되고 있었습니다. 당시 한국과는 수교 관계가 없었으므로 캄보디아에 가려면 한국정부의 허가를 받아야 했기 때문에 평신도가 선교 목적으로 캄보디아에 갈 수 있는 길이 없었습니다. 하나님께 길을 열어 달라는 기도를 드리는 것이 할 수 있는 일의 전부였습니다. 그런데 기도를 시작한 지 약 2주 만인 1995년 10월 2일 한국과 캄보디아 정부는 동시에 수교를 발표했고, 정부의 허가 없이도 캄보디아에 여행을 갈 수 있게 되었습니다. 우리는 곧바로 여행사에 항공권 예약을 했는데, 가장 빨리 출발하는 것이 10월 29일 출발하는 비행기였습니다. 베트남을 거쳐 10월 30일 캄보디아에 도착하니 공항 건물 지붕 위에 국왕과 왕비의 커다란 천연색 사진이 나란히 걸려 있었습니다. 옆 사람에게 물어보니 10월 31일이 국왕의 생일이라 그날을 축하하기 위해서 걸어놓은 것이라고 했습니다.

 나중에 안 것이지만 당시에 캄보디아는 아직 내전 중이어서 군인들은 아무데서나 총을 쏴댔고, 심지어는 지나가는 외국인에게 통행료를 내라고 해서 없다고 하면 총으로 쏴버린다는 소문도 들렸습니다. 그런데 국왕의 생일 전후 1주일간(총 2주일간)은 국법으로 지위의 고하(高下)를 막론하고 아무도 총을 쏠 수 없게 되어 있었고, 국가의 경제사정이 어려워서 수도인 프놈펜에서도 평상시에는 하루에 2시간 정도밖에 전기가 들어오지 않았는데, 국왕의 생일 전후 1주일간(총 2주일간)은 전기가 밤새도록 들어와서 밤늦게까지 훈련하는데도 전혀 지장을 받지 않았습니다. 우리는 이 사실을 모르고 가장 빠른 시간에 간 것이지만, 하나님께서는 일 년 중에 가장 안전하고 전기가 밤새 들어오는 2주밖에 없는 기간 안에 절묘하게 1주일간의 훈련시간을 잡아주신 것입니다. 훈련에는 42명이 참석했으며, 4박 5일 동안에 전도훈련과 교회개척을 통해 주로 배경이 불교도인 캄보디아인 376명에게 복음을 제시하여 175명이 결신했으며, 2개의 가정교회를 개척할 수 있었습니다. 캄보디아 훈련에서 너무 놀라운 결과를 보여주셨기 때문에 한 나라로는 만족할 수 없었고, 가능한 한 많은 나라에 이 훈련을 보급해야 한다는 사명감이 생겼고, 또 하나님께서 이 사역을 기뻐하실 것이라는 생각에서 여러 나라에서 이 PET훈련을 실시하게 된 것입니다. 이 책을 읽는 분들이 잘 헌신된 분이라면 여기서 일어나는 일들을 여러분들도 할 수 있다는 것을 명심하시고 이 책을 선교현장에서 활용하실 수 있기를 바라는 바입니다. 또 관심이 있으신 분은 누구나 하실 수 있는 훈련이기 때문에 되도록 상황을 자세히 보고 드리고자 합니다.

제1장 삼인조운동(PET훈련)의 시작

[사진 1] PET훈련에서 최초의 교회개척 팀 (캄보디아)
(삼인조운동을 탄생시킨 주역들)

제2장 PET훈련의 선교지에서 있었던 일들
[1] 첫 사역지인 캄보디아에서 있었던 일

1995년 10월 31일, 캄보디아 전역의 10여 개 교회에서 모인 평신도들 42명을 대상으로 PET 훈련을 시작하였습니다. 학력과 신앙 경력이 서로 다르고 교회 훈련이라고는 받아본 경험이 없는 사람들을 한 자리에서 훈련을 한다는 것은 여러 가지 어려운 점이 있었지만, 삼인조훈련이라는 장점을 이용하여 기도훈련부터 시작하였고, 둘째 날부터는 전도훈련을 실시하고 둘째 날 오후에는 노방전도를 내보냈습니다. 다행히 훈련생들의 대부분이 교회 사역의 경험이 있고 전도의 열정이 대단히 높은 사람들이어서 열심히 훈련에 임했으며 전도의 열매도 풍성히 거두는 전도훈련이 되었습니다. 둘째 날 오후 1:30분부터 4:30분까지 3시간 전도하고 돌아와 전도 결과를 보고하는 보고회를 열었습니다.

이 보고회에서 쏨리뷘이라는 40대 초반의 의사 부인은 전도 보고를 하러 나오기 전부터 두 눈이 퉁퉁 부어 있었고 보고하러 나와서 단에 서자마자 다시 울음을 터뜨리며 보고를 이어갔습니다. "저는 삼인조로 전도하러 나가서 처음으로 베트남 여인을 만나는 순간, 전도훈련 강사님의 말씀이 떠올랐어요. '여러분의 사마리아는 베트남입니다. 베트남 사람을 만나면 그들에게도 전도하세요.'라고 하는 말이 귀에 쟁쟁하게 울려왔습니다. 전도 실습 첫날인데 하필이면 우리 캄보디아 사람들과 원수처럼 지내며 길에서 만나도 서로 말도 하지 않는 베트남 여인을 만난 것이었습니다. 어떻게 할까 하고 망설였지만, 순간 나도 모르게 마음속에서 영혼을 사랑하는 마음이 울컥 솟아올랐습니다. 예수님께서 '나는 저 베트남 사람도 사랑한단다.'라고 말씀하시는 것 같았습니다. 순간 저도 모르게 그녀에게 다가가서, 놀라는 그녀에게 '제 이야기 좀 들어 보시겠어요'라고 말을 걸었어요. '내가 믿는 예수님에 대해서 이야기하고 싶어요.'라고 했을 때, 그녀는 전혀 뜻밖이라는 것처럼 의아해하는 눈으로 저를 처다보면서 자기 남편이 집에 있으니 함께 듣겠다고 했어요. 그래서 두 사람을 앞에 놓고 배운 대로 복음을 제시했어요. 다 외우지도 못했기 때문에 거의 읽다시피 했는데도 예수님을 영접하는 것이었습니다. 저는 가슴이 막 떨렸어요. 처음 전도했는데, 그것도 읽다시피 말씀을 전했는데 베트남 부부가 예수 그리스도를 영접할 뿐만 아니라, 결신기도를 할 때에는 두 사람 모두 흐느껴 우는 것이었습니다. 저도 눈물이 쏟아져 나중에는 엉엉 울었습니다. 함께 간 동료 전도자 두 사람과 함께 다섯이서 한참 울었어요. 성경에 원수를 사랑하라는 말씀이 있지만, 그 말씀은 실천할 수 없는 말씀으로 생각하고 있었는데, 원수처럼 여겨서 만나도 말도 하지 않던 베트남 사람들이 영접하는 것을 보는 순간, 원수를 사랑하라는 말씀을 실천한 것처럼 느껴져 가슴이 메어져 왔습니다. 제 평생 이런 느낌을 가져보기는 처음입니다." 울음을 주체하지 못하던 그녀는 더 말을 잇지 못하고 끝내 주저앉고 말았습니다. 그녀는 4박 5일의 훈련 마지막 날 세족식이 끝난 후 "저도 겸손하신 주님을 따라 십자가를 지고 전도자의 삶을 살겠습니다."라고 서약을 했습니다.

이틀 후 싸앙츠놀 마을로 교회개척 실습을 나가는 날이었습니다. 교회개척 장소를 선택할 때, 교회가 없는 곳을 선택하다보니 교회가 없는 싸앙츠놀 마을을 택하게 되었는데, (훈련생 중에 싸앙츠놀 마을이 고향인 사람이 자기 고향에 교회를 개척해 달라는 요청을 해왔기에 그 마을을 택하게 되었습니다) 함께 따라가던 선교사의 얼굴이 좋지 않기에 그 이유를 물었더니, 그 마을은 크메르루즈군(공산군)이 활동하던 곳이며, 200여만 명의 캄보디아인 대학살을 주도한 폴 포트의 고향이며, 한때 그가 정부군에 밀려서 도망 다닐 때, 그를 숨겨주었던 마을로서 캄보디아 사람들도 그 마을에 가기를 두려워한다고 했습니다. 그런데 그런 마을에 교회를 개척하러 간다고 하니 두려움이 앞섰던 것은 당연한 것이었습니다. 캄보디아인 전도대원 중에서도 일부 사람들은 가기를 꺼려해서 옥신각신했지만 설득 끝에 결국 함께 가기로 했습니다.

파송된 삼인조 다섯 개 조는 전도를 시작하고, 그룹장은 교회로 사용할 만 한 집을 물색하던 중, 마당도 넓고 집도 비교적 큰 집이 있어서 일단, "이 집 주인의 마음을 열어주셔서 이 집을 하나님의 교회로 사용할 수 있도록 도와주십시오."라고 기도를 하고 들어갔습니다. 주인에게, "저희들은 프놈펜에서 이 마을에 교회를 개척하러 왔는데 선생님의 집이 크고 마당이 넓어서 교회로 쓰기에 아주 좋을 것 같아서 들어왔습니다."라고 했더니 쾌히 승낙하는 것이었습니다. 그 집이 바로 폴 포트를 숨겨준 악명 높은 그 마을 이장(里長)의 집이었습니다. 오후에 어른 14명과 어린이 39명, 그리고 전도대원 16명까지 모두 합하여 69명이 나무 밑에 둘러 앉아 개척예배를 드렸습니다. 이렇게 새로 개척한 교회는 껀뽕껀 뚜을 교회에서 맡아서 양육하기로 했고, 같은 날 다른 그룹은 뚤꼭 지역에 가서 교회를 개척하여 어른 10명, 어린이 26명, 그리고 전도대원 17명이 함께 모여 개척예배를 드렸습니다.

4박 5일의 훈련이 끝나는 날 개인 간증을 하는 시간이었습니다. 여러 사람이 나와서 자기들이 받은 은혜와 놀라운 변화에 대해서 이야기하던 중에, 운 쏘파라는 20대 중반의 여인은 식구들 모두가 미국으로 이민을 떠났고 자기도 미국에 가려고 수속 중으로 입국비자와 비행기 표까지 받은 상태였습니다. 출국까지 1주일의 시간 여유가 있어서 미국에 가서라도 전도를 할 수 있으면 좋겠다는 생각으로 훈련에 참석을 했던 것입니다. 그런데 5일간의 훈련을 받은 후에 간증을 통해서 "저는 미국의 입국 비자를 받아 다음 주에 비행기만 타면 미국에 가게 되었지만, 이제 늦게나마 내가 조국을 위해서 할 일을 찾았습니다."라고 하면서 평생을 캄보디아에서 전도자로 헌신할 것을 서약했습니다.

오랜 내전(內戰)으로 헐벗을 만큼 가난한 캄보디아에서 미국으로 이민을 가는 것은 아마도 천국 다음으로 좋은 곳에 가는 것인데, 그것도 가족들이 모두 가 있는데 홀로 처녀의 몸으로 미국행을 포기한 것입니다. 우리가 6개월 후 다시 캄보디아에 가서 2차 훈련을 실시할 때, 그녀는 전도사가 되어 훈련에 다시 참석하는 것을 보며 매우 기쁘고 반가웠습니다. 캄보디아 1차 훈련 때, 모두 두려워 떨며 교회를 개척한 싸앙츠놀 가정교회에서는 새로 부임한 젊은 전도사가 11명의 젊은 훈련생들을 데리고 전도훈련을 받으러 왔습니다. 이 교회는 빠르게 성장하고 있었던 것이 틀림없었습니다.

42명의 평신도 지도자 및 성도들을 훈련한 5일 동안의 단기 훈련에서 이런 변화가 일어날 것은 전혀 예상치 못한 것이었습니다. 하나님께서 보여주신 놀라운 은혜와 함께하신 능력에 감사 감격할 따름입니다. 이러한 변화를 경험하면서 처음에 국내 전도를 다니면서 주님께서 "땅끝까지 이르러 내 증인이 되리라"고 말씀하셨는데 외국 한 나라라도 전도사역으로 섬겨야 주님의 말씀에 순종하는 것이 되지 않을까? 라고 했던 생각이 변해서 이제 어디든지 하나님께서 인도하시는 대로 계속해서 이 PET훈련을 해 나갈 것을 다짐했습니다. 그 후로 18개국에서 50여 차례 훈련을 실시하면서 놀라운 하나님의 역사하심을 경험했고 방법은 좀 더 정리되었습니다.(62페이지, 표2 참조)

[2] 우리는 전도폭발에 대해 부정적이에요!
(인도 캘커타의 아슈람 신학교에서)

하루는 데이비드라는 인도 목사를 만나서 PET훈련에 대해 소개하던 중에, 자기가 사는 마니푸르(인도 동북부 4개 도[道] 중의 하나)에 와서 PET훈련을 시켜 달라는 요청을 받았습니다. 우리는 그가 사역하고 있던 마니푸르

복음학교에서 훈련을 실시하기로 하고, 전화로 데이비드 목사의 부인에게 준비를 시키고, 우리 둘(이성준 집사와 조대영 장로)은 인도 대사관에서 입국 비자를 받았습니다. 물론 방문지로 마니푸르를 적어 넣었지요. 그런데 인도의 동북부 4개도에 들어가려면 인도에 가서 또다시 내무부에서 방문 허가를 받아야 한다고 해서, 데이비드 목사가 우리의 출국 40일 전에 미리 캘커타에 있는 여행사를 통해 뉴델리에 있는 내무부에 허가 신청을 해 두었습니다. 출국 날자가 되어 캘커타의 여행사에 연락해보니 곧 내무부 허가서가 나올 것이니 출발해도 좋다고 해서 96년 11월 15일(토요일) 출국하여 캘커타에 도착했습니다.

캘커타는 초행길이라 마중 나온 사람도 없고 아는 사람도 없어 공항 근처의 호텔에서 하룻밤을 보내고, 다음 날 시내 호텔로 옮겨 아침을 먹고 그날은 주일이었으므로 교회를 찾아 나섰습니다. 동서남북도 가늠하지 못하는 낯선 곳이기 때문에 호텔 전화번호만 가지고 길을 나서서 어떤 교회에 도착했을 때는 이미 주일예배가 끝났고 교회에는 아무도 없었습니다. 교회 옆에 "캘커타침례교선교연합회"라는 건물이 있어 들어갔다가 한 미국인 선교사를 만났는데, 그에게서 어떤 교회에서 캘커타교회연합회 목회자 정기 회의가 그날 저녁에 있다는 말을 듣고 그 교회를 찾아갔더니, 그 교회가 바로 1809년에 세워진 현대선교의 아버지로 불리는 "윌리엄 캐리 기념교회"였습니다. 거기서 한국에서 파송한 인도인 한국선교사를 만났습니다. 이 선교사는 캘커타 사랑의교회와 아슈람선교회를 이끌면서 아슈람 신학교의 교장을 겸하고 있었습니다. 원래 그는 지방에 출장 중이라 이날 회의에는 불참한다는 연락을 사전에 해 두었었기 때문에 만날 생각을 하지 않았는데, 전혀 뜻밖에 회의가 끝날 때쯤 회의장에 들어서는 것이었습니다. 우리는 반갑다는 인사와 통성명을 하고 전화번호만 받고 헤어졌습니다. 그는 바로 우리나라에서 인도 선교사로 파송한 인도인 노수길 목사였습니다.

제2장 PET훈련의 선교지에서 있었던 일들

월요일(11월 17일) 저녁에는 여행사 사장과 함께 식사를 하면서 마니푸르에 가는 비행기 표도 받았습니다. 내무부 허가서가 내일(화요일) 아침에 나오기로 되어 있으니 허가서를 뉴델리로부터 팩스로 받아서 사본을 가지고 비행장에 가면 비행기를 탈 수 있다고 했습니다. 우리는 계획대로 내일이면 마니푸르에 갈 수 있겠다는 생각에 편안한 마음으로 잠자리에 들었습니다. 그런데 그날 밤 자다가 꿈을 꾸었는데 꿈속에서 고향의 아는 사람을 만났는데 본체만체하고 지나가는 것을 보고 쫓아가서 "너희 아버님 안녕하시냐?"고 물었더니 눈을 흘기며 "몇 년 전에 돌아가셨어요."라고 말하며 달아나버렸습니다. 잠에서 깼는데, 그때 "마니푸르에는 못 가게 되었다"는 생각이 마음속에 강하게 다가왔다. 하나님께서 주시는 마음으로 생각하고 옆에서 잠자는 이 집사를 깨웠습니다. 무슨 일이냐고 묻는 그에게, "이제 마니푸르에는 못 가게 되었으니 우리의 기도 제목을 바꿉시다. 어서 일어나 기도합시다."라고 말했더니, 그는 의아해하면서 어젯밤에도 확인했고 비행기 표까지 받았는데 무슨 뚱딴지같은 소리냐고 되물으면서 곤하게 자는 사람을 깨웠다고 불만을 털어놓았습니다. 나는 꿈을 통해 감동을 주신 이야기를 하면서 지금 곧 기도하자고 재촉했습니다. 그런 일이면 내일 아침에 말해도 될 것 아니냐고 말하면서도 기도하자는 데는 버틸 수 없었던지 부스스 일어나 어두운 데서 둘이 기도했습니다. "하나님 아버지, 이제까지는 마니푸르에 시간 늦지 않고 잘 도착할 수 있도록 길을 열어달라고 기도해왔는데, 그곳에 못 간다고 하시니, 이제 하나님께서 가라고 하시는 곳이면 어디든지 가겠습니다. 갈 길을 인도해 주십시오."라고 기도를 마치고 불을 켜보니 새벽 2시였습니다.

화요일 아침 7시에 아침을 먹고, 9시경에 뉴델리에서 전화가 왔습니다. 내무부 허가서가 나왔는데, 다시 외무부 허가를 받으라는 것이었습니다. 한국에 있는 인도 대사관에서 행선지를 마니푸르로 해서 비자를 받았는데 외무부 허가를 왜 또 받아야 하느냐고 항의했으나 안 된다고 하더라는 것이었습니다. 아예 내무부 허가서에 "외무부 허가를 받으라."는 붉은 색의 큰 도장이 찍혀 있었던 것입니다. 여행사 사장도 전에는 이런 일이 한 번도 없었다고 하며 의아해했습니다. 하나님께서 막으신다는 것을 확신했습니다. 마니푸르에 못 간다는 것을 나는 어젯밤에 이미 알았으니 놀랄 일은 아니지만, 이제 앞으로 어떻게 할 것인가가 문제였습니다. 그러나 이상하게도 걱정이 안 되고 어렴풋이 하나님께서 필요하게 쓰실 곳으로 인도하실 것이라는 막연한 생각이 들었습니다.

뉴델리에는 외무부 허가를 신청하라고 해 두고, 어제 만났던 노수길 목사에게 전화를 했습니다. 우리가 마니푸르에 못 가게 되었는데 훈련을 시킬 만한 곳이 없겠느냐고 했더니, 그가 교장으로 있는 아슈람 신학교 학생들이 어제 방학을 해서 오늘 오후에는 점심 식사를 하는 대로 모두 고향으로 돌아갈 터인데, 아직 학교에 남아 있으니 우리 신학생들을 훈련시켜 달라는 것이었습니다. 하루만 늦었어도, 아니 세 시간만 늦었어도 학생들은 점심을 먹고 다 고향을 향해 떠났을 것이었습니다. 절묘한 타이밍이었습니다. 그는 학생들에게 집에 가지 말라고 연락을 해 두고, 우리는 열차를 타고 캘커타 시내에서 37km 떨어진 아슈람 신학교로 갔습니다. 우리가 도착했을 때, 학생들은 점심 식사 중이었고, 식당에 들어가니 우리의 식사를 가져와서 함께 식사를 하는데, 몇몇 학생들이 몰려와서 무슨 훈련이냐고 묻는 그들에게 "전도폭발 훈련"이라고 했더니 한 학생이 깔깔 웃으면서 의외의 반응을 보이는 것이었습니다. "우리는 이미 전도폭발 훈련을 다 받았고, 임상훈련까지 받았기 때문에 우리는 전도폭발 훈련을 시킬 수 있는 자격까지 갖추었습니다. 그런데 그 훈련을 또 받으라고요? 우리는 그 전도폭발에 대해 매우 부정적입니다."라고 하며 어이없다는 표정이었습니다. 저는 눈앞이 깜깜해졌습니다. 말 많고 영어도 나보다 훨씬 더 잘하는 신학생들에게 이미 다 배운 전도폭발을 또 훈련시켜야 한다는 것은 매우 난감한 일이 아닐 수 없었습니다. 저는 순간적으로 밥맛이 뚝 떨어지면서 사실은 가슴까지 두근거렸습니다. 아무 준비도 없이 갑자기 신학생들을 상대로 일주일 동안 내가 할 수 있는 일이 무엇이란 말인가? 이 집사는 식사를 그대로 하게 하고, 저는 슬그머니 나와서 훈련을 하게 될 교실로 갔습니다.

텅 빈 교실의 강단에 올라가서 교실을 둘러보았습니다. 혹시 무슨 할 말이 생각날까 해서 강단에 올라가 서 보았으나 아무 생각도 떠오르지 않았습니다. 이제 식사를 마치면 학생들이 이곳에 몰려올 텐데 무슨 말을 해야 한다는 말인가? 전도폭발 훈련을 다 받고 지도자훈련을 받아서 전도폭발을 가르치는 강사 자격증을 받은 신학생들에게 어떻게 또 전도폭발 이야기를 한단 말인가? 창문에 쳐놓은 녹슨 쇠창살을 붙잡고 다급한 기도가 나왔습니다. 그렇게 긴박할 수가 없었습니다. "하나님, 학생들이 곧 몰려 올 터인데, 무슨 말을 해야 할까요? 무슨 훈련을 해야 할까요? 빨리 가르쳐주세요!" 하나님밖에는 어디 기댈 곳이 없었습니다. 그런데 갑자기 "밭 가는 농부" 그림이 머리에 떠올랐습니다. 밭 가는 농부가 쟁기 줄을 잡고, 그 앞에 황소가 쟁기를 끄는 그림이 머리에 떠올랐습니다. "지금 이 다급한 판국에 밭 가는 농부가 무슨 소용이란 말입니까? 아니요! 이런 것 말고 이들에게 무슨 말을 하며, 일주일 동안 무엇을 가르쳐야 하는지 가르쳐 주세요!"라고 속으로 하나님께 항의하듯 외쳤습니다. 그러나 "밭 가는 농부"의 이미지가 사라지질 않았습니다. 그것은 제가 미처 그림을 이해하지 못했기 때문이었는데 잠시 후에 어렴풋이 이해되기 시작했습니다. 저는 얼른 칠판에 "밭 가는 농부"의 그림을 그렸습니다. 쟁기를 잡고 있는 농부와 그 앞에 쟁기를 끄는 황소의 그림이었습니다. 아래와 같은 그림을 그려서 보이지 않게 돌려놓자마자 학생들이 우르르 몰려 들어왔습니다.

저는 간단한 인사말을 하고 칠판을 학생들을 향해 돌려놓고 질문을 했습니다. "여기 이 그림에 전도자의 역할을 하는 것이 있는데, 그것이 무엇이라고

생각하느냐?"하고 질문을 했을 때, 한 학생이 재빠르게 손을 들고 "전도자의 역할을 하는 것은 '농부'입니다"라고 대답했습니다. 저는 농부라고 생각하는 사람들은 손을 들어보라고 했더니 33명 중에서 13명이 손을 들었습니다. 다른 생각을 가진 사람 없느냐고 재차 물었더니, 한 학생이 "황소"라고 대답했습니다. 황소라고 생각하는 사람들은 손을 들어보라고 했더니 나머지 20명이 손을 들었습니다. 이제 손을 안 든 학생은 하나도 없었습니다. 그러나 저는 다시, 다른 생각을 가진 사람은 없느냐고 물었습니다. 재차 물었을 때, 서로 얼굴들을 쳐다보다가 한 학생이 일어나더니 "쟁기요"라고 대답했습니다. 쟁기라고 생각하는 사람은 손을 들어보라고 했더니 먼저 손을 들었던 학생들 중에서 5명이 더 손을 들었습니다. 손을 내리라고 하면서, 여러분들이 솔직하게 대답해 주어서 고맙다고 말했지만, 저는 그때에서야 힘이 솟아나는 것을 느꼈습니다. "여러분들이 전도폭발 훈련을 다 받았으면서도 전도폭발에 대해 부정적인 생각을 가지고 있는 이유를 이제 알았습니다. 앞으로 이틀 동안만 내가 시키는 대로 훈련을 받아 주십시오. 그래도 계속 부정적이라면 훈련 내용을 바꾸든지, 아니면 훈련을 그만두든지 하겠습니다. 그러나 그동안에 여러분들의 부정적인 마음을 긍정적으로 바꿔드리겠습니다"라고 말하며 준비된 훈련을 시작했습니다. 먼저 "밭 가는 농부"의 그림에 대해 설명했습니다.

"전도에 있어서 농부 역할을 하는 것은 예수님이십니다. 농사일에 대한 모든 책임이 농부에게 있듯이 전도에 대한 총 책임은 예수님에게 있기 때문입니다. 따라서 전도의 모든 일을 자기 자신이 하려고 하는 전도자는 '**농부형 전도자**'입니다. 전도에 있어서 황소는 성령님이십니다. 밭을 가는 힘이 황소에게서 나오듯, 전도는 우리의 능력으로 하는 것이 아니라 성령님의 능력으로 해야만 합니다. 내 힘으로 전도하려는 사람은 '**황소형 전도자**'라고 할 수 있는데, 그 사람은 능력있는 전도를 할 수 없습니다." "오직 성령이 너희에게 임하시면 너희가 권능을 받고 예루살렘과 온 유대와 사마리아와 땅끝까지 이르러 내 증인이 되리라 하시니라"(행 1:8)고 하신 이 말씀은 전도는 내 힘이 아니라 성령의 능력으로 전도하라는 말씀입니다. 황소의 힘을 빌리지 않고 자기 힘으로 밭을 갈려고 한다면 얼마나 힘들겠습니까? 밭을 갈 수도 없을 것입니다. 밭을 가는 데 쟁기가 도구로 쓰이는 것처럼, 우리는 전도에 있어서 하나님의 도구가 되어야합니다. 즉 '**쟁기형 전도자**'가 되어야만 합니다. 쟁기는 농부의 뜻에 따라서, 황소의 능력에 힘입어 쫓아가기만 하면 되는 것입니다. 여기서 한 가지 더 강조해야 할 것은, 쟁기와 황소 사이에 쟁기 끈이 팽팽하도록 유지하면서 쫓아가야 쟁기가 황소의 힘을 받을 수 있는 것처럼 <u>전도자는 성령님과의 관계에서 팽팽한 긴장 관계를 유지하면서 쫓아가야 성령의 능력을 받을 수 있다는 것입니다.</u> 그렇지 않으면 성령님의 힘을 사용할 수가 없습니다. 만일 전도자가 성령님보다 앞서가서 쟁기가 황소 앞에 놓여 있는 모양이 된다면 아무 일도 하지 못할 것입니다. 전도는 성령님이 대상자의 마음을 열어주셔야 하고 전하는 말씀에 능력으로 함께하셔야 합니다. <u>여러분은 모두 '**쟁기형 전도자**'가 되도록 명심하고 기도하면서 훈련에 임하기 바랍니다.</u>"라고 말하며 인사말을 마쳤습니다.

첫째 날 기도훈련으로 시작하여, 전도폭발 복음제시의 요점들을 강의했습니다. 신학생들이라, 그리고 전도폭발 훈련을 이미 받았기 때문에 강의 내용을 빨리 이해했고 암기도 빠르게 했습니다. 다음 날인 둘째 날은 실내 연습을 하고 삼인조로 전도현장 실습을 내 보냈습니다. 그런데 돌아오는 그들의 모습에서 이미 뚜렷한 변화가 보였습니다. 얼굴 표정들이 밝고 활기차 보였습니다. 전도보고를 마치고 그들에게 물었습니다. "아직도 전도폭발에 대해 부정적입니까?" 그들은 이구동성(異口同聲)으로, "아닙니다. 전도폭발의 위력을 이제 알았습니다."라고 하는 것이었습니다. 그들의 생각이 부정적인 데서 긍정적으로 변한 것입니다. 성령님께서 그들과 함께하시면서 크게 역사하셨다고 믿는 순간 마음속에서 울컥하는 무언가가 올라옴을 느끼며 마음으로 하나님께 감사의 기도를 드렸습니다.

넷째 날과 다섯째 날은 교회개척을 나가는 날이므로 셋째 날 저녁에는 교회개척에 대한 준비와 예행연습을 했습니다. 처음 하는 것이라 어떤 학생들은 시키는 대로 열심히 따라 연습을 했는데 어떤 학생들은 "뭐 이런 것이 있어?" 하는 식으로 건성건성 따라 했으나 다행히 준비를 잘 마칠 수 있었습니다. 캘커타 시내에서 아슈람 신학교까지는 37km인데 중간에 기차역이 3개 있었습니다. 기차역을 중심으로 마을이 형성되었기 때문에 마을도 역시 3개가 있었습니다. 작은 동네라고 하는데도 각 동네의 인구가 약 2만 명가량 된다고 했습니다. 그러나 이 동네들에는 유사(有史) 이래(以來) 교회가 없어서 아슈람 신학교 전교생들이 이들 세 동네에 교회를 세우게 해 달라고 2년 동안 기도해 왔다고 했습니다.

넷째 날 아침에 교회개척 파송 예배를 드리고 33명을 세 그룹으로 나누어 한 동네 한 그룹씩 교회개척을 내보냈습니다. 그들은 출발해서 어젯밤 연습한 대로 전도하고 가정교회를 정하고 개척예배까지 드리고 저녁 7시쯤 돌아왔습니다. 2년 동안 기도해 왔던 곳에 그날 하루에 3개의 마을 모두에 교회를 하나씩 개척했으니 이들의 놀람은 이루 말할 수 없었을 것입니다. 돌아오면서 껑충껑충 뛰면서 "할렐루야"를 연발했기 때문입니다. 다음 날은 다른 동네로 교회개척을 내 보내서 그날도 3개의 교회를 개척하고 돌아오면서 역시 "할렐루야"를 외치면서 껑충껑충 뛰면서 돌아왔습니다. 교회개척 보고를 하는 학생들의 분위기는 조금은 흥분된 분위기였습니다.

제2장 PET훈련의 선교지에서 있었던 일들

교회개척 둘째 날이 토요일이었는데 두 학생이 일찍 5시쯤 되어 돌아왔기에 왜 먼저 왔느냐고 물었더니, 자기들은 각각 섬기는 교회가 있는데 약 12시간 기차를 타고 가야 하기 때문에 지금 떠나야 내일(주일) 아침 예배를 인도할 수 있다는 것이었습니다. 그래서 그들에게 섬기는 교회 교인 수가 얼마나 되느냐고 물었더니 한 사람은 교인이 여섯 명이고, 다른 한 사람은 교인이 두 명이라고 했습니다. 이런 교회들을 지난 1년간 왕복 24시간씩 기차를 타고 다니면서 섬기고 있었던 것이었습니다. 그런데 PET훈련에서는 2일 동안에 6개의 교회를 개척하였고, 아이들까지 합쳐서 작은 곳은 47명, 가장 많은 곳은 130명이 모여 개척예배를 드렸으니 이들의 놀라움을 가히 짐작하고도 남을 만했습니다. 이들 교회들은 바로 다음날인 주일날부터 신학생들이 주관하여 주일예배를 드리기로 약속했다고 말했습니다.

아슈람 신학교에서의 훈련을 마치면서 떠오르는 생각이 하나 있었습니다. 하나님께서는 기도하는 사람들의 응답으로 우리를 이곳에 보내셨다는 생각이 들었습니다. 마니푸르에서는 데이비드 목사의 부인이 훈련생 200명의 등록을 마치고 기다리고 있었습니다. 그러나 하나님께서는 이상한 방법으로 우리의 마니푸르 행을 막으시고, 2년간 무교회 마을에 교회를 세우게 해 달라고 열심히 기도했던 아슈람 신학교로 인도하신 것이라고 생각되었습니다. 이것은 분명히 하나님의 인도하심이 있었다고 확신하며, 사도행전 16장에서 사도 바울이 비두니아로 가고자 애쓰되 성령이 허락지 아니하셔서 가지 못하고, 밤에 마게도냐로 와서 우리를 도우라는 마게도냐 사람의 환상을 보고, 사도 바울은 이것이 성령님의 인도하심으로 믿고 마게도냐로 가서 복음을 전한 일이 생각났습니다. 이 훈련에서 깨달은 또 하나의 수확은 아슈람 신학교의 학생들이 이미 전도폭발 훈련을 다 받았기 때문에 방법 자체에 대한 지식은 풍부했지만, 강의 위주의 지식은 현장에서는 아무 능력도 나타내지 않을 뿐만 아니라 오히려 방법에 대한 부정적인 사고로 끝나버렸던 것입니다. 신학교 교육에서의 부정적 이미지는 졸업 후 사역의 성격에도 큰 영향을 주게 되는 것을 여실히 보았습니다. 신학교육의 맹점의 하나로 꼭 명심해야 할 것이라고 생각합니다.

[사진 2] 인도 캘커타 아슈람 신학교에서의 PET훈련

[3] 복음의 메아리가 없는 너무나 냉랭한 태국의 방콕

태국 선교사와 PET훈련을 약속한 날짜는 공교롭게도 일 년 중 비가 많이 오는 우기(雨期)였습니다. 태국은 전도훈련을 계획할 때부터 사탄의 방해가 극심하리라는 것을 짐작은 하고 있었습니다. 태국은 불교가 국교일 뿐만 아니라 전도가 금지되어 있었기 때문이었습니다.(국제적인 관계를 생각하여 헌법 상에는 종교의 자유가 있다고 명기해 두었으나 하위법에서 "종교를 가진 사람에게 다른 종교를 강요할 수 없다"라는 법이 있어서 태국에서 전도는 원칙적으로 불법이었습니다). 훈련을 일주일 앞두고 전화를 하니 방콕에는

매일 많은 비가 온다는 것이었습니다. 가뜩이나 전도하기 어려운 곳인데 비까지 오면 큰일이라고 했더니, 비가 오지 않기를 위해 선교사들과 호스트 교회 목회자가 철야기도까지 하고 있다고 했습니다.

1996년 9월 15일 11:40분에 서울을 출발하여 오후 5시 40분에 방콕의 돈므앙 국제공항에 도착하였는데, 찌는 듯한 무더위에 우기가 되어 습한 공기가 온몸을 적셔 왔습니다. 다음 날 오후 1시에 훈련을 시작하도록 계획되었기에 12:40분에 훈련 장소인 돈므앙교회에 도착했는데 어찌된 일인지 참석하기로 예정된 인원이 27명인데 단 한 명도 도착한 사람이 없었고, 훈련을 시작하는 시간인 오후 1:00까지 도착한 훈련생은 여자 한 사람뿐이었습니다. 비는 오지 않았으나 길은 폭우로 인해 심하게 패인 곳이 많았습니다. 지난 주간 내내 비가 많이 왔기 때문이었습니다. 준비를 다 해놓고 기다렸지만 한 사람(이 한 사람이 나중에 니파폰 여사로 알려졌습니다) 가지고 시작할 수는 없었습니다.

선교사들과 대책회의를 할 때, 다음 날 아침부터 시작하는 것이 좋겠다는 의견이 많았습니다. 그러나 우리 팀의 이성준 집사는 하나님께서 계획하신 것이니 계획대로 시작해야지 인간이 마음대로 바꿀 수 없다는 것이었습니다. 그래서 한 시간만 기도해보고 그래도 사람들이 더 오지 않으면 한 사람 가지고라도 훈련을 시작하기로 결정했습니다. 기도하는 한 시간 동안에 12명이 더 도착하였으므로 훈련생 13명으로 2시 30분에 개강예배를 시작하게 되었습니다. 800km 떨어진 라오스 접경의 산지에서 오는 전도사들은 다음 날 11시가 되어서야 도착하였고, 전체 훈련생은 목회자 15명, 평신도 지도자 5명, 초신자를 포함한 평신도가 7명이었습니다.

첫째 날 개회예배가 끝나고 기도훈련을 하는데, 한 시간 강의를 하고 내려오는 이성준 집사의 얼굴은 예전과는 달리 땀으로 범벅이 되어 있었으며 건강한 그임에도 불구하고 피로한 기색이 역력했습니다. 이유를 물은 즉,

이렇게 교감이 없는 강의는 처음이라는 것이었습니다. 교감이 없을 뿐만 아니라 숨 쉬기가 힘들어 애를 먹었다는 것이었습니다. 말하기가 힘든 것은 물론이거니와 숨 쉬기까지 힘들었다고 하니 마귀가 목을 졸랐던 모양입니다. 복음의 메아리가 전혀 일어나지 않았던 것입니다. 훈련생들의 표정은 산만할 뿐만 아니라 마치 허수아비처럼 아무 생각이 없는 사람들 같았습니다. 이런 훈련생을 데리고 앞으로 5일 동안 훈련을 시킬 것을 생각하니 막막하기까지 했습니다. 그날 밤 보통 사람보다 마른 편이지만 병이라고는 모르는 건강한 이 집사가 독한 감기에 걸려 밤새도록 열이 나면서 기침을 해댔습니다. 열대지방에서 에어컨도 없는 방에서 감기에 걸리다니 마귀의 장난이 아니고 무엇이겠습니까? 아침 새벽에 둘이서 기도를 하는데 목이 부어서 기도도 잘 나오지 않아 애먹는 것을 보았습니다.

둘째 날은 오전에 전도훈련 강의와 복음제시 연습을 마치고, 오후 2시에 노방전도를 내 보내는 시간이었습니다. 삼인조로 편성하고 전도구역을 정해 주고 전도를 내 보내는데 출발을 하라고 말했는데도 한 사람도 움직이지를 않는 것이었습니다. 순간적으로 이 사람들은 노방전도라는 말을 들어본 적도 없고, 물론 노방전도라는 것을 해본 일도 없고, 하는 것을 본 적도 없기 때문에 노방전도에 대한 개념 자체가 없다는 것을 알았습니다. 다시 한번, 저 앞의 사거리에 나가서 A그룹은 동쪽 길로, B그룹은 서쪽 길로 가면서 만나는 사람들 아무에게나 배운 대로 복음을 제시하라고 재차 말했는데도 요지부동이었습니다.

정말로 훈련생들은 노방전도를 어떻게 하는 것인지 전혀 모르는 상태였으며, 두 번씩이나 전도하러 나가라고 말했는데도 한 사람도 움직이려 하지 않는 이들을 어찌해야 하겠습니까? 이런 상황에서 내가 할 수 있는 것이 무엇이겠습니까? 다급해진 저는 어찌할 바를 몰랐습니다. 절박한 순간에 하나님밖에는 의지할 곳이 없었습니다. 저는 마음속으로 기도했습니다. "전능하신 하나님 아버지시여, 저는 이 순간 어찌해야 합니까? 제가 무엇을 해야 할지 가르쳐주세요. 어떻게 해야 저들에게 노방전도를 가르쳐서 전도하러 나가게 할 수 있겠습니까?" 순간적으로 기도할 때, 아브라함이 모리아 산에서 이삭을 번제물로 바치고 있는 장면이 머리에 떠올랐습니다. 이 생각이 무엇을 의미하는지, 왜 이 생각을 주시는지 완전히 이해하기도 전에, 저는 이 생각이 하나님께서 주시는 것이라는 생각이 드는 순간, 즉석 강의를 시작했습니다.

"여러분이 처음 노방전도를 하려고 하니 두려운 마음이 드는 것은 당연한 것입니다. 어떻게 해야 할지 전혀 생각이 나지 않을 것입니다. 그러나 전도는 성령님께서 그의 능력으로 함께하시기 때문에 성령의 능력으로 하는 것이지 우리의 능력으로 하는 것이 아닙니다. 성령님의 능력이 언제 여러분에게 나타나는지 아십니까? 그것은 여러분이 도로에 나가 전도대상자를 만나서 복음을 전하려고 말을 시작하는 그 순간에 성령님께서 역사하시는 것입니다." 예수님께서도 말씀하시기를, "사람들이 너희를 끌어다가 넘겨 줄 때에 무슨 말을 할까 미리 염려하지 말고 무엇이든지 그 때에 너희에게 주시는 그 말을 하라. 말하는 이는 너희가 아니요 성령이시니라."(막 13:11) 성령님께서 할 말을 생각나게 하시고 용기도 주신다는 말씀입니다.

여러분이 잘 아시는 아브라함의 예를 보십시오. 하나님께서 아브라함에게 이삭을 번제물로 바치라고 명령하셨을 때, 아브라함은 눈앞이 깜깜했을 것입니다. 하나님께서 왜 이삭을 바치라고 하시는지 전혀 알지 못했습니다. 동물을 잡아 제물로 바치는 것은 알지만 사람을 제물로 바치라는 것은 이해가 되지 않았습니다. 그의 심정은 지금 여러분의 심정과 같았을 것입니다. 여러분은 노방전도가 무엇인지 알지 못하는데 전도하러 나가라고 하니 답답하고 어찌할 바를 몰라 황당할 것입니다. 아브라함도 같은 생각이었을 것입니다.

사랑하는 아들을 하나님께서 주실 때는 언제고 그 하나밖에 없는 아들을 죽여서 불에 태워 제사를 지내라고 하시니 매우 난감했을 것입니다. 그러나 그는 그 이유를 하나님께 묻지 않았습니다. 그는 아들 이삭을 번제물로 바치기로 작정하고 3일 길을 아들과 함께 아무 말 없이 걸어갔습니다. 그래서 모리아 산 위에서 나무를 쌓아놓고 그 위에 이삭을 묶어서 눕힌 다음, 아브라함이 이삭의 목에 칼을 대려는 순간 하나님의 다급한 음성이 들려왔습니다. "아브라함아 아브라함아! 그 아이에게 네 손을 대지 말라." 하나님께서는 마지막 순간에 나타나신 것입니다. "이와 같이 성령님의 역사도 우리가 전도를 시작하는 때, 즉 여러분이 사람을 만나서 복음을 말하기 시작하는 그 순간에 나타나는 것입니다. 그러므로 두려워할 것 하나도 없습니다. 여러분은 도로에 나가서 먼저 눈을 뜨고 기도하고, 사람을 만나면 간단한 인사를 나눈 후, 내가 어느 교회에서 왔는지 밝히고, 그냥 복음제시를 시작하십시오. 그 순간 하나님께서 역사하실 것입니다."라는 말을 마치고 제가 먼저 밖으로 나가면서 그들이 따라오도록 유도했습니다. 사거리 한복판에서 그룹별로 방향을 제시하면서 출발하라고 했습니다. 그러나 그들은 조금 가다가 뒤를 돌아보며 저에게 구원을 요청하는 듯한 표정들을 했습니다. 저는 손짓을 하면서 어서 가도록 독려했습니다. 그들은 마지못해 가는 몸짓으로 걸어갔습니다. 그러나 그들이 돌아왔을 때, 그들의 손에는 전도보고를 할 내용들을 가지고 있었던 것입니다. 할렐루야! 생전 처음해보는 노방전도를 그것도 많은 사람들이 오가는 방콕 시내에서 해낸 것입니다. 저는 눈물이 나도록 기뻤습니다. 그들이 전도 보고를 하는 동안 저는 하나님께 감사기도를 드렸습니다. 훈련생들이 전도를 한 것도 감사하지만 절박한 순간에 아브라함에 대한 생각을 주신 것도 감사했습니다.

첫째 시간에 선교사의 부인 한 사람이 제게 와서 하는 말이 "다른 사람들은 몰라도 저기 앉아 있는 저 여자 한 사람(그녀가 니파폰 여사로 훈련시간에 맞추어 도착한 유일한 사람입니다)을 제대로 훈련을 시킨다면 이 전도훈련은 성공하는 것입니다"라고 귀띔을 해 주었습니다. 그 말하는 의미를 알 수 없었으나 그 여자는 남다른 데가 있었습니다. 훈련 시작 시간에 맞추어서 도착했고, 말도 없이 맨 앞자리의 맨 왼쪽에 항상 그 자리에 앉아서 졸지도 않고, 머리도 움직이지 않고 곧은 자세로 열심히 강의를 들었으며, 현장 실습도 하라는 대로 정확하게 따라 했습니다. 마지막 날 일주일에 하루를 전도하는 날로 정하는 시간에, 그녀는 자기의 전도하는 날로 토요일을 써냈습니다. (참고: PET 훈련 매뉴얼 [# 24]). 훈련이 끝나는 토요일 저녁 식사에 우리가 선교사 세 부부를 초대했는데, 선교사 부인이 니파폰 여사와 함께 와도 좋으냐고 물어왔고, 우리는 좋다고 대답했습니다. 니파폰 여사는 선교사 일행과 함께 와서 제 옆자리에 앉았습니다. 식사를 주문하고 기다리는 시간에 니파폰 여사가 저에게 말하기를, "저 오늘 두 사람에게 전도했어요. 한 사람은 결신했고, 한 사람은 보류했어요."라고 하는 것이었습니다. 앞에 앉아 있던 선교사 부인들이 이 말을 듣더니 갑자기 흐느끼며 눈물을 흘리기 시작했습니다. 이 여자가 훈련을 제대로 받은 것을 알 수 있었기 때문이었습니다. <u>태국에서도 복음의 메아리가 드디어 울린 것입니다.</u>

니파폰 여사에 대해서는 숨은 이야기가 있습니다. 그녀는 국회의원과 방콕 시장을 역임했으며 정치적으로도 막강한 전 방콕 시장 잠롱의 개인비서를 오랫동안 해 온 사회적 유지의 한 사람이었습니다. 그녀를 전도하기 위해서 세 선교사 부부가 3년을 노력해 왔는데, 마지못해 가끔 교회에 출석은 했으나 믿음이 자라지 않아 걱정들을 하고 있었습니다. 잠롱이 방콕 시장으로 있을 때, 한국을 국빈으로 방문했는데 그때 가나안 농군학교를 방문한 적이 있었습니다. 그는 가나안 농군학교와 같은 훈련소가 태국에도 꼭 필요하다고 하면서 자기의 직원들을 훈련시켜줄 것을 요청했고 가나안 농군학교에서는 쾌히 승낙을 하였으며, 훈련생 그룹을 니파폰 여사가 인솔하여 가나안 농군학교에 와서 한 달간 훈련을 받은 일이 있었습니다. 그때에도 선교사 부인들이 한국까지 함께 와서 통역을 담당하면서 그녀의 환심을 사려고 노심초사한 적이 있었는데, 그때 김범일 장로님이 니파폰 여사를 전도하는 데 동조하면서 그녀를 자기의 수양딸로 삼으면서까지 전도에 심혈을 기울인 결과, 귀국하여 가끔 교회출석을 하게 되었던 것이었습니다. 그녀가 PET훈련을 제대로 받고 개인전도까지 했으니 얼마나 기뻤던지 세 선교사 부인들이 모두 눈물을 흘리며 흐느껴 울었던 것입니다. 선교사와 부인들이 3년간 열심히 기도하며 노력해왔는데 PET훈련을 제대로 받고 전도까지 했으니 울지 않고는 못 배긴 것이었겠지요. 니파폰 여사는 훈련 받은 후에 교회 출석을 열심히 하는 것은 물론이고, 자기가 약속한 토요일에는 전도하는 날로 지켰다고 합니다. 그 후 그녀는 신학교에 들어갔고 졸업한 후에는 전도사로서 제일 먼저 빈민가에서 전도 사역을 시작했으며, 그 후 14년 뒤인 2010년도에는 한국 선교사가 시무하는 교회에서 전도사로 동역하고 있었습니다.

전도훈련 마지막 날(금요일) 저녁 9시경 마지막 시간으로 성찬식을 거행하고 있었습니다. 떡을 떼고 난 다음, 잔에 포도주를 따르고 마시기 전 기도를 시작했을 때, 밖에서 쏴아 - 하는 요란한 소리와 함께 일주일 내내 참아왔던 소나기가 쏟아지기 시작했습니다. 우기 중에 일주일 내내 비가 오지 않았다는 것은 기적과 같은 일이었는데, 전도훈련이 다 끝난 순간 소나기를 퍼부은 것이었습니다. 신발들을 모두 건물 밖에 벗어놓았는데, 성찬식을 마치고 밖에 나가보니 신발마다 물이 가득했습니다. 그런데 이상한 것은 십여 분 무섭게 쏟아지던 소나기가 그치고 이틀 후 우리가 태국을 떠나올 때까지도 전혀 비가 오지 않은 것입니다. 포도주를 드는 순간, "하나님께서 PET훈련을 축하하는 메시지를 보내시는구나!" 하는 생각이 뇌리를 스쳤습니다. 소나기 소리를 듣는 순간 눈물이 울컥 솟았습니다. 일주일 내내 긴장했던 마음도 풀어지고 마음은 기쁨으로 충만했습니다.

제2장 PET훈련의 선교지에서 있었던 일들

예상했던 대로 훈련 도중에 사탄의 역사는 도를 넘는 것이었습니다. 깨우 목사는 둘째 날부터 고열이 나기 시작하여 밤에는 잠을 잘 수가 없었고, 낮에는 아스피린을 먹고, 열을 식히기 위해 대야에 찬물을 담아다가 발을 담그고 앉아서 강의를 들었습니다. 셋째 날 저녁 교회개척 예행연습을 하는 시간에도 너무 열이 심해 발은 대야에 담그고 그의 부인이 물수건을 가지고 그의 머리를 식혀주며 강의를 들었습니다. 그런데 갑자기 깨우 목사의 부인인 쏨폰 사모가 전화 받으러 잠시 밖에 나갔다가 오더니 애절하게 울면서 홀로 기도를 하는 것이었습니다. 저는 심상치 않은 일이 생긴 것을 알고 강의하다가 내려가서 이유를 물었습니다. 그의 집은 약 50km 정도 떨어진 교외에 있었습니다. 집에서 걸려온 전화를 받았는데 아버지가 임종을 앞두고 쏨폰을 찾는다는 것이었습니다. 쏨폰 사모가 셋째 딸인데 아버지를 전도한 이 셋째 딸을 가장 사랑해서 다른 사람들은 다 제쳐두고 이 딸만 찾는다는 것이었습니다. 쏨폰 사모는 교회를 개척하러 나가기 위해 준비하는 이 중요한 시간에 아버지가 위독하신 것은 사탄의 짓이라는 직감이 왔다고 했습니다. 그래서 그녀는 전화로 아버지에게 천국 가면 만나게 될 것이니 그때 만나자고 말하고 들어와서 울면서 기도를 하는 것이었습니다. 우리는 강의를 잠시 멈추고 모두 하나님께 그의 생명을 연장시켜 주셔서 훈련을 마치고 돌아가 임종할 수 있게 해달라고 간절히 모두 통성으로 기도했습니다.

조금 후 남편 되는 깨우 목사가 아픈 배를 움켜잡더니 저녁 먹은 것을 마룻바닥에 다 토해 버려 아수라장이 되었습니다. 작은 교회 안이 불쾌한 냄새로 꽉 찼습니다. 한쪽에서 그의 부인은 걸레로 토한 오물을 치우고, 우리는 깨우 목사의 머리를 붙잡고 안수기도를 했습니다. 교회 안은 꼭 마귀들이 들어와서 우리 회중을 휘젓고 다니는 것 같이 느껴졌습니다. 아마 영의 눈으로 볼 수 있었다면 여기저기 날뛰는 마귀들을 목격할 수 있었을 것입니다.

그런 와중에도 강의는 계속되었고, 다음 날 깨우 목사는 열병을 앓으면서도 교회개척을 다녀왔는데, 오면서 3일 동안 계속 치솟았던 열이 놀랍게도 깨끗이 내렸고 언제 아팠느냐는 듯이 건강하게 정상으로 돌아왔습니다. 이런 현상이 바로 마귀의 역사라는 것을 보여주는 것입니다.

저녁에 교회개척 보고시간에는 캄딴 자매가 머리를 숙이고 울고 있는 것이 보였습니다. 아기를 낳은 지 삼 주일 되었다고 했습니다. 신장염으로 평소에 약을 먹고 있었다고 했으며, 잊어버리고 약을 못 가져왔다고 했습니다. 첫날 교회개척을 다녀와서 소변에 피가 섞여 나오며 아파서 견딜 수 없다면서 울고 있었던 것입니다. 우리가 가지고 있는 약은 모기약과 아스피린밖에 없으니 기도할 수밖에 없었습니다. 교회개척 둘째 날인 다음 날도 아픈 몸을 이끌고 교회개척을 나가겠다고 고집을 부렸습니다. 열이 있어 말리기도 했는데 죽어도 가겠다고 하면서 하는 말이 "교회개척을 하다가 죽으면 그보다 더 큰 영광이 어디 있겠어요."라고 하는 것이었습니다. 어떻게 23세밖에 안 된 젊은 여인이 이렇게 강하고 아름다운 믿음을 가질 수 있다는 말인가? 성경 에스더서 4:16절 말씀에 "죽으면 죽으리이다"라고 하는 믿음의 말씀이 생각났습니다. "당신은 가서 수산에 있는 유다인을 다 모으고 나를 위하여 금식하되 밤낮 삼 일을 먹지도 말고 마시지도 마소서. 나도 나의 시녀로 더불어 이렇게 금식한 후에 규례를 어기고 왕에게 나아가리니 죽으면 죽으리이다." 죽을 결심을 하고 교회개척을 가겠다고 하는데 차마 말릴 수가 없었습니다. 다행히 교회개척을 하고 온 후에 아픈 것이 많이 좋아졌다고 하며 미소를 짓는 것이었습니다.

저녁 성찬식 때 마지막 시간이었기 때문에 찬송가 524장 "우리 다시 만날 때까지"를 모두 함께 불렀습니다. 찬송이 끝나고 기도를 하는데 이 캄판 여인이 또 울며 기도를 하고 있는 것이었습니다. 저는 가슴이 덜컥 내려앉았습니다. 그녀에게 다가가서 아파서 우느냐고 물었더니 몸은 다 나은 것처럼 아프지 않은데 강사님들과 헤어지는 것이 서러워서 운다는 것이었습니다. 이 여인은 참으로 가여운 처지에 있었습니다. 사귀던 남자가 그 부모의 반대로 헤어져 집을 나가는 바람에 첫아기를 낳은 지 일주일 만에 미혼모가 된 것이었습니다. 아기를 낳은 지 20일 만에 아기는 친정어머니에게 맡기고 전도훈련에 참가한 것이었습니다. 어떻게 이렇게 순수하고 강한 믿음을 갖게 되었는지 궁금할 정도였습니다.

토요일 아침 식사 후 돌아가기 위해 짐들을 꾸리고 10시에 파송예배를 드렸는데, 언제 이발을 했는지 열병으로 훈련기간 내내 앓던 깨우 목사가 집에 간다고(사실은 장인의 임종이 가까웠기 때문에 쏨폰 사모와 처갓집으로 가는 길이었습니다.) 이발까지 하고 정장을 하고 멀쩡한 모습으로 나타났고, 그의 부인 쏨폰도 웃는 얼굴로 나타났습니다. 위독하셨던 아버지가 고비를 넘기고 지금은 한결 좋아져서 딸이 올 때를 기다리고 있다는 것이었습니다. 캄판 자매도 밝은 얼굴로 나타나서 아픈 데가 없다고 했습니다. 파송 예배를 마치고 돌아가는 훈련생들은 기쁨이 넘쳐 발걸음이 가벼워 보였습니다. 5일 동안 일어났던 일들이 주마등처럼 지나가면서 하나님의 인도하심이 남달랐던 훈련을 상기하며 세 부부의 선교사님들과 함께 하나님께 감사의 기도를 드렸습니다.

[4] 하나님의 가장 가까운 이웃 네팔에서의 PET훈련

장미선교회를 통해 알게 된 한국 선교사로부터 자기가 운영하는 신학교 학생들에게 전도훈련을 시켜달라는 연락을 받고 교재준비를 했습니다. 훈련 대상은 카트만두 성서신학원 학생 30명이었습니다. 네팔은 세계에서 가장 높은 산인 에베레스트 산과 히말라야 산맥이 있기도 하지만 네팔의 수도인

카트만두도 해발 1,350m 이상 되는 높은 지대에 위치하고 있습니다. 그래서 개강예배 때, 이런 질문으로 설교를 시작했습니다. "하나님의 가장 가까운 이웃이 누구인지 아십니까?"라고 질문을 했던 것입니다. 카트만두의 지대가 높아서 하늘에 가장 가까웠기 때문이었습니다. "여러분은 하나님의 가장 가까운 이웃으로서 이 PET훈련을 열심히 받아서 모두 그리스도의 용감한 군병이 되어야 합니다."라고 권면하며 훈련을 시작했습니다.

네팔은 국교가 힌두교인데, 힌두교가 국교인 나라는 세계적으로 네팔 하나밖에 없었습니다. (네팔은 "힌두교 국가"에서 2007년에 "종교 세속 국가"로 전환되었습니다). 국왕은 힌두교의 가장 높은 계급에 속하고 국가의 모든 예식이 힌두교 식으로 거행된다고 했습니다. 힌두교에는 3억 3천만 개의 신(神)이 있다고 이야기합니다. 그러므로 이름이 있는 모든 물건마다 신의 이름이 있으며 그 외에도 추상적인 이름의 많은 신들이 있어서 사람들은 되도록 많은 신을 알고 섬겨야 한다고 했습니다. 어려서부터 이런 사상과 분위기에서 성장했기 때문에 그들의 머릿속에는 수많은 신들이 우글거리고 있음이 틀림없습니다. 새로운 물건이 생겼을 때에는 신의 이름도 그 물건의 이름을 따서 불렀습니다. 예를 들면 "다리 신"인데 어떤 한 마을에서 시내로 나오려면 작은 개울을 건너와야 하는 마을이 있었습니다. 다리가 없어서 불편해 하므로 국가에서 시멘트 다리를 하나 건설해 주었는데, 처음에 주민들이 다리를 걸어서 넘지 못하고 멀리 돌아서 다녔다고 합니다. 왜 편리한 다리를 두고 건너지 않느냐고 물으니 다리에 "다리 신"이 있을 텐데 어찌 이 더러운 발로 신(神)을 밟고 지나다니겠느냐 라고 하더랍니다.

힌두교 교도가 기독교로 개종하는 것은 이슬람교도 다음으로 어렵다고 할 수 있습니다. 세계기도정보에 의하면 기독교에 대한 핍박지수가 전 세계에서 42위로 나와 있었습니다. 이슬람 국가인 이락의 핍박지수가 38위이고 터키가 39위인 것과 비교하면 비슷한 수준이라고 할 수 있을 것입니다. 왜냐하면 힌두교도 가정 단위의 위계질서가 엄해서 기독교로 개종하려면 가족의 동의를 얻어야 하는데, 가족의 동의를 얻는다는 것은 거의 불가능하다는 것이었습니다. 전도를 하면서 예수를 믿으라고 하면 "예수"도 신인가를 묻는다고 합니다. 예수도 신이라고 하면 예수라는 신도 믿어야 하기 때문입니다. 만일 믿지 않는다고 하면 "예수라는 신"이 자기를 해코지할 것이기 때문입니다. 그러나 교회에 나오라고 하면 말로는 나오겠다고 하지만 나오지는 않는 것이 보통이며, 혹 교회에 나오더라도 그들의 머릿속에는 3억 3천만 개의 신이 꽉 차 있고, 예수라는 신 하나가 더해지는 것뿐이라는 것입니다.

훈련 중에 현장실습으로 노방전도를 나갔다가 돌아온 신학생들이 전도 보고를 한 후에 질문 시간이 있었습니다. 한 학생이 질문하기를, "힌두교의 신과 기독교에서 우리가 믿는 신이 뭐가 다른가?"라는 질문을 하는 것이었습니다. 목회자가 되기 위해 신학교에 와서 신학을 공부하는 신학생이 이 정도의 질문을 한다는 것은 상상이 가지 않지만, 그들의 실상을 잘 보여주는 질문이었습니다. 저는 칠판에 옆의 [그림 1]과 같은 그림을 그려 놓고 설명했습니다.

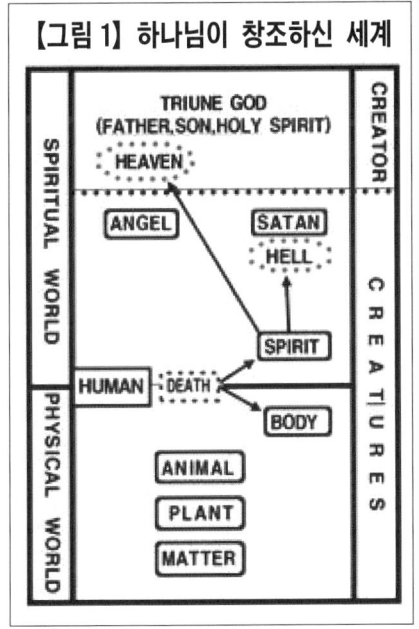

우리가 섬기는 하나님은 창조주 하나님이시며, 천국의 주인이신 삼위일체 하나님이시다. 이 하나님은 전지전능하시며 무소부재하신 하나님이시며 우주만물을 다스리고 계신 유일하신 하나님이시다. 그러나 힌두교에서 신이라고 하는 3억 3천만 개의 신은 [그림 1]에서 "사탄(SATAN)"이라고 하는 작은 사각형 안에 모두 집어넣을 수 있다. 왜냐하면 창조주 하나님을 배반하여 신이 되기를 원했기 때문에 하나님의 저주를 받아 지옥에 가기 때문이라고 설명했습니다. 이 그림을 보고 그들이 하는 말이, "아, 이제 우리 머릿속이 시원해졌습니다."라고 하는 것이었습니다. 예수를 믿고 신학교에 와서 공부하면서도 3억 3천만 개의 힌두교 신들이 하나님과 머릿속에서 서로 뒤섞여 우글거리고 있었던 것이 틀림없었습니다.

교회개척을 나갔다가 돌아온 그룹이 교회개척 보고를 하는 시간이었습니다. 힌두교 나라에서 교회개척을, 그것도 교회가 없는 생소한 지역에 가서 하루에 가정교회를 세운다는 것이 쉬운 일이 아니기 때문에 그럴수록 더 하나님의 능력에 의존하게 됩니다. 한 팀은 농촌지역으로 나가서 일손도 도와주며 친절하게 접근하여 순조롭게 교회개척을 하고 돌아왔는데, 주거지역으로 나갔던 한 팀은 드라마를 연출하듯 놀라운 경험을 하고 돌아왔습니다. 이들은 집들이 모여 있는 한 작은 동네로 갔는데 어찌된 일인지 사람들을 볼 수가 없었습니다. 작은 동네가 비어 있어서 이상하긴 했지만 전도하러 다니다가 지쳐서 어느 힌두교 사원 마당 한쪽에 있는 큰 나무 그늘 밑에서 쉬게 되었습니다. 누가 시작했다고 할 것도 없이 기타를 가진 학생이 기타를 치기 시작하자 모두 나무 아래서 찬양을 시작했고, 찬양을 마치고 전도대상자를 만나게 해 달라는 통성기도를 드리고 전도대상자를 찾아 마을로 다시 들어왔습니다.

한 집에 신발이 여러 개 놓여 있는 것을 발견하고, 들여다보니 동네 아낙네들이 모여앉아 심상치 않은 일이 있는 것처럼 이야기를 속닥이고 있었습니다. 여학생들을 들여보내 접촉을 시도했는데 뜻밖에도 그들이 하는 말이, "너희들 예수 믿는 아이들이지?"하고 묻더랍니다. 그렇다고 했더니 한 부인이 우리 집에 가서 우리 아이를 위해 기도해 달라고 부탁하는 것이었습니다. 이유를 물으니 자기 딸이 여덟 살인데 아침에 떡을 먹다가 정신을 잃고 쓰러졌는데 죽은 것 같이 숨도 쉬지 않고 누워만 있다고 하였습니다. 전도대원 9명이 모두 가서 아이를 보니 살결은 살아있는 것 같은데 숨을 쉬는 것 같지가 않았다고 합니다. 그들은 둘러앉아 그 아이에게 손들을 얹고 안수기도를 시작했습니다. 통성으로 열정적인 기도를 한참 하는데 아이가 기침을 하더니 입에서 떡 덩어리가 튀어나왔습니다. 아이는 일어나 주위를 둘러보더니 울면서 도망을 쳤습니다. 많은 사람들이 자기를 둘러싸고 있으니 겁이 난 모양이었습니다. 마침 아이의 아버지도 집에 있었는데 이 광경을 보더니 뛰어와서 학생들에게 큰절을 하고, 고맙다고 하면서 자기네 식구 모두 예수를 믿겠다고 하였습니다. 전도도 하지 않았는데 기도의 능력을 목격하고 예수를 믿기로 작정한 것이었습니다. 이 이야기를 듣고 쫓아온 다른 여자들과 그 집 식구들을 다 모아 놓고 그룹장으로 갔던 예레미야가 이 집을 교회로 사용하겠다고 선언하고 개척예배를 드렸습니다. 이 아이는 목에 떡이 걸려서 숨도 쉬지 못하고 있었던 것으로 추측은 되지만, 숨을 안 쉬고 두 시간 가까이 살아 있을 수 있다는 것은 이해가 안 되는 일이었습니다. 이 교회는 그 집을 교회로 쓰겠다고 선언한 예레미야가 목회를 담당하기로 했습니다.

[5] 불가리아 집시들의 용감한 전도행진

"당신들은 도둑을 잡는 사람들이고 우리는 도둑을 예방하는 사람들인데, 협력을 해야지 잡아 가두면 됩니까?"하며 누구를 야단치듯 어떤 남자가 고함치는 소리가 들렸습니다. 소리를 지른 남자는 PET훈련을 하던 교회의 담임목사였는데 그는 집시족으로서 유머와 배짱이 두둑하고 은혜스러운 분이었습니다. 그 목소리는 어찌나 큰지 조그마한 시골 마을 경찰서 사무실을 쩌렁쩌렁 울리게 했습니다. 경찰서장이 놀라서 부하 경찰관에게 무슨 일인지 물었습니다. "앞 동네에서 사람들이 몰려다닌다는 신고가 들어와서 우리가 사람들을 잡아다가 유치장에 가두었습니다. (공산주의에서 자유민주주의로 전환한 지 얼마 되지 않았기 때문에 치안 문제는 공산주의 시대의 방법이 그대로 적용되어 사람들이 몰려다니면 경찰서에 신고를 하게 되어 있었습니다.) 저 남자는 그들 교회 목사입니다."라고 대답했습니다.

그런데 마침 경찰서장과 이야기를 나누고 있던 시장이 경찰서장에게 말하기를, "듣고 보니 맞는 말 같은데, 교회 사람들을 왜 잡아 가두었소?"하고 물었습니다. 경찰서장이 말하기를, "지난 주 초에 전도집회 신청서를 받았는데, 아직 시장님에게 서류를 올리지 못했습니다. 아마 허가가 늦어지니까 허가 전에 나와서 전도를 하다가 잡혀온 것 같습니다."라고 대답했다. 서장의 말을 듣고 있던 시장이 말하기를, "그러면 내가 지금 사인하면 되지 않겠소?"라고 말하면서, 서장이 내민 서류에 사인을 했고, 서장은 부하 경찰에게 잡아온 사람들을 내보내라고 지시했습니다.

목사는 시장과 경찰서장에게 고맙다는 인사를 하고 경찰관과 함께 유치장으로 갔습니다. 그런데 놀랍게도 잡혀온 사람들이 유치장 안에서 전도를 하고 있는 것이었습니다. 더 놀라운 것은 불가리아에서 영어를 하는 사람이 없어서 영문과를 갓 졸업한 여학생을 PET훈련의 통역자로 세웠는데, 그 학생이 3일간 통역을 하면서 생긴 요령으로 연습한 대로 전도를 하고 있었던 것입니다.

아침에 두 개의 교회를 개척하기 위해 두 팀으로 내보냈는데, 한 팀에서 4명은 경찰서에 잡혀 왔고, 그 팀의 나머지 사람들은 경찰로부터 도망을 치다가 서로 길이 엇갈려 두 팀으로 갈라져서 만나지 못하고 각각 교회를 개척하는 바람에, 교회 2개를 개척하기 위해 나간 사람들이 교회 3개를 개척하고 돌아오는 해프닝이 일어났습니다.

제2장 PET훈련의 선교지에서 있었던 일들

교회개척을 나갔던 한 팀이 교회로 돌아와 보니 60대 초반의 부인이 어린 손녀의 손을 잡고 텅 빈 교회에 들어와 앉아 있었습니다. 부인은 시선이 흐리고 한 손에는 지팡이를 쥐고 있었습니다. 대원 중 한 사람이 어떻게 왔느냐고 물었더니 그 부인이 말하기를, "교회 옆을 지나가는데 어떤 사람이 저 교회에 가면 병을 고쳐준다는데 한 번 가보세요"라고 하며 지나가더라는 것이었습니다. 병세를 물어보니 당뇨가 심해서 시력을 완전히 잃었고, 오른쪽 무릎 관절이 온전치 않아 지팡이를 짚고 손녀의 손에 의지해야 걸어 다닐 수 있는 상태였습니다. 교회개척을 하면서 성령충만해진 팀원들은 그 여인을 둘러싸고 열정적으로 안수기도를 하기 시작했습니다. 얼마 동안을 기도하는데 이 여인이 "보인다!"라고 소리쳤습니다. 대원들은 할렐루야를 외치며 기뻐했습니다.

한 팀이 교회개척 보고를 하고 다른 팀이 보고하려는데 이 여인이 일어나서 자기에게 일어난 일을 이야기하겠다고 했습니다. 저는 그 여인에게 간증을 하도록 허락했습니다. 아이의 손에 이끌려 다니던 그 여인은 혼자서 지팡이를 짚고 절뚝거리며 나와서 자기 병의 증세를 설명한 후 큰 소리로 외쳤습니다. "하나님, 다시 보게 해 주시니 감사합니다. 눈을 보게 해주신 하나님께서 저의 무릎도 고쳐주실 것을 믿습니다."라고 말하며 지팡이를 집어던지고, 회중에게 감사하다는 인사를 한 뒤, 손녀를 데리고 절뚝거리며 교회를 나가는 것이었습니다. 강단에 서서 여인의 뒷모습을 바라보는 뜨거워진 저의 마음에 하나님께서 말씀하시는 것 같았습니다. "오늘 교회개척 사역은 참으로 훌륭했다. 나도 기뻐하노라." 할렐루야!

제3장 삼인조운동의 특징

　PET훈련은 기본적으로 4박 5일 동안 합숙훈련 하는 것을 원칙으로 하며, 사정에 따라 교회개척 기간을 하루 줄여서 훈련기간을 3박 4일로 단축할 수 있습니다. PET훈련의 특징은 다음의 네 가지로 요약할 수 있으며, 아래 열거한 세계복음화의 네 가지 요소의 훈련을 동시에 조직적으로 실시합니다.

【1】 모든 사역에서 반드시 삼인조로 활동한다.(전도서 4:12)
【2】 다음 네 가지 요소를 통한 세계복음화 전략을 동시에 조직적으로 훈련한다.
　① 능력있는 삼인조기도 (마 18:19-20, Prayer triplets)
　② 효과적인 삼인조전도 (국제전도폭발의 전도방법 [EE])
　③ 자립적인 가정교회개척 (마 16:18-19, 몬 1:1-2, 고전 16:19)
　④ 능률적인 세계복음화 전략 (행 1:8, 마 28:18-20)
【3】 사랑과 순종의 이해를 바탕으로 헌신하도록 무장시킨다.
　(요 21:15-19, 출 3:5, 수 5:2-15, 행 1:8)
【4】 훈련기간 동안에 성령님과 팽팽한 관계를 유지하도록 무장시킨다.

※ 성령님과 팽팽한 관계를 유지하는 방법은 다음과 같다.
(1) 훈련기간 동안과 그 전후(前後)를 막론하고 관광이나 다른 일에 한 순간도 마음을 빼앗기지 않도록 노력하며, 중보기도자를 되도록 많이 확보하여 기도후원을 받는다.
(2) 훈련기간 내내 조금의 틈도 사탄에게 내어주지 않도록 기도 시간에 열심히 참여하고 항상 기도하는 마음을 유지한다.
(3) 산을 움직이는 기도를 통해 기도응답의 확신을 갖도록 하고, 한 사람도 구원의 확신이 없는 사람이 없도록 한다.

제3장 삼인조운동의 특징

(4) 성령충만을 받는 방법을 알도록 한다.
(5) 매 시간을 기도로 시작하고 기도로 끝낸다.
(6) 새벽기도 시간은 현지인을 인도자로 세워 그들의 언어와 방법으로 열정적인 기도회를 갖도록 한다.(같은 시간에 강사들은 별도의 기도 시간을 갖는다).
(7) 강사들은 새벽기도 시간에 성령의 인도하심에 따라 그날의 강의 시간표를 점검 및 수정하고, 일과 후에 당일 교육에 대한 평가를 마친 후에 갖는 기도 시간에서도 성령의 인도하심을 따라 다음 날의 일일 훈련계획을 수정 보완한다.
(8) 훈련 시간마다 훈련생들의 반응에 따라 수시로 강의내용 및 진도를 수정한다.
(9) 전도나 교회개척을 기도로 시작하고 기도로 끝낸다.
(10) 전도나 교회개척을 내보낸 후 강사와 동역자들은 기도회를 열어 열정적 기도로 중보기도를 한다.
(11) 환자가 발생했을 때에는 안수기도로 사탄의 방해에 대적한다.
(12) 기타 문제가 있을 때마다 기도로 대응한다.

※ PET훈련은 다음과 같은 4가지 유익을 가져옵니다.

첫째, 위에 열거한 네 가지 훈련요소들을 짧은 시간에, 동시에, 그리고 조직적으로 실시함으로써 예수님의 지상명령을 이루는 복음전파의 효과를 극대화시켜줍니다. 이것을 교회용어로 표현하면, "기도훈련으로 뜨거워진 가슴에, 전도의 불을 붙이고, 전도 실습으로 전도 열정의 불이 활활 타는 마음으로 교회개척을 위해 불을 쏟아 붓고, 교회가 하루 만에 개척되는 것을 보면서 하나님의 능력과 은혜를 체험하고, 이 하나님의 능력과 은혜의 특권을 누리는 감격으로 세계복음화를 위해 헌신하게 된다." 이것은 너무 노골적으로 표현한 것 같지만 이 훈련을 받은 사람들은 전혀 다른 새로운 사람으로 태어납니다.

지금까지의 신앙훈련은 대개 기도나, 전도나, 교회개척, 또는 선교 등을 따로따로 나누어서 세미나 형식으로 실시하는 것이 보통입니다. 다시 말하면 기도에 대한 세미나에서는 전도훈련이나 교회개척 훈련은 함께 실시하지 않는 것이 보통입니다. 또 전도훈련에서는 기도를 하기는 하되 기도훈련을 별도로 실시하지 않는 것이 보통입니다. 이러한 훈련에서 마음의 상태변화를 보면, 기도 훈련을 통해 마음이 뜨거워질 수 있으나 대개는 긴 시간을 지나서 그 마음이 다 식어진 다음에 전도훈련을 받게 되는 것이 일반적 상황입니다. 전도훈련에서 구령의 열정이 고조(高調)될 수 있으나 교회개척 훈련은 그 마음이 다 사그라진 다음에 별도로 훈련을 받게 되는 것이 보통입니다. 그러나 PET훈련에서는 세계선교전략에 필요한 기도훈련, 전도훈련, 교회개척훈련, 세계복음화전략과 헌신서약 등을 동시에 조직적으로 실시함으로써 성령님과의 동역을 강하게 체험할 수 있도록 할 뿐만 아니라, <u>이들 요소의 상승효과를 통해서 훈련생들은 자기도 모르게 전도와 교회개척에 대한 강한 동기부여를 받게 되어, 능력 있고 헌신적인 전도자로 변하게 되는 것입니다. 여기에 PET훈련의 첫 번째 비밀이 있습니다.</u>

둘째, 선교나 양육에서 의사소통을 할 수 있는 현지 언어의 습득이 필수조건인데 PET훈련에서는 현지인 통역을 사용하기 때문에 현지인의 언어를 배울 필요가 없다는 것이 큰 장점입니다. 전통적인 선교에 있어서는, 토착어로 전도할 수 있도록 훈련된 선교사가 되려면 적어도 9-12년(신학과 선교훈련 6년, 선교지 언어 습득 3-6년)은 걸려야 훈련된 현지 선교사가 탄생합니다. 그렇게 해도 문화의 장벽을 넘어서 토착화되지는 못합니다. 문화의 장벽을 넘으려면 언어훈련을 포함해서 5-6년은 더 노력해야 노련한 선교사역을 펼칠 수 있게 됩니다. 그러나 PET훈련에서는 현지인들을 직접 훈련하여 현지인들이 자기 종족에게 전도하고 교회개척도 현지인 자신이 하도록 하기 때문에 언어나 문화의 장벽이 전혀 문제가 되지 않고, 더 효과적이며 더 경제적으로 사역을 할 수 있습니다. 그러므로 이들 두 가지, 즉 전통적인 선교와 PET훈련은 그 훈련의 능률면에서나 경제적인 효과 면에서 비교가 안 됩니다. 따라서 PET훈련의 특징은 전도훈련이나 교회개척을 매우 빠른 속도로 진행할 수 있다는 장점이 있습니다.

셋째, 이 훈련을 받기 위해 참여하는 사람들은 신앙 경력이나 직분에 관계없이 목회자나 평신도나 성숙한 교인이나 초신자나 가릴 것 없이 함께 훈련할 수 있는 장점이 있습니다. 또 이 훈련은 목회 차원이 아니라 훈련 차원이므로 목회자나 선교사만 아니라 평신도들도 다른 사람들을 훈련시킬 수 있기 때문에 전 성도 무장화가 가능합니다. 이 훈련은 캄보디아를 필두로 해서 미얀마, 네팔, 필리핀, 태국, 불가리아, 인도, 케냐, 가나, 인도네시아, 중국, 한국, 미국, 스리랑카, 시에라레온, 몽골, 러시아, 이집트 등 18개국에서 50여 회의 PET훈련을 실시하였으며 (62쪽, 표 2참조), 훈련은 예상대로 모두 예외 없이 성공적이었으며, 미리 계획된 가정교회의 숫자대로 새 가정교회를 개척했으며, 훈련받은 사람들은 모두 용감한 전도자로 변화되었습니다. 훈련 도중에 확인된 것이지만 PET훈련에서 하루 만에 개척한 교회도 80% 이상은 성장을 계속하였으며, 어떤 교회는 훈련받은 성도들이 일주일에 하루를 전도의 날로 정하여 계속 삼인조로 전도를 실시하고 있는 곳도 있습니다. PET훈련은 기적을 일구어내는 성령님의 사역이기 때문에 일상의 신앙생활이나 사역에서는 경험하기 어려운 사역입니다. 그런데 여기서 중요한 것은 그 결과가 아니라 누구든지 진정으로 PET훈련을 실시하고자 하는 열정이 있어서 실천한다면, 훈련을 실시할 수 있을 뿐만 아니라 같은 결과를 얻을 수 있을 것이라는 사실입니다.

넷째, 이 훈련의 가장 중요한 특징으로서 훈련을 진행하면서 강사들이 꼭 염두에 두는 것이 있습니다. 이것은 훈련에 대한 전제조건과 같은 것인데, 이것을 통해서 훈련을 효과적으로 실시할 수 있기 때문에 하나의 장점이 될 수 있습니다.

① 한 사람도 빼놓지 않고 구원의 확신을 갖도록 맨 먼저 확인하고 확신

이 없는 사람에게는 복음을 선포하여 끝까지 모두 구원의 확신을 갖도록 한 다음 전도훈련에 들어감으로써 전도에 대한 열정을 더 높일 수 있다.
② 기도훈련에서는 하나님께서 우리의 기도를 100% 들으시고, 100% 응답하신다는 기도응답에 대한 확신을 필수적으로 갖도록 한다.
③ 삼인조훈련의 13가지 장점을 잘 알려주어 전도에 대한 두려움을 사전에 제거한다.
④ 사랑과 절대순종을 통해서 하나님께서 각 사람과 함께하신다는 것을 확신시켜 헌신하는 마음으로 무장하게 한다.
⑤ PET훈련의 10가지 원칙을 강조하여 기억하고 실천하도록 한다.

PET훈련에서 지켜야 할 10가지 원칙은 강사와 훈련생이 함께 지켜야 하는 것으로서 다음과 같습니다.

1. 미리 기도로 준비하되 물질적 도움이 되는 선물은 금물이다.
2. 내용이 연속적이므로 한 시간도 빠지면 안 된다.
3. 시작시간과 마치는 시간 등 시간과 약속을 엄수한다.
4. 처음부터 삼인조 기도를 하도록 조직하여 시행한다.
5. 행동 위주의 강의를 하되 진도는 신축성 있게 조절한다.
6. 훈련자를 두지 않고 성령님이 훈련자가 되시도록 한다.
7. 항상 성령님과 팽팽하게 긴장을 유지하고 훈련에만 집중한다.
8. 훈련생이 생각하여 행동하는 것보다는 따라 하도록 만든다.
9. 실내 연습이나 리허설은 실전과 같이 진지하게 실시한다.
10. 외출과 외박은 절대 금지한다.

구원의 확신을 갖게 한 하나의 예를 들어보고자 합니다. 1996년도 2차 캄보디아 PET훈련에는 이 집사와 저 외에 권사님 한 분과 집사님 한 분이 함께 동행 하였습니다. 훈련 둘째 날 10시부터 전도폭발 강의가 시작되었으며, 훈련생은 모두 75명이었는데 먼저 구원의 확신이 없는 사람은 손을 들라고 했습니다. 재미있는 사실은, 한국 사람들은 많은 사람들 앞에서 구원의 확신이 없는 사람 손 들라고 하면 이리저리 살피기부터 합니다. 장로나 권사는 구원의 확신이 없어도 손을 들지 못합니다. 장로가 구원의 확신이 없다면 창피하게 생각하기 때문이지요. 그러나 대부분의 동남아시아나 아프리카 사람들은 자기가 구원의 확신이 없으면 남의 눈치 볼 필요 없이 손을 자연스럽게 든다는 것입니다.

75명 중에서 구원의 확신이 없다고 17명이 손을 들었습니다. 저는 복음제시 내용을 가지고 구원의 확신을 갖도록 설명했습니다. 그리고 다시 질문을 했는데 보통은 모든 사람이 구원의 확신을 갖게 되는데, 이번에는 다른 때와 다르게 3명이 다시 손을 드는 것이었습니다. 세 사람은 구원의 확신이 아직 없다는 것이었습니다. 저는 다시 한 번 더 복음을 간단히 설명하고 구원의 확신이 없는 사람은 손을 들라고 했는데 이 세 사람이 또 손을 드는 것이었습니다. 저는 세 번째 복음제시를 간단하게 하고 다시 물었으나 다시 이 세 사람이 손을 드는 것이었습니다. 저는 긴장이 되고 몸에서 진땀이 났습니다. 이 광경을 보며 열심히 기도하고 있던 권사님과 집사님의 얼굴도 초조해 보였습니다. 시간은 12시 점심시간이 되었습니다. 저는 강의를 마치면서 점심을 먹고 다시 계속하겠다고 말했습니다. 점심을 먹으러 흩어지는 사람들을 바라보면서 초조한 마음을 추스를 수가 없었습니다. 이제 이것을 위해서 더 할애할 시간이 없었기 때문입니다.

뒷문을 통해 조그만 마루로 나왔습니다. 동료들은 마룻바닥에 밥그릇들을 늘어놓고 식사하기 위해 둘러 앉아 내가 나올 때를 기다리고 있다가 나에게도 빨리 와서 식사를 하라고 했습니다. 저는 걸어 나오면서 밥은 보이지도 않았습니다. 이것은 분명히 사탄의 방해라고 생각했습니다. 대개는 전도훈련을 받으러 온 사람들은 그래도 믿음이 좋다고 하는 사람들인데 이제 와서 구원의 확신이 없다는 것은 말이 안 되는 것이었습니다. 그것도 복음제시를 세 번씩 듣고 말이지요. 만일 이 세 사람이 계속 손을 든다면 어떻게 될까? 밥은 보이지도 않았고 배가 고픈 줄도 몰랐습니다. 저는 동료들에게 먼저 식사를 하라고 말하고 옆에 있는 방으로 들어가 문을 잠갔습니다. 왠지 눈물부터 쏟아져 내렸으며 너무나 절박한 순간이었습니다. 기도가 그렇게 간절할 수가 없었습니다. "전능하신 하나님 아버지, 저 세 사람을 누가 보냈습니까? 이 훈련을 망치려고 작정을 한 것 같습니다. 사탄이 보냈습니까? 그렇다면 하나님께서 책임지십시오. 저 세 사람을 사탄이 보냈다면 저는 아무것도 할 수 없습니다. 이 훈련을 통해 능력을 보여 주십시오. 사탄의 모든 방해를 묶어주시고 성령 충만으로 기름 부어 주십시오." 얼마를 기도했는지 마음이 풀리기 시작했습니다. 초조한 마음도 사라지고 마음이 평온해졌으며 하나님께서 응답하셨다는 확신이 들었습니다. 나와서 밥을 좀 먹고 오후 시간이 되어 다시 모였는데 이제는 마음을 푹 놓고, 복음제시를 여러 부분으로 나누어 부분마다 이해를 확인하면서 설명하고 나서, 다시 세 사람을 향해 질문을 했습니다. "아직도 구원의 확신이 없는 사람은 손을 드세요!" 아무도 손을 들지 않았습니다. 순간적으로 온몸에 전기가 흐르는 것 같았고 눈물도 솟았으나 보일 수는 없었습니다. 마음속으로 하나님께 감사의 기도를 드렸습니다.

한 시간 동안 각조에서 한 사람씩 복음제시 연습을 시켰고, 첫날 전도이기 때문에 3인조로 팀 전도를 내보냈습니다. 오늘은 전도대상자를 만났을 때, 연습을 한 조장(조장의 별명은 "모세"임)이 복음제시를 하는 날이었습니다. 시기적으로 열대지방의 우기의 마지막이라 시시때때로 비가 내렸고, 밖에는 오늘도 아침부터 제법 많은 비가 계속 내리고 있었습니다. 우산이란 것을 가진 사람이 없어서 염려가 되었지만 전도를 내보내는 오후 2시에는 신비하게 비가 멎었습니다. 전도를 내보내면서 5시 정각까지 모두 돌아오도록 부탁했습니다. 그 후의 계획이 짜여 있어서 늦으면 안 된다고 단단히 일렀습니다. 전도를 내보내고 우리 일행 네 사람은 통역을 맡은 캄보디아 목사와 함께 둘러앉아 전도나간 사람들을 위해 중보기도 모임을 가졌습니다. 5시 정각에 이미 4 그룹은 들어와 있었고 한 그룹이 아직 안 들어왔음을 알았을 때, 밖을 내다보니 길 저쪽에서 마지막 그룹의 사람들이 비를 맞으면서 뛰어오고 있었습니다. 어쩌면 비가 5시 정각부터 다시 오기 시작한 것이었습니다. 저는 속으로 웃으면서 "하나님은 참으로 재미있으신 분이야."라는 말을 입 속으로 삼켰습니다.

훈련 중 외출은 매우 큰 역효과를 가져온 경험이 있었기 때문에 그 후로는 절대 외출을 금지시켰습니다. 캄보디아에서 1차 훈련을 할 때, 훈련 장소가 프놈펜 도심에 있었습니다. 첫 4일간은 교회개척까지 은혜 충만한 가운데 훈련이 실시되었는데, 넷째 날 저녁에 집이 프놈펜인 사람들 10여 명이 집에 가서 자고 오겠다고 해서 마음에 내키지는 않았지만, 고생들도 했고 해서 자고 일찍 오라고 당부하며 외박을 내보냈습니다. 그런데 아침에 지각하는 사람도 있고, 와서도 정신이 산만해져서 어제까지 충만했던 은혜스러운 모습은 어디론지 사라져버렸습니다. 이 경험 때문에 그 이후로 집이 바로 옆에 있어도 외출을 절대 금지하게 되었고, 또한 강사들의 경우도 이와 비슷한 경험 때문에 선교지에서의 관광은 일절 하지 않는 것을 철칙으로 삼고 있습니다. 미얀마에서 63명을 잘 훈련시켜 8개 교회개척까지 성공적으로 마친 다음 3일간의 여유가 있었습니다. PET훈련에 동역한 교회의 목사님이 세계적으로 유명한 관광지라고 하면서 금 60톤을 지붕에 얹고 있는 가장 큰 사원을 관광하게 되었습니다. 관광이라기보다 불교의 다른 한 면을 깊이 있게 볼 수 있어서 도움이 될 것이라는 생각을 했는데, 나와서 느낀 것은 어제까지 우리를 흠뻑 젖게 했던 은혜가 사라져버린 것이었습니다. 그 이후로는 가까운 곳에 아무리 유명한 관광명소가 있다고 해도 개척한 교회를 돌아보는 일 외에는 일절 외출을 하지 않는 것이 훈련담당자들의 통례가 되었습니다.

제4장 삼인조운동의 장점들

PET훈련은 세 사람이 한 팀이 되어 모든 사역을 하는데, 삼인조로 활동하는 이 운동은 삼인조기도의 장점과 더불어서 아래와 같이 추가적인 여러 가지 장점들이 있습니다.

① 삼인조는 그 아이디어를 하나님께서 주셨다. (Brian Mills, 1986)
② 삼인조 조직은 성경적이며, 예수 그리스도께서도 사용하셨다.(창1:26, 출17:12, 전4:12, 마18:19-20, 마26:37-41)
③ 삼인조기도의 기도제목은 외부지향적 내용으로서 원칙적으로 중보기도이다.
④ 기도 또는 전도대상자들을 구체적으로 알고 집중적으로 기도함으로써 하나님의 응답을 받기 쉽다.
⑤ 삼인조 기도는 분명한 일치와 가시적 연합의 원리가 있다.
⑥ 기도와 구원의 확신을 통해서 본인의 믿음이 증진되고 영적 축복을 가져다준다.
⑦ 전도에 대한 두려움을 없애줌으로써 쉽게 전도할 수 있게 해준다.
⑧ 현장교육이므로 교육효과가 탁월하다. (On-the-job-training)
⑨ 삼인조운동을 확대 실시함으로써 자체적 확장의 원리가 작동된다.
⑩ 신앙 성숙도에 관계없이 모든 성도들을 함께 훈련할 수 있다.
⑪ 기도, 전도 및 교회개척을 동시에 훈련하여 시너지효과가 크다.
⑫ 환경이 다른 여러 나라에서 그 효과가 검증되었다.
⑬ 세 사람이 서로에게 자극이 되어 자동적으로 자기 발전을 도모하게 된다. 이것은 심리학이나 정신치료 또는 상담에서 중요시하는 것으로서 소그룹에는 그룹역동성(Group dynamics)이 있는데, 삼인조는

제4장 삼인조운동의 장점들

그룹에 있어서의 최소단위이지만, 그룹역동성에 의한 열 가지 이상의 장점도 가지고 있다. 사람들이 그룹으로 활동하면;5)

(1) 편안함을 느낀다.
(2) 외부로부터 당하는 공격에 대해 두려움이 적어진다.
(3) 역동적인 상호작용이 있다.
(4) 소속감으로 동료의식이 발전한다.
(5) 공동목표를 효과적으로 추구하게 된다.
(6) 역할체계에 동참함으로서 자연스럽게 통일성을 이룬다.
(7) 역할체계에 동참함으로서 협동정신이 생긴다.
(8) 집단을 위해 자제력을 배운다.
(9) 서로 격려하여 의욕이 증진된다.
(10) 그룹을 통해 욕구충족을 얻는다는 등의 장점이 있습니다.

---

5) Lee, Hyung Deuk, "Practical Group Counseling", Seoul, Korea: Jung-Ang Aptitude Publishers, 1979.

제5장 삼인조운동의 결과

 PET훈련은 [표 2]에서 보는 바와 같이 약 18개국에서 50여 회에 걸쳐 실시하였는데 모든 훈련에서 놀라운 결과를 가져왔으며 훈련을 계획하는 단계에서 계획했던 숫자대로 교회개척을 할 수 있었습니다. 새로 개척한 가정 교회들은 즉시 예배를 드릴 수 있도록 훈련을 주관한 교회나 가까운 지역의 교회에서 평신도 지도자들이 인도하도록 하였고 기타 양육 및 성례식은 주로 훈련을 주관한 교회의 목회자가 담당하도록 하였습니다.

【표 2】 환경이 다른 여러 나라에서의 PET훈련의 결과

번호	나라이름	훈련시기	훈련생	훈련대상자	복음제시	결신	교회개척
1	미얀마	95.6	78	목회자, 평신도	360	197	2
2	카족렌	95.7	99	신학생	323	146	0
3	캄보디아	95.10	42	평신도지도자, 평신도	376	145	2
4	네 팔	95.12	30	신학생	212	88	1
5	미얀마(양곤)	96.1	63	목회자, 평신도	563	198	4
6	필리핀	96.2	75	목회자, 지도자	487	145	4
7	캄보디아	96.4	75	목회자, 지도자	1,108	478	4
8	불가리아	96.7	34	목회자, 신학생, 평신도 지도자	513	251	3
9	미얀마(양곤)	96.8	105	목회자, 지도자	1,325	617	14
10	태 국	96.9	27	목회자, 평신도	139	19	3
11	인도(캘커타)	96.11	33	신학생	517	259	6
12	케 냐	97.1	42	신학생, 지도자	658	190	5
13	가 나	97.1	150	목회자, 지도자	1,595	515	16
14	미 국	97.2	73	목회자, 평신도	4	3	0
15	인도네시아	97.3	148	신학생	855	130	7
16	미얀마	97.6	60	목회자, 지도자	607	354	8

17	미얀마	97.6	38	지도자, 평신도	324	190	3
18	불가리아	97.6	25	신학생, 평신도	208	74	5
19	인 도	97.8	117	신학생	985	213	14
20	중국인	97.8	12	평신도 지도자	실습은 귀국 후 실시		
21	한 국	97.9	177	평신도 지도자	685	171	0
22	중 국	97.10	24	평신도 지도자	143	45	2
23	중 국	98.2	24	평신도 지도자	268	77	4
24	네 팔	97.11	39	신학생	789	62	4
25	인 도	97.12	72	목회자, 지도자	1,260	502	8
26	태국(카렌족)	98.1	107	신학생	630	286	7
27	중 국	98.2	24	평신도 지도자	136	10	1
28	중 국	98.5	45	교회사역자,	221	109	4
29	스리랑카	98.11	51	목회자, 신학생	550	213	6
30	인도(덴가시)	99.1	234	목회사역 훈련생	6,988	2,219	32
31	인도(GFA)	99.1	63	신학생	548	95	8
32	스리랑카	99.2	63	목회자, 지도자	431	191	8
33	몽 골	99.6	51	평신도 지도자	630	224	6
34	몽 골	99.7	11	2단계 강사훈련생	74	37	0
35	몽 골	99.7	39	3단계 강사훈련생	243	162	0
36	러시아(땀포브)	99.8	80	교회지도자	5,466	856	8
37	스리랑카	99.8	39	학생, 선교부리더	193	89	2
38	탈북자	99.10	16	전도 훈련생	12	0	0
39	중 국	2000.2	20	한국 선교사	13	8	0
40	인도(편잡)	2000.3	48	목회 훈련생	380	198	6
41-44	스리랑카 외 4국	00.3-10	192	사역자, 지도자	1,993	904	21
45	국경 탈북자	99.10	16	결신자	12	0	0
46	인도(찬디갈)	2000.3	48	평신도 지도자	380	198	6
47	시에라레온	2001.2	146	목회자, 지도자	563	275	14
48	태국(촌부리)	2001.9	114	목회자, 신학생, 평신도	259	92	1
49	인도(데라 둔)	2002.3	63	목회자, 지도자	306	87	8
50	이집트	04.08년	125	목회자, 지도자	531	381	7
	합 계		3,228		34,998	11,950	248

제6장 PET훈련의 실제적 적용

PET훈련을 교회에서 적용할 수 있는 분야는 다양합니다.
첫째, 평신도들이 연습을 통해 잘 습득한 후 선교지와 협력하여 단기선교를 통해서 현지인을 훈련하고 교회 개척을 도울 수 있습니다. 이것은 이 책에서 소개하는 것과 같은 훈련 내용인데, 교회개척은 모든 사역자에게 부담이 되는 것이 사실이지요. 선교사가 선교현장에서 전도는 해도 어떻게 교회를 개척해야 할지 염려하는 경우가 많습니다. 현지인들도 교회가 없는 곳에 어떻게 교회를 세워야 할지 대개는 모르고 있습니다. 이런 경우에 이 PET훈련은 매우 효과적입니다. 즉 선교지에서 전도나 교회 개척이 어려울 때, PET훈련은 '기동타격대'와 같이 어려움을 타개하고 교회개척을 효과적으로 도울 수 있습니다.

둘째, 선교지에 있는 선교사나 새로 파송되는 선교사들이 이 훈련을 받아서 현지에서 사용한다면 선교사역을 보다 효과적으로 수행할 수 있을 뿐만 아니라 빠른 시일 내에 교회를 개척하며 성도들을 훈련시키고 전도를 통해 하나님의 나라 확장에 크게 기여할 수 있을 것입니다.

셋째, 국내외의 지역교회에서는 교회개척을 제외한 기도, 전도, 세계복음화 전략 등 세 가지만 훈련해도 전도를 생활화하며, 기도로 세계선교를 도울 수 있는 세계를 품는 기독교인(World Christian)으로 양육할 수 있을 것입니다. 이 훈련은 교회에 훌륭한 전도 또는 선교훈련이 되며 교회를 전도하는 교회로 만들 수 있습니다. 또 우리나라에서도 교회가 없는 인근 마을에 가정교회를 개척하면 목회자의 사역의 장을 넓힐 수 있을 것입니다. 특히 삼인조운동을 적용하는 것은 제4장에 나오는 PET훈련의 많은 장점들을 교회에 적용하는 것입니다. 삼인조운동은 각 기관별로 시행할 때, 많은 열매를 가져올 수 있을 것입니다. 특히 구역조직에 삼인조기도를 도입하면 구역 활성화에도 큰 도움이 될 것입니다.

제7장 PET훈련의 각 요소에 대한 고찰

　PET훈련에서 기도, 전도, 교회개척, 그리고 세계복음화전략 등 이들 네 가지 요소를 동시에 조직적으로 훈련하는 것이 PET훈련의 장점이면서 비결이라는 것은 앞에서 말씀드린 바와 같습니다. 여기서는 각 요소에 대해 어떤 특징들이 있으며, 왜 이 방법들을 선택하게 되었는지 설명 드리고자 합니다.

【1】 능력있는 기도훈련

(1) 삼인조기도

기도훈련은 영국의 브라이언 밀즈(Brian Mills)가 창안한 "삼인조기도" (Prayer Triplets, 1986)를 인용하였습니다. 이 삼인조기도는 1982년에 영국의 기독교 지도자들이 주축이 되어 빌리 그레함 전도협회(The Billy Graham Association)와 공동으로 "84선교영국대회"를 열기로 결의하고 대회를 준비할 때, 브라이언 밀즈가 기도분과 위원장을 맡게 되었습니다. 밀즈는 선교대회를 성공적으로 마치기 위해서 기도로 무엇을 어떻게 지원할 수 있을까 하는 문제를 놓고 노심초사하며 간절히 기도하고 있을 때, 길포드(Guildford)에 있는 어떤 사람으로부터 전화를 받았는데, "당신은 나를 몰라도 나는 당신이 밀미드 센터(Millmead Centre)에서 설교할 때 보았습니다. 제가 당신을 꼭 한번 만날 일이 있습니다."라고 말했다. 어느 날 이름을 밝히지 않은 신사 한 사람이 브라이언의 집에 들어와서 말하기를 "하나님께서 저에게 말씀하시기를 당신은 '선교 영국'을 위한 기도전략을 계발하는 데 부담을 가져서는 안 되며 하나님께서 문제 해결의 열쇠를 주실 때까지 기다려야 한다고 말씀하셨습니다."6) 라는 말을 남기고 가버렸습니다. 브라이언은

이 말을 듣는 순간 참으로 이 말씀이 마음에 와 닿았고, 하나님께서 그렇게 말씀하신 것으로 생각하게 되었으며, 그래서 그는 그 말씀을 하나님께서 주신 말씀이라고 생각하고 기다렸다고 술회하고 있습니다. 그런데 시간이 지나면서 '3'이라는 숫자가 생각에 떠오르자 '3'이라는 숫자에 관심을 가지고 성경을 읽게 되었습니다. 그는 성경에 나오는 '3'자가 그냥 '3' 또는 '세 사람'이 아니라, '3+ 알파(α)'라는 것을 알았습니다. 즉 세 사람이 모였을 때, 한 사람의 세 배가 아닌 그 이상의 큰일을 할 수 있다는 것이지요. "한 사람이면 패하겠거니와 두 사람이면 능히 당하나니 삼겹줄은 쉽게 끊어지지 아니하느니라."(전 4:12). 이 말씀은 혼자서 하면 쉽게 그만둘 수밖에 없지만, 세 사람이 함께 하면 오래 지탱해 나감으로써 혼자서 할 수 없는 어려운 일도 세 사람이 함께 해낼 수 있다는 것에 착안한 것입니다. 마침내 그는 세 사람이 함께 모여서 기도하는 "삼인조기도(Prayer triplets)"라는 기도방법을 고안하게 되었습니다.

브라이언 밀즈는 "1984선교영국대회"가 끝난 1986년도에 "삼인조기도"라는 책을 냈으며, "84 선교영국대회"는 대성황리에 마칠 수 있었고, 이 성공적인 결과에 놀란 빌리 그래함 목사는 즉시 이 "삼인조기도"를 빌리 그래함 전도협회의 공식적인 기도전략으로 채택하였습니다. 결과적으로 브라이언 밀즈와 선교대회를 주최한 임원 및 빌리 그래함 전도협회는 이 기도방법을 "하나님께서 아이디어를 주신 성경에 근거한 성경적 기도방법"이라고 말할 수 있었습니다.

(2) 기도와 전도의 상호관계

기도와 전도의 효율성과의 상호관계에 대해서는 여러 사람들이 좋은 지적들을 많이 하고 있습니다. 모든 저자들이 많은 기도를 강조하고 있으며, 전도의 모든 단계에서 기도할 것을 강조하기도 합니다. 전도는 예수님 자신의 사역이

---

6) Brian Mills, "Three Times Three Equals Twelve", Kingsway Publications, 1986, 20.

며 그분은 기도를 통해서 역사하시기 때문에 전도의 효율성과 기도의 관계에 대해서는 이미 많은 저서들이 있습니다. 개인전도의 대가인 토레이(R. A. Torrey)는 전도를 위한 기도의 방법에 대해서 다음과 같은 점들을 지적하고 있습니다. ① 우리는 하나님께서 전도를 위해 정확한 사람에게 인도해 주시도록 기도해야 한다. 하나님께서는 우리가 만나는 모든 사람에게 전하는 것을 원치 않으신다. ② 우리를 인도하신 그분이 만난 사람에게 무슨 말로 전해야 하는지를 기도를 통해서 하나님께 여쭤봐야 한다. ③ 우리는 하나님께서 전하라고 하신 말씀에 하나님의 권능을 부어주시도록 기도해야 한다. 그리고 ④ 우리는 우리가 해야 할 일을 다 한 다음 하나님께서 그 다음 일을 하시도록 기도해야 한다(Torrey 1893, 11)고 하였습니다.[7] 그러나 기도훈련에서 주목해야 할 것은 하나님께서 우리의 기도를 100% 들으시고 또한 100% 응답하신다는 확신을 갖는 것이 무엇보다도 중요하다는 것을 PET훈련을 통해서 알게 되었습니다.

【2】 효과적인 전도훈련

전도방법에 대해서는 너무나 많은 방법이 알려져 있습니다. 어느 방법이든지 간에 그 방법의 좋고 나쁜 것은 그 효과로 알 수 있다고 할 것입니다. 전도는 이론보다는 경험적으로 효과가 실증된 방법을 선택해야 좋은 훈련을 실시할 수 있습니다.

(1) 개인전도 방법

개인전도는 평범한 그리스도인을 사용하여 보통 일대일로 하는 전도를 말합니다. 개인전도는 좀 더 전략적이며 기독교에 대해서 저항적인 지역에서 더욱

---

[7] 토레이(R. A. Torrey), "How to Bring Men to Christ", Chicago, Fleming H. Revell Co., 1893, 11.

효과적입니다. 코넌트(J. E. Conant, 1922, 199)는 그리스도의 대사명은 개인들을 위한 개인적인 사역이라고 말했습니다. 개인전도는 토레이(R. A. Torrey 1893)가 [사람들을 그리스도께 인도하는 방법 (How to Bring Men to Christ)]이라는 책을 발간하고 1897년에는 [사람들을 그리스도께 인도하기(Leading Men to Christ)]라는 책을 내놓은 이후 크게 성행하게 되었습니다. 이 책들은 무려 60여 년 동안 개인전도에서 가장 권위 있는 책이었는데, 그 이유는 이 책이 서방세계에서 전도에 대한 철학적 근거를 제시해 주었기 때문이라고 하였습니다.

1960년대에는 개인전도가 평신도들 사이에 널리 퍼지게 되었습니다. 그 이유는 1960년대 초에 제임스 케네디(D. James Kennedy) 목사에 의해서 "전도폭발(Evangelism Explosion, EE)"이라는 방법이 새로 소개되었기 때문입니다.[8] 전도폭발은 교단과 교회의 벽을 허물어버렸으며, 전도폭발은 성경적 원리에 의해 만들어졌을 뿐만 아니라 잘 조직된 프로그램을 제공하였고, 특히 훈련 프로그램을 표준화하였기 때문에 짧은 시간에 큰 성공을 거둘 수 있었습니다. 전도폭발은 많은 교회들, 교단들, 그리고 저술에까지 큰 영향을 끼쳤습니다. "팀전도전략"을 개발한 미국의 래리 길버트(Larry Gilbert)가 전도폭발에 대해 다음과 같이 평가하였습니다.[9] 전도폭발의 뛰어난 특징은;

(1) 전도훈련에 대한 철학이 있다.
(2) 전도의 원리와 법칙을 가르친다.
(3) 전도의 어려움을 극복하도록 훈련한다.
(4) 교회에 체계적인 프로그램을 제공하였다.
(5) 신자들이 배운 것을 표현할 수 있도록 방문보고를 통해 배출구를 마련하였다.
(6) 평신도를 역동적으로 참여시켰다, 등을 열거하고 있다.

---

8) D. James Kennedy, "Evangelism Explosion", Tyndale House Publishers Inc., 1983. 3rd. ed.
9) Larry Gilbert, "Team Evangelism", Precept Publications, 1993.

※ 여기에 필자의 경험에 의한 장점을 더 추가한다면,

(7) 전도폭발은 삼인조 활동의 장점을 잘 활용하고 있다.
(8) 복음제시 내용이 성경적이며 체계적이다. 체계적이라는 말은 복음제시 내용을 이해하고 양심적으로 반응하면 결신까지 자연스럽게 이르게 된다는 말이다.
(9) 복음이 전적으로 "공짜로 얻는 하나님의 선물"이라는 내용을 맨 앞에 제시함으로써 충격효과를 극대화하였다 (타 종교와 정반대임).
(10) 모든 그리스도인이 다 전도의 사명을 받은 것을 명심하도록 주의를 환기 시킨다.
(11) 복음제시를 통해 자신의 신앙이 확고하게 되는 것을 느낄 수 있어 헌신하고 싶은 동기를 강하게 유발한다.
(12) 주님의 제자 삼는 원리가 훈련과정에 잘 실현되고 있다, 등이다.

PET훈련에서는 세계복음화를 위해서 효과적인 개인전도 방법의 하나로 많은 장점을 가진 전도폭발 방법을 채택하였습니다. Kennedy 목사가 개발한 국제전도폭발은 1962년 이래 전 세계에 소개되어 널리 그리고 활발하게 사용되고 있습니다. 60년이 넘도록 별로 수정하지 않고 계속해서 성장하는 프로그램은 아마도 전도폭발뿐이라고 생각합니다. 이 전도방법은 정확한 규정에 의한 훈련을 하도록 되어 있으며, 규정에 의하면 적어도 1주일 이상, 그리고 정규훈련을 하려면 12-16주가 걸리기 때문에 이것을 간략하게 만들어 PET 훈련에 적용하였습니다.

(2) 전도의 효율성

전도의 효율성에 대해 이야기하려면 먼저 가장 훌륭한 사람 낚는 어부에게 물어보아야 할 것입니다. 예수님은 개인전도에 대한 가장 좋은 예를 요한복음 4장(1-26절)에서 보여주십니다. 우리는 이 전도의 예에서 효과적인 개인전도의 요소들이 무엇인지 알 수 있습니다. 폴 리틀(Paul Little)은 예수님과 우물가 여인과의 대화에서 효과적인 개인전도의 8가지 중요한 요소를 지적

하였다고 존 테리(John Terry)가 인용하고 있습니다.10)

① 예수님은 우선 여인과 효과적인 접촉을 시도하셨다.
② 그는 대화의 공통적 기반을 구축하셨다.
③ 여자가 충분히 흥미를 일으키게 하셨다.
④ 수수께끼 같은 신비로운 비밀을 말씀하셨다.
⑤ 여인이 이해할 수 있도록 대화의 속도를 조절하셨다.
⑥ 죄 많은 여인이지만 정죄하지 않으셨다.
⑦ 그는 핵심이 되는 주제를 계속 유지하셨다.
⑧ 예수님은 자신이 메시아이심을 선포하시면서 그것을 믿도록 도전을 주셨다.

이들 요점들이 바로 효과적인 전도의 핵심 요소들을 보여주는 하나의 표본이라 할 수 있습니다. 이것은 개인전도에서뿐만 아니라 전도훈련에서도 매우 중요한 요소들입니다. 토레이(R. A. Torrey)가 말하는 효과적인 전도에 필수적인 요소로서 다음 다섯 가지를 지적하였습니다. 즉 다른 사람을 그리스도께 인도하기 위해서는;

① 전도자 자신이 확실하게 회심을 해야 하며 (이것은 다른 말로 표현하면, "구원에 대한 확신"이 있어야 한다는 것임),
② 잃어버린 자를 구원하기 위해 다른 사람의 영혼을 사랑하는 마음이 간절해야 하며,
③ 마음대로 구사할 수 있는 성경에 대한 실력이 있어야 하고,
④ 많은 기도를 해야 하고,
⑤ 성령의 세례를 받아 항상 성령의 충만함을 유지해야 하는 등 매우 중요한 요소들을 말해주고 있습니다. 여기에 PET 훈련에서 추가하고 싶은 것은,
⑥ 기도 응답에 대한 확신이 있어야 한다는 것입니다.

(3) 세상에서 가장 위대한 전도

예수님은 가장 훌륭한 전도자이십니다. 요한복음 3장에서 니고데모와의 대화를 통해 이것을 보여 주셨는데, 어느 날 밤에 니고데모가 예수님을 찾아왔을 때, 그는 처음이자 마지막으로 만날 사람으로서, 오늘 여기서 나가면 다시

---

10) John M. Terry, "Evangelism" Broadman & Holman Publishers, 1994.

제7장 PET훈련의 각 요소에 대한 고찰

는 예수님과 만날 수 없을 것이라는 것을 아셨으며, 예수님이 십자가에 달려 돌아가시게 될 때, 자기를 장사지내게 될 사람이라는 것도 아셨습니다. 그러므로 어떻게 하면 단 한 번의 전도를 통해서 구원의 확신을 갖게 할 수 있을까 하는 것이 예수님의 숙제였을 것입니다.

예수님이 십자가에 달리실 때의 상황은, 모든 사람이 예수님을 비방하고 적대시하며 예수님의 제자들까지도 두려워서 모두 도주한 상황이 될 것인데, 이런 상황에서 최고의 직위인 산헤드린의 회원이며 유대인의 랍비인 니고데모가 예수님을 장사지낸다는 것은 자기의 명예와 생명과 재산 등 모든 것을 잃어버릴 수 있는 위험에 처할지도 모르는 일입니다. 이 어려운 일을 니고데모가 어떻게 해낼 수가 있을까 하는 것이 예수님의 숙제였을 것입니다. 이 어렵고 위험한 일을 해낼 수 있으려면 단 한 가지, 니고데모가 영생에 대한 확신을 얻게 하는 방법밖에는 도리가 없는 것을 예수님은 아셨을 것입니다. 자기의 명예와 생명과 재산 등 모든 것과 바꿀 수 있는 것은 천국의 영생밖에 없기 때문입니다. 예수님은 대화를 통해 "거듭남"과 성령에 대해 이해를 시키시며, 증표로 "모세가 광야에서 뱀을 든 것 같이 인자도 들려야 하리니, 이는 그를 믿는 자마다 영생을 얻게 하려 하심이니라"(요 3:14-15)고 말씀하시면서, 성경 중의 성경이요 복음의 가장 핵심적 말씀인 "하나님이 세상을 이처럼 사랑하사 독생자를 주셨으니 이는 그를 믿는 자마다 멸망하지 않고 영생을 얻게 하려 하심이라"(요 3:16)는 말씀을 많은 사람들에게 하신 것이 아니고 니고데모 한 사람을 앞에 놓고 말씀하신 것입니다.

니고데모가 언제 영생을 얻게 되었는지는 자세히 알 수 없으나, 예측하건대, 예수님이 십자가에 못 박혀 나무 십자가가 높이 세워지는 순간 "모세가 광야에서 뱀을 든 것 같이 인자도 들려야 하리니" 하셨던 말씀이 번개처럼 떠올랐을 것이며, 이어서 "그를 믿는 자마다 영생을 얻게 하심이니라"고 하는 말씀이 떠올랐을 것입니다. 그는 예수님을 메시아로 확신했고, 믿고 영생을 얻었을 때, 너무 황홀하고 기뻐서 어쩔 줄을 몰라 하면서, 모든 것을 바쳐서라도 예수님을 위해 할 수 있는 무엇이든 하리라고 결심했을 것이 아니겠습니까? 예수님께서는 단 한 번의 만남을 통해 니고데모에게 영생을 얻게 하셨던 것입니다.

(4) 전도를 위한 성령의 능력

전도는 근본적으로 우리 인간의 일이 아니고 예수 그리스도께서 아버지 하나님으로부터 총체적인 책임을 맡은 사역입니다. 예수님께서는 이 전도의 일을 위해서 전도자에게 성령을 충만히 주시는데, 루이스 드루먼드(Lewis Drummond)는 전도와 성령의 능력과의 관계를 광범위하게 연구한 다음, 그가 내린 결론은 하나님께서 성령을 주심은 주로 세 가지 형태로 역사하신다고 말했습니다. 첫째는 하나님께서는 그를 믿는 사람들의 인격이 변화되어 거룩한 삶을 살 수 있도록 성령의 능력을 부어주신다. 즉 "그리스도인은 성령님을 떠나서는 거룩한 삶을 살아갈 수 없다"고 하였으며, 둘째, 성령께서는 그리스도인에게 인격적으로 채워주신다(행 2:1-4)고 하였으며, 셋째, 성령께서는 때때로 모든 교회에 임하시며, 하나님의 백성을 각성시키시고, 영혼을 부흥시키신다고 하였습니다.11) 성령님과 함께 일하는 것은 대단히 신비적인 일입니다. 문헌조사에서 보는 바와 같이 모든 전도방법은 단계마다 기도할 것을 요구하고 있습니다. 코넌트는 말하기를, "전도는 힘으로 하는 것도 아니고, 능력으로 하는 것도 아니며, 오직 성령으로 하지 않으면 안 되는 것이다. 이 세상의 모든 계획은 하늘로부터의 능력을 힘입지 않고는 아무것도 할 수 없다"고 하였습니다. 따라서 전도자는, "그러므로 기도하라! 기도하라! 기도하라! 전도에서 기도는 아무리 많이 해도 결코 지나치지 않는다."라고 하였습니다. (Conant 1922, 193)

---

11) Drumond, Lewis A., "The Word of the Cross(A Contemporary Theology of Evangelism", Broadman Press, 1992, 321.

예수님은 그의 사역을 위한 삶을 성령의 충만함과 그 능력으로 공생애(公生涯)를 사셨으며 항상 성령이 충만하셨습니다. "하나님이 보내신 이는 하나님의 말씀을 하나니 이는 하나님이 성령을 한량없이 주심이니라"(요 3:34). 또, "예수께서 성령의 충만함을 입어 요단강에서 돌아오셔서 광야에서 사십일 동안 성령에게 이끌리시며"(눅 4:1)라고 한 것 같이 항상 성령에 이끌리셨습니다. 그리스도인들은 성령과의 관계에 있어서 예수님을 본받아야만 합니다. 드루먼드는 성령충만한 삶에 대해 다섯 가지로 요약하였습니다. ① 성령충만의 필요를 자백한다. ② 모든 죄를 회개하여 버린다. ③ 자신의 왕좌를 그리스도의 왕권에 양도해야 한다. ④ 성령으로 충만히 채워주시도록 간구한다. ⑤ 충만히 부어주시는 은사를 받아들이고 하나님의 선하심에 감사해야 한다.

결론적으로 PET훈련에서는 어떻게 성령님과 팽팽한 긴장관계를 유지하면서 기도, 전도, 그리고 교회개척을 하느냐 하는 데 중점을 두고 훈련합니다. 이것을 "기도는 모든 과정과 순간을 통해서 전략적이어야 한다."고 말하는 것입니다. 이것은 표준 시간표[표 12]를 가지고 각 시간의 진행에 대해서 설명할 때, 구체적으로 설명하게 될 것입니다.

【3】 자립적인 가정교회 개척

(1) 교회란 무엇인가?

교회를 개척하기 위해서는 교회란 무엇인가, 라는 정의부터 정확하게 이해하는 것이 필요합니다. 기도와 전도훈련은 우리가 하는 것이지만 교회는 새로 주님을 영접한 지역 주민이 관리하고 성장시켜나갈 지역 주민의 것이기 때문입니다. 그러므로 주민들에게 교회가 무엇인지 정확하게 가르쳐 주어야 합니다.

① 교회는 예수 그리스도께서 머리가 되시는 예수 그리스도의 교회이며 성도들은 그리스도의 지체이다.
② 교회는 건물이 아니다.
③ 교회는 구원받은 하나님의 백성의 유기적인 모임으로서 개인이나 단체(모임)가 하나님을 만나는 곳이다.
④ 교회는 하나님께서 영으로 함께 하시는 거룩한 곳이다.
⑤ 교회는 마귀를 이길 수 있는 권세와 능력을 가지고 있다.
⑥ 교회는 지역 주민들이 가꿔나갈 주민의 것이다.
⑦ 교회는 교인과 세상과의 친교가 이뤄지는 곳이며 교회는 국가와 사회를 리드하고 변화시키는 실체(實體)이다.

교회는 이 땅에서 하나님을 대신하는 역할도 해야 합니다. 그러므로 교인들 사이에는 항상 사랑이 넘쳐야 하고 서로 도우며 또 함께 도움이 필요한 사람들을 도와주는 일도 해야 합니다. 또 강요는 하지 않더라도 자기의 믿음을 증거(전도)하고 믿지 않는 자들의 구원을 위해서도 기도해야 합니다.

(2) 가정교회

교회는 보통 볼 수 있는 건물이 있는 교회도 있고, 없는 교회 등 여러 가지가 있으나 PET 훈련에서는 조건상 건물이 없는 가정교회만을 개척하기 때문에 가정교회 개척에 대해서만 이야기하고자 합니다. 가정교회에도 여러 가지 형태의 교회가 있습니다. 초대교회 가정교회로부터 박해를 피해서 몰래 모이는 지하교회도 있고, 목적에 따라 여러 가지가 있을 수 있습니다.

① 초대교회, 사도 바울의 가정교회 : 가정교회 개척은 초대교회로부터 내려오는 방법입니다. 오늘날 놀라운 결과로 세워지는 가정교회들은 초대교회의 재현이라고 할 수 있습니다. 그 근본 원리는 짧은 기간에 새 교회들을 세운 사도 바울의 전략에서 찾아볼 수 있습니다. 사도 바울이 세운 교회는 매우 간단해서 복음에 대해 가르치고, 세례와 성찬식을 거행하고, 믿음의

기초적인 부분인 복음, 죽음, 부활, 그리고 구약을 가르치는 것이 전부였습니다. 이렇게 허술한 기초를 가지고 교회를 세울 수 있다는 것이 상상이 되십니까? 그들에게는 완전한 예배 형식과 행정조직을 가진다는 것이 오히려 부담스럽거나 위험하기까지 했다고 알렌은 말합니다(Allen 1962, 90). 잘 아시다시피 초대교회에서 세례를 받기 위한 자격은 매우 간단했습니다. 오늘날 새신자가 세례받기 위해서는 1년 이상을 필요로 하는 것과는 달리, 초대교회에서는 거룩한 세례를 받기 위한 조건은 "회개와 신앙고백"이면 족했으며, 그 즉시 세례를 베푼 것을 알 수 있습니다. 그리고 더 놀라운 것은 교회의 지도자로서 손색이 없으면 예수 믿은 지 6개월이면 장로로 안수하였습니다(Allen 1962, 85). 세례와 장로 안수의 소요시간이 이렇게 짧은 것이 사도 바울로 하여금 많은 교회를 단기간에 개척할 수 있도록 한 요인이기도 합니다.

사도 바울은 10여 년 만에 4개의 지방, 즉 갈라디아, 마케도니아, 아가야, 그리고 아시아 지방에 완전한 교회들을 개척했습니다. 로랑 알렌(Roland Allen)은 지적하기를, "이렇게 짧은 기간에 그렇게 빠르고 또 안전하게 교회를 개척했다는 것은 실로 놀라운 일이다"라고 말했습니다. 그러면서 덧붙여 말하기를 "대부분의 사람들은 오늘날에는 바울의 선교방법으로 교회를 개척할 수 있다는 것을 거의 믿지 않습니다."라고 1920년대의 서방교회를 향해 말했습니다. 우리는 낯선 나라에 가서 전도하여 교회를 개척하고 그 교회가 자립하는 데까지는 오랜 시간의 준비기간과 훈련을 거쳐야 가능한 것이라고 생각하는 것이 자명한 이치라고 생각하는 데 길들여져 있습니다. "오늘날 만일 어떤 사람이 사도 바울이 행한 것과 같은 놀라운 방법으로 교회를 개척하거나 흉내를 내는 모험을 할 수 있다고 제안한다면, 혁명적인 경향이 있는 사람이라고 이상하게 취급받는 위험에 빠질 것이다"라고 말합니다.[12]

---

12) Allen, Roland, "Missionary Methods: St. Paul's or Ours?", Eerdmans Publishing Co., 1962.

알렌은 서방세계가 사도 바울의 교회 개척 방법을 받아들일 수 없는 숙명적인 두 가지 이유가 있다고 말합니다. 첫째는 서방세계는 바울의 방법을 이해하지도 못하고 실천해본 적은 더더욱 전혀 없다는 것이고, 둘째는 바울의 방법은 서방세계의 근대적 정신과 조화를 이룰 수 없다고 했습니다. "바울의 방법과 우리의 방법 간에 가장 현저한 차이점은 바울은 '그리스도의 교회'들을 세운 데 반해서, '우리는 우리의 선교센터'를 짓는 것"이라고 신랄하게 지적했습니다. 선교센터를 세우는 것은 현대에 있어서 서방의 대표적인 선교 방법이었으며, 이것은 경제적으로 볼 때, 아주 비효율적인 방법일 뿐만 아니라 끝없이 긴 시간이 걸리는 방법이기도 하며, 가장 치명적인 문제는 이러한 선교센터는 현실적으로 토착화한 교회를 세우는 데는 거의 불가능한 방법이라는 것입니다. 사도 바울이 교회개척에 성공한 원인을 알렌은 다음과 같이 요약하였습니다. 이것은 오늘날에도 가정교회를 개척하고자 하는 사람들에게 좋은 지침이 될 수 있다고 생각됩니다.

Ⓐ 사도 바울의 교육은 능력이 있고 지혜로웠기 때문에 그것을 받은 사람들은 가르침을 이해하고, 오랫동안 간직하고, 사용하고, 다른 사람에게 다시 전할 수 있었다.
Ⓑ 모든 조직은 사람들이 이해하고 유지할 수 있는 방법으로 만들어졌다. 즉, 작고 익숙지 못한 공동체로서 재정적으로 부담이 되어 유지하지 못할 만큼 노력이 지나치게 들거나 돈이 많이 드는 조직이나 교회는 만들지 않았다.
Ⓒ 교회의 모든 재정은 외부의 도움 없이 자신들의 일상생활에서 감당할 수 있도록 하였으며, 교인들의 현재의 기업과 생계수단으로 교회가 필요한 모든 재정을 충당하여 교회가 자립하도록 하였다.
Ⓓ 교인들 서로가 책임을 지는 상호책임감을 가지고 서로서로가 협력하는 감각을 유지하고 실천하도록 거듭 가르쳤다. 모든 사람이 성찬식과 세례와 제자훈련 및 구제사역에 대한 책임을 함께 나누어지도록 하였다.
Ⓔ 성령의 은사들을 자유롭게 그리고 단번에 받을 수 있도록 하였다. 교회가 영성을 유지하는 데 필요한 어떤 것도 나중에 하려고 늦추지 않았고, 교회가 더 성장할 때까지 기다리지도 않았다. 즉, 아무리 작아도 처음부터 완전한 교회로 세웠다.

② 데이비드 로드의 가정교회 : 중국에서는 오래전부터 가정교회들이 있었지만, 데이비드 로드(David Rhodes)는 비교적 최근에 몽골에서 가정교회를 개척하여 보고하였다. 개척선교사는 현지 주민들 몇 사람을 훈련시켜 가정교회를 조직하였다. 이 가정교회의 특징은, ① 각 행정구역에 셀조직을 만들었고, ② 셀조직 내에서 제자훈련을 통해 교인들을 양육하며, ③ 현지 지도자들을 육성하고, ④ 지도자들에게 가까운 지역에 셀조직을 확산시키도록 비전을 심어주었다(Rhodes 1996, 7).

③ 조지 패터슨(George Patterson) 의 가정교회 : 조지 패터슨은 온듀라스에서 다른 형태의 가정교회를 개척했습니다. 그는 이것을 자연발생적 교회 증식(Spontaneous Multiplication of Churches)이라고 하였는데, 이 자연발생적 교회를 개척하기 위해서는 네 가지 기본 원리를 적용해야 한다고 하였습니다. 네 가지 원리는, ① 장소를 물색한다(이것은 선교지와 사역을 규정한다), ② 교회개척의 필요성을 확신시킨다(교인들 사이에 사랑과 봉사의 교제를 증진시킨다), ③ 순종에 목표를 둔다(전도의 목적을 순종의 개념으로 각인시킨다), ④ 가정교회의 배가를 위해 조직을 만들고, 모교회와 자교회 사이의 관계를 수립한다(Winter and Hawthorne).[13]

④ 여명전략(DAWN Strategy) 교회 : DAWN은 "Discipling-A-Whole-Nation"의 약자로서 온 세계의 모든 나라에서 모든 도시와 마을에 교회를 세운다는 원칙을 가지고 있습니다. 이 기본 원리는 예수 그리스도의 지상명령인 "... 모든 족속으로 제자를 삼으라"는 말씀에 근거하여 각 나라의 모든 그리스도인들을 총동원하여 모든 나라, 모든 족속, 모든 도시, 모든 마을에

---

[13] Ralph Winter & Steve Hawthorne, "Perspectives on the World Christian Movement", William Carey Library, 1981, 601-616.

그리스도 중심의 교회를 세우는 것을 목표로 한다(Brian Mills 1994, 3). 예를 들면, 이미 시간이 지나갔지만, 지난 1994년도에 계획하기를 2000년까지 브라질에 15만 개의 교회를, 영국에는 20,000개, 가나에는 30,000개의 교회를 세운다는 계획을 세웠었으며, 또 페루에는 1993년에서 1997년까지 7,000개의 교회를 세울 계획이었습니다. (DAWN Report, May, 1997). 더 기발한 것은 짐 몽고메리의 책에서 찾을 수 있는데 "DAWN 2000"이라는 계획은 전 세계에 700만 개의 교회를 필요한 곳에 개척하여 예수님의 대사명을 완수하겠다는 원대한 계획이었습니다. (DAWN Report, Feb., 1998, 14). 계획대로 되지는 않았지만 대단한 계획이었으며 PET훈련의 과정과 결과를 놓고 볼 때, 전혀 불가능한 것은 아니라는 것입니다.

⑤ 남침례교회 국제선교위원회 (The International Mission Board; IMB Guide book, 1999, 16)에서 추천하는 방법인 CPM (Church Planting Movement)[14] 방법, 아시아복음선교회 (GFA, Gospel for Asia)에서 실시하는 내국인 선교사를 활용하는 방법, 그리고 POUCH의 방법 등이 있으나, 이들은 과정이나 강조점들이 약간씩 다를 뿐 근본 원리는 서로 비슷합니다. CPM 방법은 위에서 논한 조지 패터슨의 자연발생적 교회증식 방법과 비슷합니다.

⑥ 아시아복음선교회 (GFA) 방법 : 외국인 선교사가 아니라 현지인(내국인 선교사)에 의한 교회개척 운동입니다. 이 선교회의 창시자이며 세계총재인 인도의 요하난(K. P. Yohannan)은 그의 기본 선교정책을 다음과 같이 말합니다. ① 예수님께서 말씀하신 제자를 만들기 위하여 토착민 전도자들을 자국에 파송하여 전도하며, ② 그들로 하여금 토착교회를 개척하게 하고,

---

[14] 1990년대 후반에 시작된 창의적 접근 지역에서 내부자에 의한 교회개척과는 다른 것임.

③ 동, 서양의 모든 교회들이 협동해서 마지막에 다 함께 추수하는 것입니다.(Yohannan1989).[15] 이 선교회에서는 훈련된 전도자에게 최저의 생활비와 자전거 한 대를 주어 전국에 파송합니다. 예를 들면 서양 선교사 한 사람이 인도에 와서 선교사역을 한다면 최소한 월 3,000불이 필요한데, 인도인 한 명을 전도자로 파송하는 데는 월 30불이면 충분하다는 것입니다. 이들은 언어나 문화의 장벽도 없으며 인종적 갈등도 없습니다. 경제적으로는 100배 이지만 문화적인 갈등 등을 감안하면 수백 배의 능률을 낼 수 있는 선교 전략입니다.

⑦ POUCH 교회 : "Participative Bible study and worship groups, Obedience to the Word of God, Unpaid and multiplying lay or bi-vocational church leaders, Cell churches rarely exceeding 15 members before reproducing into new groups, and House or storefronts as the primary meeting places for these cell churches."의 매우 긴 이름의 약자입니다. 위에서 밑줄 친 대문자를 모으면 POUCH가 됩니다. 이것은 위의 IMB 추천방법과 거의 같으나 다른 점은 POUCH에서는 "Unpaid" 즉, 교회개척을 주관하는 사람이든 참여하는 사람이든 아무도 보수를 받지 않는다는 것이 특징입니다(Garrison 1999, 18).

(3) 교회개척과 삼자(三自)형태의 교회 (참고 사항)
복음이 전해지지 않은 곳에 교회를 세우는 것, 즉 개척선교에서 교회개척의 일반적인 순서는, ① 개척 단계(pioneer stage), ② 양육 단계(parent stage), ③ 협력 단계(partner stage), ④ 참여 단계(participation stage) 등으로 이뤄집니다. 우리는 이것을 "4P" 또는 "교회개척의 4단계"라고 말하는데, 선교사의 역할은 처음에 전도하고 교회를 개척하며, 그 다음은 현지인들을 양육하고

---
[15] Yohannan, K.P. "The coming Revolution in World Missions"

훈련하여 사역에 참여하도록 하며, 그 다음 사역을 현지인에게 맡기고 옆에서 관찰하면서 스스로 모든 사역을 감당할 수 있도록 하는 것이며, 그 다음은 그 교회를 현지인들에게 맡기고 새로운 개척지를 향해서 떠나야 하는 것입니다. 따라서 선교전략에서 중요한 원리의 하나는 "삼자 원리"에 의한 교회 개척입니다.

"삼자원리(三自原理)"는 교회개척에 있어서 중요한 특징으로서 자립(自立, Self-supporting), 자전(自傳, Self-propagating), 자치(自治, Self-governing)를 말하며 S자를 따서 "3-S" 또는 "Three-self Formular"라고 부릅니다. 이것은 교회개척 당시의 성격을 규정하는 것으로서 선교사가 교회를 개척할 때, 처음부터 경제적인 자립을 원칙으로 하고(자립), 외국인이 아닌 현지인 스스로가 자기 국민에게 복음을 전하고(자전), 교회의 모든 운영을 현지인 자체적으로 해 나가는(자치) 교회로 세운다는 것입니다. 이것은 사도 바울의 전략이기도 하며, 19세기에서 20세기 초반의 서방선교의 기본적인 선교전략이었습니다. 사도 바울은 땅끝까지 선교를 하기 위해 3차례의 선교여행을 하면서 많은 교회를 세웠지만, 그는 직업을 가지고 자기가 필요한 모든 경비를 자기가 벌어서 충당했습니다. 그런데 바울의 직업이 천막 짓는 것이었으므로 "천막 짓는 사람"이라는 데서 자비량 선교사(Tentmaker, 천막 만드는 사람)라는 단어가 파생하게 되었습니다. 사도 바울이 교회개척을 오늘날 교회들이 하는 선교방법대로, 선교사가 자비로 현지에 가서 (물론 자국 교회의 후원을 받지만) 전도하여 사람을 모으고, 큰 교회 건물을 선교사의 돈으로 짓고, 현지 목회자를 세워 봉급을 주고 교회 사역비를 선교사가 부담하는 식으로 교회개척을 했다면, 불과 몇 개의 교회도 제대로 세우지 못했을 것입니다. 그러나 실제로 바울은 가는 곳마다 교회를 세웠습니다.

세계선교의 주동적 역할을 해오는 미국의 선교가 20세기 초까지는

"3-S"를 바탕으로 하는 건전한 선교(믿음 선교, faith mission)를 해 왔지만, 미국의 경제적 팽창으로 인해 돈이 많아지자 많은 청년과 학생들이 그들의 풍족한 돈을 가지고 소위 말하는 "돈 선교"를 시작하면서부터 믿음 선교를 하던 나이 많은 중견 선교사들이 설 자리를 잃고 물러나게 되었습니다. 그래서 최근까지 "선교 센터" 중심의 값비싼 선교가 미국 또는 서방선교의 중심적 흐름이 되었으나 서방세력의 약화와 신흥국들의 경제발전과 국가주의 또는 민족적 자립의 경향 때문에 서방 선교사들이 선교지로부터 밀려나게 되면서 선교신학도 변화를 가져오게 되었습니다. 그 이유는, 위의 "교회개척 4단계"에서 가장 어려운 부분이 교회를 세워서 현지인에게 양도하는 단계라고 선교 신학자들은 말했습니다. 교회를 세우기는 했으나 교회를 현지인에게 넘겨주고 선교사의 경제적 지원이 끊어지면 교회가 자립을 하지 못하고 소멸하는 것이 가장 큰 문제가 되는 것입니다. 그래서 선교전략을 바꾸게 되었는데 이 단계를 없애기 위해 교회개척을 시작부터 자립교회로 세우는 방향으로 선교전략을 바꾸기 시작한 것이 불과 1990년대의 일입니다. 이렇게 선교전략을 바꾸었으면 다시 "3-S"로 돌아가야 하지 않겠습니까? 그러나 문제는 서방교회는 바울의 선교전략인 "3-S"에 의한 교회개척을 하지 못한다는 데 있습니다.

한국교회가 급성장한 이유 중에서 가장 중요한 요소는 한국은 선교 초기부터 네비우스(Nevius)에 의한 자립하는 교회로 세워졌기 때문이었습니다. 선교전략을 크게 두 가지로 나누는데, 즉 "옛날 방법(The Old method)"과 "새로운 방법(The New method)"으로 나눕니다. "옛날 방법"의 특징은 "봉급을 받는 전도사(Paid-evangelist)"가 있다는 것으로서 이것은 보통 선교사들이 현지인 전도사(indigenous evangelist)에게 봉급을 주어 사역케 한 후 결과를 보고받는 형태를 말합니다. 이 방법은 많은 시간, 돈, 그리고 노력의 낭비를 가져올 뿐만 아니라 외국인 선교사가 현지를 떠나고 지원이 끊어지면 전도사는 실업자가 되고 교회는 소멸되는 것입니다. 반대로 "새로운 방법"은 사람들에게 처음부터 재정적 자립의 정신을 넣어주어서 자립하게 하는 것입니다. 이런 방법은 성경적이며 장기적으로 볼 때 더 효율적이라고 했습니다(Nevius).16) 봉급을 받는 전도사들은 자신들이나 공동체를 위해서도 해로우며, 쌀교인(rice-believers)을 양산하며, 각종 사역에서 자발적인 봉사를 저해합니다. 이것은 또한 진정한 설교자와 거짓 설교자의 구별을 어렵게 한다고 네비우스는 말합니다(Nevius, 1958). 가장 바람직한 것은 초기부터 자립하는 교회로 개척하는 것입니다. 이것은 사도 바울의 교회개척에서도 볼 수 있습니다(살후 3:7-12; 행 20:34-35; 고전 9:13-18).

삼자 원리에 의한 교회개척이 좋기는 하나 항상 성공하는 것은 아닙니다. 실패를 보여주는 예가 많이 있었습니다. 스테펜은 필리핀에서 "삼자원리"에 입각한 교회를 개척하려고 많은 노력을 했으나 결국 실패하였으며 이것에 대해 다음과 같이 말했습니다. "삼자원리에 의해 교회를 개척하려 했으나 자신들의 교회를 자체적으로 운영하는 교회를 단 한개도 개척하지 못했다. 결국 선교사들이 25년 동안이나 애썼지만 자립교회를 세우고 나온 선교 팀은 하나도 없었다(Tom Steffen 1993, 2)고 하였습니다. 필리핀뿐만 아니라 태국에서도 같은 방법으로 교회개척을 시도했기 때문에 선교역사가 186여 년(한국보다 50년이 빠름)이 되었지만 아직도 현지인 자립교회는 찾아보기 어렵습니다.

결론적으로 예수님께서 "온 천하에 다니며 만민에게 복음을 전파하라"고 명령하신 것처럼, 문헌을 조사한 결과는 모든 그리스도인들(목회자와 평신도 모두)을 총동원하여 교회개척과 세계복음화를 위한 성경적이고 세계적인 전략을 세워나갈 필요가 있습니다. 초대교회 시대에 교회가 빠르게 확산된

---

16) John Nevius, The Planting and Development of Missionary Churches", trans. Kim Nam-sik, Seoul Sung-kwang Munhwa-sa, 1981, 18.

원인은 그리스도인의 개인적인 자발적 활동 때문이라고 하였습니다(Paton and Long 1983, 34). 전도방법이 매우 많지만, 미전도종족에게 복음을 전하고 교회를 많이 개척하기 위해서는 "효과적 전도"를 해야 할 필요가 있고, 교회개척과 관련해서는 모든 교회들은 다음과 같은 전략을 도입해야 할 것입니다.

  (1) 교회는 세계 모든 전략적인 곳에 새로운 교회를 세워야 하며,
  (2) 이렇게 새로 세운 교회들은 모두 자립하는 교회이어야 하고,
  (3) 이 교회들은 자연발생적으로 증식을 계속해 나가야 한다.

이렇게 새로 개척되는 교회들은 세계복음화를 위해서 다음과 같은 조건을 구비해야 할 것입니다.

⑴ 전도훈련을 통해 모든 그리스도인을 무장시켜 세계선교를 위해 동력화 해야 하며,
⑵ 효과적인 전도훈련(삼인조운동과 같은)을 실시하고,
⑶ 교회개척에는 삼자원리가 적용되어야 하며,
⑷ 자연발생적으로 가정교회를 계속 개척해 나아가야 한다.

(4) PET훈련에서의 자립적인 가정교회 개척

PET 훈련에서 개척하는 가정교회는 초대교회의 가정교회와 예배 형식은 매우 다르지만 구조상으로는 비슷하다고 할 수 있습니다. PET훈련의 교회개척은 아마도 세상에서 가장 빠른 교회개척 방법일 것입니다. 9명 내지 15명이면 교회가 전혀 없는 지역에 가서도 하루에 한 개의 교회를 개척합니다. PET 훈련에서는 1995년 이 사역을 시작할 때부터 자립하는 교회로 개척하여 철저하게 "3-S"를 실천해 왔습니다. 교회개척은 삼인조전도팀을 교회가 없는 지역에 파송하여 하루 동안에 교회를 개척하여 개척예배까지 드리고 돌아와야 하므로 가정교회만을 개척할 수밖에 없습니다. 훈련생을 삼인조로 구성하여 기도와 전도훈련을 실시한 다음, 예수님께서는 누구에게나 교회개척에

대한 사명을 주셨다는 것을 인식시키고, 교회개척 프로그램을 연습시켜, 교회가 전혀 없는 곳으로 파송합니다.

삼인조 3-5개 팀을 한 그룹(9-15명)으로 하여 교회가 없는 곳에 가서 교회를 개척하게 되는데, 실제로 이들은 전혀 교회가 없었던 지역에 나가서 계획한 대로 교회를 모두 개척하고 돌아왔습니다. 새로 개척한 가정교회는 삼인조운동을 주최한 교회나 가까운 교회의 목회자에게 돌보도록 부탁하게 됩니다. 재정적으로 도움을 주는 것이 아니고, 예배인도나 연락의 책임을 맡는 평신도를 임명하여 예배인도를 계속할 수 있도록 편의(주로 양육을 담당한 목사의 설교 사본)를 제공하며, 교회가 성장해 감에 따라 지도자를 훈련하거나 자체적으로 외부로부터 목회자를 영입하도록 안내합니다. 일체의 운영은 현지에 세워진 새로운 교회 교인들이 책임지고 운영하도록 하는 것입니다.

【4】 능률적인 세계복음화 전략

지금까지 훈련 내용 안에 세계복음화의 전략은 부분적으로 다 설명되어 있습니다. 이것을 요약하면,

첫째, 교인들이 아가페의 사랑을 가지고 하나님의 말씀에 절대 순종하며, 교회를 세울 믿음의 반석이 확고하게 준비되어 있어야 한다.
둘째, 교인들이 기도와 전도로 헌신할 수 있도록 무장되어야 한다.
셋째, 하나님의 세계복음화 전략을 이루고자 하는 열망이 있어야 한다.
넷째, 사도 바울의 선교전략에 익숙해지고 실천할 수 있어야 한다.
다섯째, 세계교회가 세계복음화의 전략적 유대를 강화해야 한다.

한 가지 추가할 것은, 세계복음화 전략을 훈련함에 있어서 전략 자체보다도 중요한 것은 "내가 사는 지역의 일도 많은데 왜 세계복음화가 필요하며, 내가 왜 세계복음화에 꼭 참여해야 하는지"에 대한 생각이 확고해야 세계복음화를 위해 노력하게 될 것이기에 이 근본적인 생각을 갖도록 하는 것이

중요합니다. 또한 대개는 학교에서 진화론에 대한 공부를 했기 때문에 창조론은 유대인의 신화 정도라는 지식을 암암리에 가지고 있으며, 포스트모더니즘의 팽배로 개인주의와 상대주의를 중심 사상으로 가지고 있기 때문에 오히려 종교 다원화에 물든 사람들에게 기독교의 절대성과 기독교만이 구원의 종교임을 확고히 해 주는 기독교 세계관을 갖도록 해 주는 것이 중요합니다. 짧은 훈련기간 중에 많은 것을 토론할 시간이 없으므로 기본적인 몇 가지에 대해서라도 설명하는 것이 세계복음화에 관심을 계속 가지고 실천할 수 있는 기본을 세워주는 것이라고 생각합니다.

1. 천지창조와 하나님의 나라

성경은 "태초에 하나님이 천지를 창조하시니라"(창 1:1)로 시작됩니다. 이것을 믿는 것이 기독교 신앙과 기독교 세계관의 시작이고 기본입니다. 진화론이 판을 치고 있는 현대 사회이지만 창조론을 인정하지 않는 믿음은 허상에 불과하며 구원받을 수도 없습니다. 사도 요한은 이것을 너무나 확실하게 알았고, 하나님의 창조가 믿음의 뿌리라고 생각했기 때문에 그의 복음서 시작에서 "태초에 말씀이 계시니라. 이 말씀이 하나님과 함께 계셨으니 이 말씀이 곧 하나님이시니라. 그가 태초에 하나님과 함께 계셨고, 만물이 그로 말미암아 지은 바 되었으니, 지은 것이 하나도 그가 없이는 된 것이 없느니라."(요 1:1-3) 라고 말함으로써 예수 그리스도가 우리의 구주가 되시기 이전에, 창조주가 되신다는 것을 밝히고 있습니다. 그러므로 창조 역사를 믿지 않고 심지어 진화론을 믿으며 예수 그리스도가 나의 죄를 대신하여 십자가에 돌아가셨다고 생각하는 사람은 구원 얻는 믿음을 가질 수가 없습니다. 영생하는 구원에 대한 믿음을 갖지 못하면 세계복음화에 크게 이바지할 수도 없습니다. 요한복음 3장에서 밤에 니고데모가 예수님을 찾아 왔을 때, 예수님께서 앞으로 자신의 시신을 장사지내게 될 니고데모에게 영생하는 믿음을 갖도록 하신 이유가 바로 여기에 있다고 생각합니다.

하나님의 천지창조가 끝나는 일곱째 날 하나님의 나라는 완성되었으며(창세기 2:2), 이 하나님 나라는 이미 이 땅에 임하였습니다. 예수께서 말씀하시기를, "그러나 내가 하나님의 성령을 힘입어 귀신을 쫓아내는 것이면 하나님의 나라가 이미 너희에게 임하였느니라."(마 12:28)고 말씀하셨습니다. 하나님께서 태초에 세우신 인류 구원의 계획에 따라 지상에는 교회가 시작됩니다. 즉 교회라는 이름은 없어도 교회는 인류역사의 시작과 함께 예수 그리스도 안에서 시작되었다고 볼 수 있습니다. 왜냐하면 하나님의 나라가 이 땅에서 시작되었기 때문입니다. 인간이 타락하여 저주받은 이 땅에서 살면서 고통을 당할 때마다 하나님은 교회 안에 거하시며 우리 인간을 만나주시고 우리를 구원하셨습니다. 그리고 하나님의 나라가 이 땅에 완성될 요한계시록이 이루어지는 그때까지 하나님은 우리와 항상 함께 계실 것이며, 교회는 요한계시록 마지막에 있을 우주적 결혼식(어린양 되신 그리스도와 교회의 결혼식)의 주인공이다. 그러므로 신부에 걸맞은 교회, 우주적 교회는 세계복음화를 통해 이뤄질 것입니다. 신랑 되신 그리스도는 우리에게 땅끝까지 이르러 증인이 되라고 명령(마 28:18-20, 행 1:8)하심으로써 인간을 통한 구원사역을 계속하실 것입니다. 이것이 우리가 복음을 땅끝까지 전해서 세계복음화를 이뤄야 하는 이유입니다. 하나님의 천지창조는 너무 중요하기 때문에 PET 훈련에서는 교회개척을 나가서 그룹장이 개척예배 설교를 할 때, 반드시 성경역사 개관으로 시작하도록 하는데, 그룹장은 창세기부터 요한계시록까지 창조론을 포함한 하나님의 구원계획을 5분 이내에 설명하도록 요구받습니다.

2. 하나님의 선교계획과 선교전략

세계복음화는 창세전부터 세우신 하나님의 구원계획을 세상 안에 이뤄지게 하는 사역이며, 하나님의 창조와 구원계획의 완성입니다. 그러므로 우

제7장 PET훈련의 각 요소에 대한 고찰

리가 주님께서 가르쳐주신 주기도문으로 기도하는 바와 같이 세계복음화는 하나님의 나라가 이 땅에 임하며 하나님의 뜻이 하늘에서 이루어진 것같이 땅에서도 이루어지는 것입니다. 천지만물을 창조하실 때에 이미 하나님께서는 인류를 구원할 계획도 세우셨다고 보는 것이 성경적이며, 신학적이며, 그리고 보편적 견해입니다. 에베소서 1장 4절에 보면, "곧 창세 전에 그리스도 안에서 우리를 택하사 우리로 사랑 안에서 그 앞에 거룩하고 흠이 없게 하시려고, 그 기쁘신 뜻대로 우리를 예정하사 예수 그리스도로 말미암아 자기의 아들이 되게 하셨으니"(엡 1:4-5)라고 말씀하고 있습니다. 이 말씀은 우리를 구원하시는 하나님의 구원계획이 창세 이전에 이미 그리스도 안에서 약속되었다는 것을 확실히 보여주는 것입니다. 즉, 창세 이전부터 창세기를 거쳐 요한계시록에 이르기까지 보여주시는 내용인 하나님의 구원계획은 세상을 향한 하나님의 주권적인 계획이며, 전능하신 하나님께서 세우신 이 계획은 변경되거나 좌절될 수 없는 계획입니다. 하나님의 선교계획 안에는 교회가 그 중심에 있으며, 교회를 세계복음화를 위한 하나님의 "지상 전략 본부"로 삼으신 것입니다. 그런 의미에서 교회의 역사는 신약시대 예수님의 부활과 함께 태어난 것이 아니고, 이름은 없어도 아담이 창조되던 시점에서 이미 교회는 시작되었던 것입니다. 세상을 향한 하나님의 계획은 인류를 구원하고자 하시는 선교계획이며, 따라서 성경이야말로 하나님이 우리에게 주신 가장 확실한 선교 교과서이며 선교 역사서입니다. 하나님의 전체 선교계획(Master Plan)은 창세기부터 요한계시록까지 변하지 않고 다 이룰 것이나 선교전략(Mission Strategy)은 시대나 상황에 따라 변할 수 있는 것입니다.

　　하나님께서는 이 계획을 이루시기 위해 아브라함의 자손인 이스라엘 백성을 택하여 하나님을 잘 섬기도록 하시고, 열방 모든 족속들이 이스라엘 백성에게 **"와서"** 그들이 하나님을 섬기는 모습을 보고 열방 모든 족속이 하나님을 잘 섬기도록 계획하셨습니다. 이것은 예수 그리스도에 의한 증거가 없었던 시대에 하나님의 선교계획을 성취하기 위한 구약적 하나님의 선교전략이라고 할 수 있습니다. 구약에서의 이 구체적인 하나님의 선교전략을 "구심적 선교(求心的 宣敎)"라고 부르며, 구약시대의 하나님의 전략(그림 2 참조)을 대표합니다. "너희가 내게 대하여 제사장 나라가 되며 거룩한 백성이 되리라(출 19:6, 신 31:12)."고 말씀하십니다. 그러나 이스라엘 백성이 교만해져서 마땅히 섬겨야할 열방을 섬기지 아니하고 선민의식만을 내세우고 교만하여져서 하나님을 배반하자 하나님은 이스라엘 백성을 바벨론의 포로로 잡혀가게 하시는 등, 징계까지 하셨으나 그들은 하나님으로부터 멀리 떠나 버리고 말았습니다. 구약시대의 특징은 하나님께서 사사나 왕, 그리고 선지자에게 성령을 채워주심으로 하나님의 뜻을 알게 하셨습니다.

하나님께서는 성경에 예언하신 대로 그의 아들 예수 그리스도를 이 땅에 보내셔서 친히 복음을 전파하게 하셨습니다. 마가복음 1장 38절에 보면, "이르시되 우리가 다른 가까운 마을들로 가자. 거기서도 전도하리니 내가 이를 위하여 왔노라."라고 말씀하십니다. 또한 예수 그리스도는 제자들을 택하여 전도훈련을 시켜서 그의 일을 계승하게 하셨습니다. "나를 따라 오너라 내가 너희로 사람을 낚는 어부가 되게 하리라(막 1:17)"고 하시면서 3년간 전도훈련을 시키셨습니다. 그리고 예수께서 승천하시기 직전에 11제자들을 앞에 앉혀 놓으시고, 마지막으로 선교에 대한 지상명령(The Great Commission)을 부탁(명령)하시면서 하나님의 선교전략을 변경하셨습니다. 하나님의 선교전략을 변경할 수 있는 분은 하나님밖에 없기 때문입니다. 그러므로 하나님께서는 성자되신 예수 그리스도를 통해서 선교전략의 변경을 선언하셨는데, [그림 2]에서와 같이 **"가서"** 복음을 전하라고 명령하신 것입니다. 우리는 이것을 "원심적 선교(遠心的 宣敎)"라고 부르며 다음의 성경구절과 같이 신약에서의 하나님의 선교전략을 대표합니다. "그러므로 너희는 '가서' 모든 족속으로 제자를 삼아, 아버지와 아들과 성령의 이름으로 세례를 주고 내가 너희에게 분부한 모든 것을 가르쳐 지키게 하라!"(마28:19-20)고 말씀하셨습니다. 그러므로 그리스도를 믿는 모든 사람은(한 사람도 빠짐없이) 가까운 이웃이든 땅끝 먼 데이든 "가서" 복음을 전하는 그리스도의 증인이 될 것을 명령받은 것입니다.

신자는 나이가 얼마이든, 남자건 여자건, 금방 신자가 되었든지 오래 되었든지, 직분이 있든지 없든지, 자국인이든 외국인이든, 가리지 않고 모든 신자에게는 이 명령을 받들어 섬길 의무가 주어진 것입니다. 예수님은 "... 온 천하에 다니며 만민에게 복음을 전파하라"고 명령하셨습니다. 신약시대의 특징은 구약과 달리 누구나 복음을 전하러 나갈 수 있

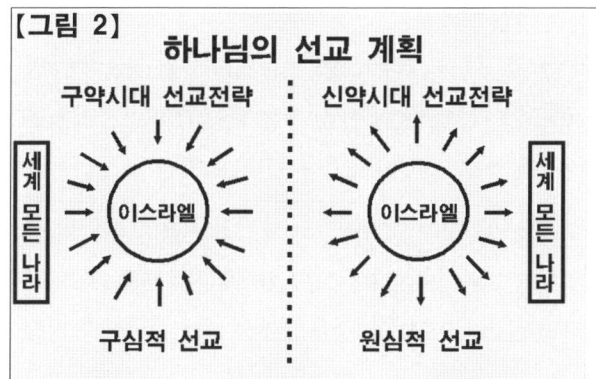

도록 하기 위하여 성령을 개인에게 부어주십니다. 그러므로 선교사나 목회자뿐만 아니라 증인의 삶을 살고자 하는 사람에게는 누구나 성령의 부으심이 일어난다고 믿어야 합니다. 따라서 복음전파를 하고자 하는 사람은 사전에 성령의 기름부으심이 충만하도록 미리 준비할 필요가 있는 것입니다.

3. 세계복음화 계획과 교회

하나님의 선교계획에 따라 세계복음화를 완성할 총체적인 책임은 예수 그리스도에게 있습니다. 예수께서는 제자들을 훈련시키시고 자기의 사역을 계승하여 세계복음화를 완성해 나갈 대표적인 사람으로 베드로를 택하시고,

그의 믿음의 반석 위에 그리스도의 "신약적 교회"를 세울 것을 언약하셨습니다. 이 언약은 하나님께서 아브라함과 세운 언약처럼 교회가 축복의 통로가 되며, 복음화 계획의 중앙에 교회가 있어서 교회를 통해서 복음화를 이루시겠다는 뜻이기도 합니다. 따라서 이 교회는 속성상 우주적이어야 하며 전 세계적이어야 합니다. 하나의 민족이라든지 나라라든지 지역적인 것으로 '나의 교회니 우리 교회니, 또는 너희 교회니' 할 것이 아니라 세계적인 통일성이 내재되어 있으므로 모든 신자는 세계복음화의 의무를 갖게 되는 것입니다.

교회를 하나님의 은혜로 예수 그리스도를 믿음으로 구원 얻은 하나님의 백성의 유기적인 공동체라는 협의적으로만 생각한다면, 교회는 그리스도의 부활 및 오순절 성령강림과 함께 탄생한 것으로 간주할 수 있습니다. 그러나 교회가 창세전부터 세우신 하나님의 구원계획의 중추적인 역할을 하는 것이 교회라면, 교회라는 이름은 없을지라도 하나님의 임재를 나타내는 곳은 어디든지 교회가 존재한다고 볼 수 있으며, 이것은 인류역사의 시작까지 거슬러 올라갈 수 있는 것입니다. 왜냐하면 하나님의 임재가 나타나는 곳에는 하나님의 능력으로 그의 뜻이 이뤄지는 '하나님 나라(하나님의 통치가 이뤄지는 영역)'가 이뤄지기 때문이며, 하나님의 나라가 세워진 다음에 인류가 창조되었기 때문입니다. 즉, 교회를 이 땅에서의 하나님 나라의 확장이라는 광의적으로 생각한다면 "교회"라는 단어는 쓰지 않았지만 인간이 하나님을 섬기기 위한 존재로 창조되어 하나님께서 생기를 그 코에 불어넣으시는 순간 인간과 함께 교회도 탄생한 것으로 보아야할 것입니다(창2:7). 이 교회는 예수님께서 세우신 "신약적 교회"에 비해서 "구약적 교회"라고 이름하여도 무방할 것입니다. 이렇게 이름도 없이 탄생한 교회는 인간이 죄를 지음으로 타락과 함께 인류가 광야 같은 가시밭길을 걸을 때, 항상 하나님이 계시는 인간의 피난처가 되어왔습니다. 성경역사 전체를 통해서 항상 배반하는 인간 앞에 하나님은 자비와 사랑의 손길로 찾아오셨고, 교회에 임재하심으로 하나님은 인간과 함께 계시기를 원하셨던 것입니다. 우리 인간은 하나님을 섬기기 위해 창조되었습니다. 교회는 인류에게 복주시기 위해 하나님께서 계획하신 것이며, 인간은 교회를 통해서 하나님을 기쁘시게 할 수 있습니다. 그러므로 이러한 목적의 교회는 성경에 입각해서 세워져야 합니다. 교회에 대한 올바른 이해가 없으면 방향을 잘못 잡은 배와 같아서 그 배를 탄 사람들은 큰 고통을 겪게 될 것이며, 하나님을 잘 섬기지도 못하게 되고, 무엇보다 중요한 것은 구원에 이르지 못할 수도 있다는 것입니다.

4. 인간과 교회에 주신 기본 명령

하나님께서는 인간을 창조하시고 모든 사람이 지켜야 할 기본적인 세 가지 명령을 주셨는데, 즉 문화명령(창1:28), 율법명령(출24:12), 선교명령(마 28:18-20)이 그것입니다. 하나님의 명령은 절대적인 것이며 예외가 있을 수 없습니다.

첫째, **문화명령**은 창세기 1장 28절 말씀으로 요약되는데, 모든 만물을 만드신 후, 하나님의 형상대로 인간을 만드시고 인간에게 말씀하시기를 "하나님이 그들에게 복을 주시며 하나님이 그들에게 이르시되, 생육하고 번성하여 땅에 충만하라, 땅을 정복하라, 바다의 물고기와 하늘의 새와 땅에 움직이는 모든 생물을 다스리라"고 하셨습니다. 인간은 누구나 자손을 낳고 자손을 포함한 모든 생물을 다스리는 지도자의 자격과 의무를 주신 것입니다. 따라서 인간은 누구나 자손을 낳기만 하는 것이 아니라 인격적으로, 하나님의 자녀로, 하나님의 세 가지 기본 명령을 잘 지키도록 지도할 책임이 있으며, 모든 생물을 파괴하고 멋대로 사용할 것이 아니라, 서로 협력하여 순리대로 잘 관리함으로써 살기 좋은 세상을 만들어가야만 하는 것입니다. 그런데 인간이 자연을 잘 관리하지 못한 결과 오늘날 많은 자연파괴와 극심한 환경오염을 유발하였을 뿐만 아니라 질병과 고통과 여러 가지 사회문제를 일으키고 있는 것입니다.

둘째, **율법명령**입니다. 모든 인간은 인간을 창조하신 하나님의 뜻을 따라 살아야하기 때문에 인간에게 살아가는 데 필요한 법을 주셔서 지키도록 하신 명령입니다. 이것은 십계명으로 대표되는 것으로서 첫째는 하나님을 섬기는 마음과 생활태도이고, 둘째는 인간이 기본적으로 갖추어야 할 윤리적 법칙에 관한 내용입니다. 이상 두 가지 명령은 하나님을 믿는 사람이든지, 믿지 않는 사람이든지 모두가 지켜야 할 절대적인 명령입니다. 인간의 무지와 죄악의 성향 때문에 세상은 심히 파괴되고 인간은 하나님을 배반하는 삶을 살고 있지만 말입니다. 하나님의 율법은 모든 인간의 법사상에 우선하며 인간이 하나님의 심판을 받을 때 하나님의 법에 근거하여 심판을 받게 되는 것입니다.

셋째, **선교명령**입니다. 오스왈드 스미스 목사가 이야기한 바와 같이 하나님의 선교명령은 절대적이어서 지켜도 되고 지키지 않아도 되는 것이 아니라 지켜야만 되는 명령입니다. 그러므로 명령을 받은 우리는 선교사로 가든지 아니면 보내는 선교사가 되어야 합니다. 그리고 예수님의 말씀처럼 하나님께 추수할 일꾼을 보내주시도록 기도하며 세계복음화를 위하여 하나님의 뜻이 이뤄지도록 기도해야 할 것입니다. 이것이 믿는 모든 사람에게 명령하신 만민에게 복음을 전하라는 명령을 지키는 것입니다. "너희는 온 천하에 다니며 만민에게 복음을 전파하라"(막 16:15)고 하셨으며, 주님께서 부활하신 후에도 유언과 같은 이 부탁의 말씀을 모든 세대의 모든 믿는 자들에게 명령하셨습니다. "하늘과 땅(우주)의 모든 권세를 내게 주셨으니, 그러므로 너희는 가서 모든 족속으로 제자를 삼아, 아버지와 아들과 성령의 이름으로 세례를 주고, 내가 너희에게 분부한 모든 것을 가르쳐지키게 하라. 볼지어다. 내가 세상 끝날까지 너희와 항상 함께 있으리라"(마 28:18-20)고 말씀하셨습니다. 그러므로 우리 모두는 이 명령을 준수할 의무와 책임을 가지고 있는 것입니다. 개인적으로도 그러하거니와 교회적으로도 이 사명을 다하는 것이 교회의 존재 이유가 될 것이며, 교회가 이 사명을 다하지 못하면 하나님은 그 교회를 내치실 것입니다. 교회는 이 명령을 최우선적으로 수행해야 할 것이며, 가장 두려워해야 할 것은 성령께서 에베소 교회에 하신 말씀일 것입니다. "너희를 책망할 것이 있으니 너의 처음 사랑을 버렸느니라. 그러므로 어디서 떨어진 것을 생각하고 회개하여 처음 행위를 가지라. 만일 그리하지 아니하고 회개치 아니하면 내가 네게 임하여 네 촛대를 그 자리에서 옮기리라"(계 2:4,5)고 하신 말씀일 것입니다. 잘못하면 교회가 교회로서의 자격을 잃게 된다는 것입니다.

5. 하나님의 선교전략의 적용

하나님의 구속사적인 관점에서 볼 때, 구약시대나 신약시대에 있어서나 교회의 본질은 변함이 없습니다. 교회의 본질로서 교회는 우주적 보편적인 거룩성, 통일성, 율법성 위에 세워져야 하는데 신약에서는 율법성이 사도성으로 대치됩니다. 사도성인 신약교회의 특징은 예수 그리스도가 교회의 머리가 되시며, 교회는 그리스도의 몸이며, 구원받은 성도는 그리스도의 지체입니다. 예배의 특징은 열린 예배로서 모든 성도는 제사장의 신분으로 함께 모여 받은 은사대로 서로 교회의 덕을 세우도록 하는 것입니다. 세상을 구원하고자 하시는 하나님의 선교계획은 구약시대나 신약시대를 불문하고 변함이 없으나 선교전략은 하나님의 뜻에 따라 변화되어 온 것은 위에서 살펴본 바와 같습니다. 성경 역사적으로 이것을 요약해 보면 [표 3]과 같습니다.

구약시대의 선교에서는 교회의 지도력이 내부지향적인 "내향적 지도력"을 나타냈으므로 이것을 구심적 선교라고 불렀는데, 반대로 신약시대의 선교는 "외향적 지도력"이 본질이기 때문에 이것을 원심적 선교라고 부릅니다.

[표 3] 하나님의 나라와 교회

성경적 구분	시대적 구분	지도력 구분	대표적 지도자들	비 고
구약시대	족장시대	내향적	아브라함, 이삭, 야곱	하나님과 언약
	율법시대	내향적	모세, 여호수아	하나님의 사역
	사사시대	내향적	옷니엘, 에훗, 드보라, 기드온, 입다, 삼손, 사무엘	하나님의 통치
	왕정시대	내향적	다윗, 솔로몬, 웃시야, 요시야, 스룹바벨, 에스더, 느헤미야,	인간의 조직 기름 부은 왕
신약시대	성자시대	외향적	예수 그리스도	지도력의 위임
	초대교회	외향적 내향적 (일부)	12사도, 사도 바울, 바나바, 디모데, 디도, 폴리캅(서머나) 이그나시우스(안디옥교회)	예루살렘 파괴
	중세시대	내향적 지도력	콘스탄틴 대제	기독교 장려
			데오도시우스(국교화)	기독교 국교화
			그레고리 1세	최초의 교황
			샤를레망	교황권 신장
			인노센트 3세	하나님의 대리자
			율리우스 2세(면죄부)	면죄부 판매
	개혁시대	내향적	에라스무스(1466-1536)	성서로 복귀
			마틴 루터(1483-1546)	종교개혁가
			존 칼빈(1509-1564)	개혁을 계승
			존 녹스(1505-1572)	스코틀랜드 개혁가
	현대선교 시대	내향적 외향적 (일부)	윌리엄 캐리(인도,1792)	인도선교시작
			아도니람 저드슨(1813)	버마(미얀마)
			허드슨 테일러 (중국내지선교,1853년)	중국 내지 선교
			카메룬 타운젠트 (그들의 말로 선교)	성경번역 선교
			도날드 맥가브란 (종족언어별 선교)	교회성장학
			랄프 윈터(미전도종족선교)	종족선교 주장
	현대교회	내향적 외향적	여러 종류의 다양한 교회	지도력의 방향은 교회발전에 중요함

제7장 PET훈련의 각 요소에 대한 고찰

선교 사역에서의 우리의 선교전략이나 교회의 사역은 이 하나님의 선교전략과 일치해야 하는 것은 당연한 이치입니다. 이 표에서 보면 구약시대에는 본질적으로 구심적 선교의 특징인 내향적 지도력이 행사되는 전략이었으므로 내향적인 지도력이 당연하지만, 신약시대에는 예수님께서 내향적인 지도력을 외향적인 지도력으로 바꾸어서 "가서" 전하라 (마 28:19)고 하셨기 때문에 외향적 지도력을 발휘했어야 당연합니다. 즉 복음을 들고 세상 끝까지 나갔어야 하는 것입니다. 그러나 "가서" 전하라는 말씀을 들었으면서도 제자들은 예루살렘 떠나기를 거부하고 예루살렘에 머물렀습니다. 예루살렘이 파괴되기 40여 년 전에 예수님께서 예언하신 대로 예루살렘은 철저하게 파괴되었고 이스라엘 백성은 예루살렘이 폐허가 된 후에야 세계 각지로 흩어져 복음을 이방 세계에 전하게 되었습니다.

초대교회의 사도 바울과 그의 동역자들은 외향적 지도력의 모범을 보여 주었으나 시대가 지나감에 따라 교회는 차츰 내향적으로 변질되어 갔습니다. 교회가 외향적이어야 하는 신약시대에 있어서는 교회가 외향적일 때, 성령이 충만했고 생명력이 있었으며 부흥 발전하는 모습을 보여 주었으나, 전도의 영성이 사라진 중세시대에는 교회는 내향적으로 변했으며 진취성도 없고 생명력도 사라지고 부패하여 영적으로 암흑시대를 초래하였습니다. 중세 이후 교회는 현대선교 시대를 맞이하면서 비로소 선교가 활발해지고 다시 외향적 성향을 회복하게 되었고 생명력도 살아나기 시작했습니다. 이와 같이 우리의 선교나 교회사역은 하나님의 선교전략에 일치해야 할 필요가 있으며, 또한 우리는 교회가 복음증거 하는 일이 주된 목적이 되어 외향적인 지도력을 가능한 한 크게 발휘해야 할 것을 하나님은 원하신다는 것을 알아야할 것입니다. 다행히 18세기에 휘트필드의 옥외 집회로부터 시작된 영국의 영적부흥의 영향을 받은 윌리엄 캐리가 현대선교의 길을 열었으며, 예수님께서 마태복음 28장 18-20절에서 하신 말씀을 모든 그리스도인에게 하신 말씀이라는 것을 보여 주기 위해 자신이 선교의 길을 가게 되었습니다. 현대선교의 영향으로 교회는 외향적 지도력을 일부 회복하게 되었다고는 하지만 아직 현대교회가 주님께서 생각하시는 외향적 지도력을 완전히 회복하기에는 턱없이 부족한 상태입니다. 그러나 지도력의 방향성이 교회발전에 중요한 인자인 것은 변함이 없습니다. 국가의 방위를 위해서 국민 모두가 병역의 의무를 져야 하듯이 세계복음화를 위해서는 모든 믿는 사람들에게 전도와 교회개척의 의무가 있으며 사람이 사는 모든 곳에 교회가 세워져야 하는 것은 자명한 일입니다.

6. 예수님의 선교 전략

여기 이 두 성경말씀, 즉 사도행전 1:8절 말씀을 "집중의 원리", 그리고 마태복음 28:18-20절 말씀인 "제자 재생산의 원리"를 예수님의 선교전략을 대표하는 말씀으로 일반적으로 받아들여지고 있습니다.

(1) 집중의 원리 : 사도행전 1장 8절 말씀은 순차적인 것이 아니고 세상 모두를 가리키는 동시적인 말씀이지만, 복음전달의 특성상 핵심적인 부분에서 주변으로 확산되어 가는 것이 일반적입니다. 이렇게 확산되어 나가는 모양을 보면 다음 [표 4]와 같다고 할 수 있습니다.

[표 4]	성경 말씀	예루살렘	온 유대	사마리아	땅끝
	나의 지역	나의 고장	자기 나라	인접 적대국	세계 열방

예수님께서 복음을 확산시키신 선교전략도 이와 비슷합니다. 예수님의 관심은 대중에게 전도하는 프로그램에 있는 것이 아니고, 그 대중이 따를 사람들에게 관심이 있으셨습니다. 결국은 배가운동을 일으키는 사람들이야말로 세상을 하나님께로 돌아오게 하는 방법이라고 생각하셨습니다. 예수님은 12제자를 훈련시키셨지만 사실은 3명을 중심으로 제자훈련을 시키셨습니

다(마 17:1, 마 26:37). 즉 베드로, 요한, 그리고 야고보를 통해 12제자를 이끌게 하셨으며, 이들은 70인의 제자(눅 10:1)로 확산되었으며, 그 후에는 예수님의 승천을 목격한 500여 명의 제자들(고전 15:6)로 확산되었습니다. 이것을 보고 콜만(Robert E. Coleman)은 "전도의 종합계획"이라는 책에서 "예수님의 집중 전략"이라고 하였으며, 이것은 예수님의 훈련방법 중 가장 기본적인 요소 중의 하나라고 하였습니다.

예수님 → 베드로, 요한, 야고보 → 12제자 → 70인(어떤 사본에는 72인) → 500여 명 → 3,000명 / 5,000명

(2) 제자의 재생산 (마 28:18-20, 딤후 2:2)

"네가 많은 증인 앞에서 내게 들은 바를 충성된 사람들에게 부탁하라. 저희가 또 다른 사람들을 가르칠 수 있으리라." 이것이 세대를 뛰어넘는 복음전파 원리인 동시에 제자 재생산의 원리입니다. 전도사역은 계속적인 연쇄 훈련으로 전도자를 계속해서 만들어 나가는 기하급수적인 증가를 계속해야 합니다. 이것은 예수님의 전도전략인 배가 운동과 같은 전략이기도 합니다. 사과를 주기보다는 사과나무를 심는 방법을 가르쳐 주어서 계속 수확을 하게 하며, 물고기를 주기보다는 고기 잡는 방법을 가르쳐주어서 많은 세대에 걸쳐서 계속 많은 고기를 낚을 수 있도록 하여 풍성한 수확을 하게 하는 것이 모든 만민에게 복음을 전파하는 원리입니다. 기독교는 이런 사람들에 의해 계속 이어져 오고 있는 것입니다. 주님께서도 "그러므로 추수하는 주인에게 청하여 추수할 일꾼들을 보내 주소서 하라"(마 9:38)고 말씀하셨고, 세대를 이어서 계속 일꾼이 공급되어져야 하는 것입니다.

(3) 예수님의 선교전략을 적용한 PET훈련에서의 증식 방법

전도사역을 전도 담당자들만 전도하면 그 수의 증가는 산술급수적으로 증가하기 때문에 매우 느리므로 기하급수적으로 증가시켜 나가야 합니다. 이것은

모든 성도들을 무장시켜 모두가 제자삼기를 반복하여 증식해 나가는 방법입니다. 삼인조는 자체적으로 1년에 한 번은 자체 훈련을 통해서 배가시켜야 하는 것으로 되어 있습니다. 이것은 전도폭발 훈련의 정상적인 증가 방법이기도 합니다. 아래 [표 5]는 삼인조의 배가 운동을 숫자적으로 보여주고 있습니다. 삼인조운동의 확산은 국가와 종족을 넘어서 모든 인류를 향한 예수 그리스도의 증인들의 행진이 되어야 합니다. 실제로 삼인조의 각 조원은 6개월 내지는 1년에 조원 각자가 두 명을 제자로 훈련하여 3명이 9명으로 증가하게 되어 있습니다.

[표 5] PET훈련을 통한 전도자 수의 증식(최대치)

년도	기수	훈련 받을 제자의 수	삼인조 수	교회개척 수	비 고
1	1	45	15	6(3×2)	최대치
2	2	135	45	18	최대치
	3	405	135	54	최대치
3	4	1,215	405	162	최대치
	5	3,645	1,215	486	최대치
4	6	10,935	3,645	1,458	최대치
	7	32,805	10,035	4,374	최대치
5	8	98,415	32,805	13,122	최대치
	9	265,245	98,415	39,366	최대치
6	10	885,735	265,245	118,098	최대치
	11	2,657,205	885,735	354,294	최대치

※ 위의 [표 5]에서 처음 훈련생 45명을 삼인조로 편성하면 삼인조 15개조가 되며, 훈련을 시작하고 6-12개월 후에 각 삼인조가 9명으로 (삼인조 3개로) 증가하면 135(45조)명이 되는 것을 보여주고 있다. 교회개척의 경우는 한 곳에 5개 삼인조씩 교회개척을 나가면 하루에 3개, 그리고 2일이면 6개의 교회를 개척하게 되는 것을 보여 준다.

제8장 삼인조운동을 가능케 한 변화의 원동력

그러면 전도와 교회개척에 놀라운 결과를 보여주는 PET훈련의 원동력은 도대체 어디서 오는 것일까요? 필자는 수년간 PET운동에서 아가페적인 사랑과 절대적인 순종이 아니면 도저히 이해할 수 없는 현장을 많이 목격하였기에 여러분에게 그것을 전하고자 하는 것입니다. 그것은 PET훈련을 통해서 훈련생들이 변화된 결과에서 볼 수 있는 것인데, 근본적으로는 하나님의 말씀에서 가장 중요한 중심 단어(Key words)가 되는 "사랑"과 "순종"을 바로 이해하고 실천하게 된 결과라고 생각합니다. 물론 이것은 구원 얻는 믿음을 전제로 하는 것입니다. 사랑과 순종이 훈련생들의 마음에 제대로 자리 잡지 못하면 PET훈련은 성공할 수 없습니다. <u>이것은 PET훈련의 두 번째 비밀이라고 할 수 있습니다.</u>

하나님은 사랑 (요일 4:8)이시지만, 사랑만으로는 완전치 못하고 순종이 함께 있어야만 완전하기 때문에 "사랑"과 "순종"은 동전의 양면과 같다고 할 수 있습니다. 실제적으로 사랑과 순종은 하나입니다. "너희가 나를 사랑하면 나의 계명을 지키리라."(요 14:15). 물론 신앙의 승리를 나타내는 데 필수적인 아홉 가지 성령의 열매(갈 5:22-23)들이 있지만, 이 아홉 가지 열매의 근본적인 요소도 사랑과 순종에 그 뿌리를 두고 있다고 할 수 있습니다. 여기서 말하는 사랑은 하나님이 인간을 사랑하신 "아가페"의 사랑(친구의 사랑인 "필레오"의 사랑이 아닌)이며, "순종"은 하나님 말씀에 "절대 순종"하는 것으로서 비록 죽음과 같은 어려움이 닥칠지라도 두려워하지 않고 포기하지 않는 순종을 말하는 것입니다.

성경 전체는 하나님의 사랑에 기초한 역사이지만, 아브라함으로부터 시작해서, 요셉, 모세, 여호수아, 기드온, 다윗, 이사야, 예레미야, 예수 그리스도, 베드로, 요한, 사도 바울 등 모든 믿음의 선진들이 절대적인 순종의 실천으로 신앙의 승리를 가져왔을 뿐만 아니라, 하나님의 사명을 완수할 수 있었다는 것은 부인할 수 없는 사실일 것입니다. 하나님을 사랑하고 그 말씀에 절대적으로 순종하지 않았다면 그들의 사역은 성공하지 못했을 것입니다. 우리 시대에도 이 "사랑"과 "순종"을 어떻게 이뤄내는가 하는 것이 우리 신앙생활의 승리를 결정지을 뿐만 아니라, 교회성장과 세계복음화의 선행조건이라고 할 수 있으며, 하나님의 사명을 완수할 수 있는 지표가 될 수 있다는 것입니다. 그러면 우리가 어떻게 하면 성경말씀대로 사랑하고 순종을 할 수 있도록 변화될 수 있을까요?

PET운동을 시작한 사람들은 제자훈련과 전도폭발 훈련을 모두 받았습니다. 제자훈련은 예수님의 모습을 보여주고, 사랑을 포함한 그의 인격을 닮아갈 수 있도록 영적 성장의 길로 인도해주며, 전도폭발 훈련은 예수님의 지상명령(至上命令)에 순종하여 따를 수 있도록 능력의 길로 인도해 주었습니다. 성경을 자세히 살펴보면, 사실 예수님께서 "오직 성령이 너희에게 임하시면 너희가 권능을 받고, 예루살렘과 온 유대와 사마리아와 땅끝까지 이르러 내 증인이 되리라(행 1:8)"고 말씀하실 때라든지, 또는 마 28:18-20절 말씀을 하실 때까지도, 제자들은 예수님이 정확히 누구신지 잘 몰랐고, 그들의 사명에 대한 확신도 없었던 것 같습니다. 예수님의 수제자로, 또 교회의 주역으로 활동했던 베드로가 극적으로 변화하여 순교적 삶을 살게 된 원인을 예수님과의 마지막 대화에서 찾아볼 수 있다고 생각합니다. 단적으로 말하면 베드로의 "필레오"의 사랑이 "아가페"의 사랑으로 변한 그 한 가지가 베드로를 변화시켰고 죽으면 죽으리라고 하는 순교적 믿음으로 그의 책임을 완수했다고 볼 수 있는 것입니다.

제8장 삼인조운동을 가능케 한 변화의 원동력

어느 날 기도 중에 서방 교회가 쇠락한 원인이 바로 "사랑과 순종"을 잃어버렸기 때문이라는 생각이 떠올랐습니다. 역사적으로 서방 교회가 한때 부흥하다가 시간이 지나면서 크게 쇠락하는 것을 볼 수 있습니다. 어느 목사님들은 우리 한국 교회도 기독교의 세기말적인 침체에 빠졌거나 빠져들어가고 있다고 말씀하시는 분들이 있습니다. 여러 가지로 원인 분석을 하고 있지만 "사랑과 순종"을 잃어버린 것이 주요 원인인 것으로 귀결된다고 생각합니다. 하나님께서 사도 요한에게 아시아 일곱 교회에 편지하라고 명령하시면서 제일 먼저 단호하게 "너희가 처음 사랑을 버렸다"(계 2:4)고 책망하셨습니다. 교회가 "사랑과 순종"을 되찾는 것이 가장 중요한 것이라는 것을 깨닫게 하시는 말씀이라고 생각합니다.

예수님께서 시몬에게 이르시되, "요한의 아들 시몬아, 네가 이 사람들보다 나를 더 사랑하느냐?(요 21:15)"라고 물으셨을 때에, 베드로는 "주님 그러하나이다. 내가 주님을 사랑하는 줄 주님께서 아시나이다."라고 성경에는 쓰여 있으나, 사실은 해석이 잘못되어 있는 것입니다. 이 대화를 마음의 상태까지 종합하여 의역을 하면, 예수님께서는 아가페의 사랑으로 물으셨는데 베드로는 "아가페의 사랑으로는 사랑하지 못합니다. 죄송합니다. 저는 주님을 필레오의 사랑으로밖에 사랑하지 못합니다."라고 대답했던 것입니다. 즉, 주님께서 물으시는 의도대로 대답하지 못했던 것입니다. 그러면 아가페의 사랑과 절대적인 순종은 어떻게 얻어질까요?

【1】 사랑에 대하여

한글 성경이나 영어 성경을 보면 모두 "사랑"이라고만 표기되어 있지만, 헬라어 성경에는 하나님의 사랑을 나타내는 "아가페" 사랑과 친구의 사랑을 나타내는 "필레오"의 사랑으로 구분되어 있습니다. 헬라어 성경을 보면, 예수님께서 베드로에게 하신 처음 질문은 "아가페"의 사랑으로 물으셨습니다.

아가페의 사랑은 하나님이 인간을 사랑하신 그 사랑, 즉 생명을 내어 주시며 죽기까지 사랑하신 조건 없는 사랑입니다. 사랑을 통해서 나에게 유익이 있다든지, 내가 존경을 받는다든지, 영광을 받는다든지 하는 조건이 있어서 사랑하는 것이 아니고, 또한 사랑의 대상이 사랑할 만큼 위대해서 사랑하는 것도 아니고, 아무런 조건 없이 사랑하는 그런 사랑이며, 어려운 상황에 처하더라도 절대로 포기하지 아니하고 생명을 희생까지 해서라도 사랑하는 변하지 않는 그런 사랑입니다.

그러므로 예수님의 처음 질문을 의역하면 "네가 네 생명을 바치기까지 나를 사랑할 수 있느냐?"라고 아가페의 사랑으로 물으신 것입니다. 그런데 베드로는 예수님을 세 번씩이나 부인했던 것에 대해 후회하며 나중에 통곡하며 회개를 하기는 했지만, 아직도 그의 마음속으로는 낭패와 죄스러움이 남아 있어서 주님을 뵙기가 매우 민망해 하고 있었을 것입니다. 그래서 디베랴 바다에서 고기 잡는 현장에 예수님이 나타나신 것을 알았을 때, 그는 혼비백산하여 황급히 윗도리를 걸치며 배에서 물로 뛰어 내렸던 것입니다(요 21:7). 또 예수님은 사람의 마음을 꿰뚫어 보시는 것을 잘 알고 있었기 때문에 조금도 거짓말을 할 수가 없었습니다. 그래서 그는 마음속으로 "주님, 저는 주님을 죽기까지 사랑하지 못합니다."라고 애통해하면서, 겉으로는 "내가 주를 사랑하는 줄 주께서 아시나이다."라고 애매모호한 대답을 한 것입니다. 그러나 성경에 보면 그의 대답은 분명히 "아가페"의 사랑이 아니라 "필레오"의 사랑으로 대답했습니다.

예수님은 안타까운 마음으로 두 번째 다시 "아가페"의 사랑으로 물으십니다. "요한의 아들 시몬아 네가 정말 나를 죽기까지 사랑할 수 없다는 말이냐? 그렇다면 내가 네 반석 위에 내 교회를 세우려는 계획은 어떻게 되는 것이냐?"라고 속으로 반문하시면서 물으셨습니다. 베드로는 똑같은 대답을

제8장 삼인조운동을 가능케 한 변화의 원동력

하고 있습니다. "주님, 제가 주님을 죽기까지 사랑하지 못하는 것을 주께서 아시지 않습니까? 저는 죽음이 두려워서 주님을 세 번씩이나 부인했던 놈입니다. 주님을 '필레오'의 사랑으로밖에 사랑할 수 없음을 용서하세요."라고 대답했습니다. 그러나 예수님께서 듣고 싶으셨던 대답은 "예, 제가 주님을 죽기까지 사랑합니다."였던 것입니다.

"주는 그리스도시오 살아계신 하나님의 아들이시니이다"(마 16:16), 또한 "모두 주를 버릴지라도 나는 결코 버리지 않겠나이다."(마 26:33)라고 말하던 그 담대함은 어디로 갔다는 말인가요? 예수님의 마음이 어떠하셨을까요? 3년간이나 모든 능력과 사역을 빠짐없이 다 보여주시며, 하나님의 능력을 체험하게 하셨으며, 가르치고, 훈련시켜서 하나님 나라의 일을 책임지도록 온 정성과 힘을 쏟아 오셨는데, 그래서 주님의 교회를 그의 믿음 위에 세우기로 작정하셨는데, 지금 와서 생명을 잃는 것이 두려워서 "아가페"의 사랑으로 사랑하지 못하고 "필레오"의 사랑으로밖에 사랑할 수 없다면, 앞으로 닥칠 복음으로 인해 받을 무수한 핍박과 순교의 자리에서 어떻게 견뎌내며 세계복음화의 대업을 이뤄낼 수 있을 것인가? 처음에 예수님의 마음은 하늘이 무너지는 것 같으셨을 것입니다. 물론 후에 성령께서 임하시면 능력을 힘입어(행 2:1-4) "아가페"의 사랑으로 사랑할 수 있게 될 것을 알고 계셨지만…

주님은 베드로에게 세 번째 다시 물으십니다. 이번에는 아직 때가 아닌 것을 이해하시고, 예수님 자신이 낮은 데로 내려오셔서 베드로의 눈높이에서 물으십니다. 연민의 눈빛으로 바라보시며, "네가 대답하기 어려운 것을 강요하듯 질문해서 미안하구나. 그러면 지금은 진정 나를 필레오의 사랑으로는 사랑하는 것이냐?" 갑자기 "필레오"의 사랑으로 물으시는 예수님의 의도를 알지 못해 어리둥절하고 한편으로는 근심이 되었지만, 그래도 "필레오"의 사랑으로 물으시는 데는 용기가 났을 것입니다. 그래서 얼굴을 들고 웃으면서 대답합니다. "예, 제가 주님을 필레오의 사랑으로 사랑합니다."라고 대답했습니다. 그의 상기된 얼굴을 보시고 예수님은 그의 순교에 대해 예고(요 21:18)하시면서, 근엄한 표정으로 **"너는 나를 따르라"**(요 21:19)고 엄하게 명령하셨습니다. 이 명령은 하나님께서 직접 하시는 명령이기 때문에 마음속에 강하게 다가와서 그를 압도했을 것이며, 또한 베드로는 어떤 일이 있더라도 끝까지 주님을 따를 것을 다짐 했을 것입니다. 그가 주님을 "아가페"의 사랑으로 사랑하게 된 변화는 베드로가 그의 서신에서 말끝마다 "아가페"의 사랑으로 사랑할 것을 역설하는 것에서 여실히 볼 수 있습니다. "예수를 너희가 보지 못하였으나 사랑(아가페) 하는 도다."(벧전 1:8). "너희가 진리를 순종함으로... 형제를 사랑(아가페)하기에 이르렀으니 마음으로 뜨겁게 서로 사랑하라"(벧전 1:22)고 간곡히 부탁하는 데서 다름 아닌 "아가페"의 사랑으로 역설하고 있기 때문입니다.

기독교는 체험의 종교요 고백의 종교라고도 말하지 않습니까? 성령의 역사는 영을 통해서 역사하시며 영은 혼과 육체를 지배하기 때문에 영적 감응은 마음으로 체험하게 됩니다. 예수님께서 베드로의 고백을 들으시고 "너는 베드로(반석)라 내가 이 반석 위에 내 교회를 세우리니 음부의 권세가 이기지 못하리라"(마 16:18)고 말씀하셨습니다. 하나님께서 베드로에게 "주는 그리스도시오 살아계신 하나님의 아들이시니이다"(마 16:16)라고 고백하게 하심으로 위대한 믿음을 고백한 베드로였지만, 그는 조금 후에 사탄의 조종을 받는 자가 되었으며, 지금도 예수님 앞에서 "아가페"의 사랑으로는 자기의 사랑을 고백하지 못하겠다고 버티고 있는 것입니다. 믿음의 고백이 베드로의 인격적인 믿음으로 유지되었더라면 아가페의 사랑으로 고백하지 못할 이유가 없었을 것입니다. 여기서 믿음의 고백은 아가페의 사랑이 그 뿌리이어야 한다는 것을 알 수 있는 것입니다. 우리는 성경에서 "사랑"이라는 단어를 너무 쉽게 생각하고 "필레오"의 사랑 정도로 생각하고 있는 것이 큰 문제입니다. 우리가 구원 얻는 믿음으로 무장하고 주님의 명령을 제대로 지키기 위해서는 복음서에서 사용된 "사랑"이라는 단어가 생명을 건 "아가페"의 사랑을 뜻하는 것이라는 것을 명심할 필요가 있는 것입니다.

[표 6] 복음서에 나타난 "사랑"의 종류

복음서	전체 숫자	아가페 사랑	필레오 사랑	비 고
마태복음	12	11	1	하나님의 사랑과 관계없는 것이나, "부모를 나보다 더 사랑하는..." 것 같이 사람이 사랑하는 것과 베드로의 대답에만 필레오가 사용되고 있습니다.
마가복음	7	7	0	
누가복음	13	11	2	
요한복음	39	29	10	

예수 그리스도의 생애를 보여주는 영화에서 극적인 장면을 하나 볼 수 있습니다. 폴란드의 작가 센키에비치가 쓴 "주여, 어디로 가시나이까?"라는 작품이 있습니다. 예수님이 승천하신 후에 로마에서 기독교에 대한 박해가 심해져서 많은 기독교인들이 사자의 밥이 되기도 하고 십자가 위에서 불태워지고 있을 때, "베드로님은 살아남아서 교회를 위해 큰일을 도모하셔야 합니다."라는 성도들의 권유에 못 이겨 베드로는 로마를 탈출하려고 합니다. 그가 로마로부터 도망가는 산길에서 자기를 향해 다가오시는 예수님을 만나게 되는데, 놀란 베드로가 "주여, 어디로 가시나이까?(Quo Vadis Domine)"라고 예수님께 여쭙니다. 그때 예수님께서, "내 양들이 로마에서 나를 부르고 있구나. 네가 내 양들을 버리니, 내가 다시 십자가에 달리기 위해 로마로 가노라!"라고 말씀하십니다. 베드로는 깜짝 놀라 그 자리에서 회개하고, 오던 길로 되돌아가 로마에서 십자가에 달려 순교하게 됩니다. 죽음이 두려워서 로마를 버리고 달아날 때, 그는 분명 "아가페"의 사랑이 아니고 "필레오"의 사랑이었습니다. 그러나 주님을 만난 후, 죽기를 각오하고 로마로 되돌아갈

때, 그의 사랑은 극적으로 "아가페"의 사랑으로 변한 것입니다. 그가 십자가에 달리게 될 때, "주님과 똑같이 십자가에 달리는 것은 황송해서 감당할 수 없으니 나를 거꾸로 십자가에 달아라."라고 말합니다. 그는 거꾸로 십자가에 달려 순교하였다는 전설이 있습니다. 아가페의 사랑을 실천한 것입니다.

오늘날에도 예수님께서는 그를 믿는 모든 사람들에게, 특히 복음 사역을 하려는 모든 사람들에게 이 질문을 하고 계십니다. "네가 아가페의 사랑으로 죽기까지 나를 사랑하느냐?" 이 질문에 "예, 제가 주님을 죽기까지 사랑합니다."라고 대답할 수 있어야 구원의 확신이 있다고 할 수 있을 것이며, 이런 사람이야말로 절대적인 순종을 할 수 있는 사람이라고 말할 수 있을 것입니다. 그래야만 하나님께서 주시는 선교의 사명을 완수할 수 있을 것이라고 생각합니다. 이것을 아셨기 때문에 베드로에게 아가페의 사랑을 요구하셨던 것입니다.

"가장 큰 계명이 무엇입니까?"라고 묻는 질문에 예수님께서 "네 마음을 다하고 목숨을 다하고 뜻을 다하여 주 너의 하나님을 사랑(아가페)하라 하셨으니 이것이 크고 첫째 되는 계명이요(마 22:37)."라고 말씀하시지 않았습니까? 여기서 쓰인 단어가 바로 죽기까지 사랑하는 "아가페"의 사랑입니다. 또 "둘째도 그와 같으니 네 이웃을 네 몸과 같이 사랑하라 하셨으니 이 두 계명이 온 율법과 선지자의 강령이니라."(마 22:39-40) 라고 하신 데서도 "아가페"의 사랑으로 이웃을 사랑하라고 말씀하고 계십니다. 전도에서 불신자의 영혼을 아가페 사랑으로 사랑해야만 성령님께서 역사하심으로 전도를 제대로 할 수 있는 것입니다. 어떤 분은 말하기를 하나님을 사랑하는 데는 아가페의 사랑으로 사랑할 수 있지만, 이웃 사랑에는 "필레오"의 사랑이 아닙니까? 라고 말할 사람도 있을지 모르지만, 예수님께서는 분명히 아가페의 사랑으로 사랑하라고 말씀하셨습니다. 예수님께서는 원수까지도 아가페의 사랑으로 사랑하라고 말씀하신 것입니다(마 5:44). 원수에게도 복음을 전해야 하는 이유가 여기에 있는 것입니다. 예수님의 생애를 보면 예수님은 하나님 아버지를 항상 아가페의 사랑으로 사랑하신 것을 알 수 있습니다. 사도 바울도 유명한 "사랑장(고린도전서 13장)"에서 "믿음, 소망, 사랑, 이 세 가지는 항상 있을 것인데, 그 중에 제일은 '아가페 사랑'이라"고 강조하였듯이 아가페 사랑은 믿음보다 근본적이며, 우리가 어떤 사역에 헌신하더라도 "아가페"의 사랑이 기본 바탕이 되지 않으면 안 되는 것입니다.

사랑이 기본 바탕이 되어야 할 또 하나의 이유는 믿음이 사랑과 함께 역사하기 때문입니다. 기도의 능력을 가장 강력하게 말해주는 예가 마가복음 11:23-25절에 있는 말씀이라는 것을 우리는 다 압니다. 무엇이든지 용서할 수 있는 아가페 사랑이 없으면 산을 움직이는 기도의 응답으로서의 능력은 나타나지 않는다는 것을 우리는 이 마가복음의 말씀을 통해서 깨닫고 항상 기억할 필요가 있는 것입니다. (더 자세한 설명은 130페이지를 참고하십시오)

【2】 절대적인 순종에 대하여

순종에 대해서도 예수님의 생애를 떠오르게 합니다. 주님은 목숨을 다해 하나님을 사랑하셨고 인간을 사랑하셨습니다. 십자가의 사랑이야말로 천하에 제일가는 사랑의 결실이요 사랑의 현장이지 않습니까? 이것은 또한 하나님의 뜻(말씀)에 대한 순종의 극치입니다. 주님은 십자가의 죽음과 말할 수 없는 고난당하실 것을 아시면서도 끝까지 하나님 말씀에 순종하셨습니다.(마 26:42). 마리아의 순종은 어떠합니까? 천사가 나타나서 "보라, 네가 수태하여 아들을 낳으리니 이름을 예수라 하라"(눅 1:31)고 말했을 때, 이 말은 처녀에게 청천벽력 같은 말이요, 사람들에게 알려지기만 하면 돌에 맞아 죽게 될 일인 줄 알면서도 죽기를 각오하고, "주의 계집종이오니 말씀대로 내게 이루어지이다"(눅 1:38)라고 순종으로 받아들였던 것입니다. 순종이란 마음만 정하는 것이 아니라 야고보가 "...행함이 없는 믿음은 그 자체가 죽은 것이라(약 2:17)"라고 말했을 때, 바로 그 "행함"이 있어야 하는 것입니다. 유명한 신학자 디트리히 본훼퍼(Dietrich Bonhoeffer)는 그의 제자들을 훈련하기 위한 지침서에서 "순종 없는 기독교는 언제나 예수 그리스도 없는 기독교이다."라고까지 실감나게 순종을 강조하였습니다.

성경에서 하나님 나라와 교회의 모습을 상징적으로 가장 잘 보여주는 것은 출애굽 사건이라고 할 수 있는데, 우리는 여기서 순종의 절대성을 찾아볼 수 있으며, 이것은 오늘날 우리에게도 해당되는 것입니다. 출애굽 사건은 노예생활을 하고 있던 이스라엘 백성을 애굽(세상)에서 구원하여 가나안(교회)에 들어가게 하는 사건(전도)으로 이 역사적인 사건이야말로 우리 시대에 교회의 의미를 그대로 보여주고 있는 사건이라고 할 수 있습니다. 잘 아시다시피 이스라엘 백성을 애굽에서 인도하여 가나안에 들어가는 과정은 오늘날 교회의 전도사역이 사탄의 종이 되어있는 영혼들을 빼앗아서 교회를 통하여 구원에 이르게 하는 과정에 비유되는 것으로서 이 사건은 "출애굽"과 "가나안 입성"으로 구분할 수 있습니다.

첫째, 출애굽 사건은 하나님의 구원의 능력을 보여주는 사건이라고 할 수 있습니다. 하나님께서 모세에게 나타나서 말씀하시기를, "네가 선 땅은 거룩한 곳이니 네 발에서 신을 벗으라(출 3:5)"고 하신 말씀은, 바로 하나님께 대한 "절대적인 순종"을 요구하시는 명령입니다. 노예들은 제일 먼저 그들의 신을 벗겼는데, 바로의 궁에서 자라온 모세는 궁에서 시중드는 수많은 노예들이 맨발이었음을 목격하였을 것이며, 하나님께서 신을 벗으라고 말씀하셨을 때, 즉각적으로 "아하, 나는 이제 하나님의 노예가 되는구나!"라고 깨달았을 것입니다. 거룩한 곳이기 때문에 신을 벗으라고 하시는 말씀은 절대적인 순종을 상징적으로 나타내시는 말씀이라고 할 수 있습니다. 사람이 신발만 벗는다고 거룩해집니까? 하나님께서 임재해 계신 곳은 거룩한 곳이라는

제8장 삼인조운동을 가능케 한 변화의 원동력

것입니다. "네가 선 곳은 거룩한 곳이니 네 발에서 신을 벗으라."라는 말씀에 대해 로이드 존스(Lloyd Jones) 목사는 설명하기를 하나님께서 "신을 벗으라."고 하신 것은 순종하라는 말씀이며, 순종을 통해서 거룩해지는 것을 계시해 주신 말씀이며, 거룩함을 통하지 않고서는 결코 하나님을 알 수도, 만날 수도 없기 때문이라고 하였습니다.[17] 즉 순종이 신앙생활의 가장 기본적이고 근본적인 믿음의 행위라는 것입니다.

우리는 보통 광야를 교회에 비유하고 젖과 꿀이 흐른다고 해서 가나안을 천국으로 비유하는데, 이것은 좀 무리가 있다고 생각됩니다. 우리는 오히려 가나안을 교회로 볼 수 있는데, 그 이유는 ① 천국에서는 전쟁이 있을 수 없는데 가나안에서의 생활은 전쟁으로 얼룩진 생활이었고, ② 천국에서는 죄를 지을 수 없는데, 이스라엘 백성은 가나안에 들어가서도 무수히 많은 죄를 짓고, 심지어는 하나님께서 가장 미워하시는 우상을 만들어 섬기며 하나님을 배반하기까지 하였습니다. ③ 광야를 교회로 본다면 이스라엘 백성 중 애굽에서 나온 할례 받은 1세대가 광야에서 다 죽은 것은 하나님을 의심하고 하나님께 불순종한 것에 대한 하나님의 징벌의 성격을 띠는 것을 어떻게 설명하겠습니까? 하나님의 벌을 받아 모두 죽는 곳이 교회인가요? 그럴 수는 없지 않습니까? (광야에서 순종과 인내를 배워서 거룩함에 이르도록 하신 것이라는 것은 이해가 되지만...) ④ 마지막으로 가나안에 들어가기 위해서는 하나님께서 요구하시는 일정한 자격을 갖추어야 하는데, 애굽에서 나온 이스라엘 백성은 그 자격조건을 갖추지 못해서 가나안에 들어가지 못하고 광야에서 모두 죽었던 것입니다. 이 자격은 오늘날로 말하면 교회와 천국에 들어가는 자격과 같다고 볼 수 있을 것입니다. 광야 1세대는 다음에 나오는 [표 7]에서 보는 바와 같이 하나님 말씀에 순종하지 않았기 때문에 가나안에 들어가지 못하고 광야에서 모두 죽은 것입니다.

---

[17] 로이드 존스, "구약을 사용한 복음 설교" 생명의말씀사, 1998, 116.

[표 7] 이스라엘 백성이 가나안에 들어가기 위한 세 가지 자격

세대별	가나안(교회)에 들어가기 위한 자격조건			마지막 결과
	할례를 받음	유월절을 지킴	말씀에 절대 순종함	
광야 1세대	O	O	X	가나안에 못 들어감
광야 2세대	O	O	O	가나안에 들어감

둘째, 가나안 입성과정은 하나님께서 요구하시는 자격을 갖추는 과정입니다. 가나안에 들어가기 위해서는 [표 7]에서와 같이, ① 할례를 받아야 하고, ② 유월절을 지켜야 하며, ③ 하나님 말씀에 절대 순종하는 세 가지 자격을 갖추어야만 합니다.(수 5:1-12). 모세가 죽은 후, 하나님께서는 여호수아에게 가나안으로 입성하라는 명령을 내리십니다.

"내 종 모세가 죽었으니 이제 너는 이 모든 백성과 더불어 일어나 이 요단을 건너 내가 그들 곧 이스라엘 자손에게 주는 땅으로 가라"(수 1:2)고 명령하셨습니다. 이 말씀은 자세히 보면 하나님께서는 모세가 죽기를 기다리신 것 같습니다. 모세는 충직한 종으로 임무를 잘 수행하였으나 단 한 번 하나님의 명을 어긴 것 때문에 가나안에 들어가는 자격을 박탈 당했습니다(민 20:11-12). 가나안에 들어가기가 이렇게 어려운 것입니다. 오늘날 교회의 일원이 된다는 것도 결코 쉬운 일이 아니라 영원한 생명을 건, 중요하고도 어려운 일이라는 것입니다. 우리는 이 사실을 심각하게 받아들여야 합니다.

여리고 성을 함락하기 전에 하나님께서는 위의 자격조건 3가지를 갖추도록 명령하셨고, 이스라엘 백성은 길갈에서 여호수아의 영도 아래 할례를 받고(수 5:3), 유월절을 지키고(수 5:10), 절대순종(수 5:15)을 표한 다음에야 비로소 가나안으로 들어가도록 허락되었던 것입니다. 여호수아가 이스라엘 백성을 이끌고 가나안의 첫 성인 여리고를 향해 갈 때, 여호와의 군대

장관이 칼을 빼들고 서서 말하기를, "네 발에서 신을 벗으라. 네가 선 곳은 거룩하니라. 여호수아가 그대로 행하니라(수 5:15)" 즉, "네가 선 곳은 거룩하니라"라는 말씀은 하나님께서 임재하신 자리라는 것입니다. 가나안에 입성하기 전에 여호수아는 하나님이 임재하신 자리에서 여호와의 군대 장관에게 이스라엘 백성을 대표해서 하나님께 대한 절대 순종을 나타낸 것입니다.

오늘날에도 구원받은 신실한 교인이 되려면 위의 3가지 자격조건을 갖추어야 합니다. 당신은 할례를 받았는가? 만일 받지 않았다면 당신은 평신도이든 목회자이든 교회의 일원이 될 자격뿐만 아니라 천국에 들어갈 자격이 없는 것입니다. 할례는 무엇인가요? 할례는 본래 하나님께서 아브라함과 맺은 피의 언약관계를 말합니다.(창 17:7-10). 그러나 오늘날에는 하나님과 내가 맺는 마음의 서약이라고 할 수 있습니다. 하나님의 말씀을 지키며 하나님의 백성으로 살겠다는, 그래서 어떠한 일(그것이 죽음일지라도)이 있을지라도 결코 하나님을 떠나지도 않고 부인하지도 않겠다는 서약 말입니다(롬 2:25-29). 이것이 로마서 2장 28-29절의 "무릇 표면적 유대인이 유대인(교인)이 아니요 표면적 육신의 할례가 할례가 아니니라. 오직 이면적 유대인(교인)이 유대인(교인)이며 <u>할례는 마음에 할지니</u> 영에 있고 율법 조문에 있지 아니한 것이라..." 하는 말씀은 마음에 할례를 받은 사람이 유대인(교인)이요, 천국 백성이라는 말씀입니다. 이런 사람은 "내가 확신하노니 사망이나, 생명이나, 천사들이나, 권세자들이나, 현재 일이나 장래 일이나, 능력이나, 높음이나 깊음이나 다른 어떤 피조물이라도 우리를 우리 주 그리스도 예수 안에 있는 하나님의 사랑에서 끊을 수 없으리라"(롬 8:38-39)는 것이 이루리라는 것입니다. 교인들에게 또는 교인이 되기 전에 이것을 확인시키는 것은 매우 중요한 일인데, 오늘날 교회에 들어오는 사람들은 이런 것이 있는지도 모르고 들어오는데 문제가 있습니다.

유월절을 지키는 것은 세례를 의미한다고 할 수 있습니다. 예수 그리스도와 함께 나의 옛 자아는 죽고 예수 그리스도의 부활과 함께 부활하여 성령의 내재하심으로 새 생명을 얻는 것이 세례요 유월절을 지키는 의미입니다. 유월절 어린양의 피(예수 그리스도의 십자가의 예표)를 문설주에 발라 죽음을 면한 것이 유월절로서 세례의 의미로 부각되고 있지만, 새 생명을 완전히 얻는 과정이 끝난 것은 아닙니다. 가나안(교회)까지 들어가야만 완성되는 생명입니다.

순종의 극치는 예수 그리스도의 십자가입니다. 예수님은 십자가 고난을 앞에 놓고 기도하실 때 (마 27:36-42), 그가 받을 고초와 십자가 죽음의 고난을 견디기 어려우셨던 것은 육신을 입으셨기 때문입니다. 그러나 마지막에는 "내 아버지여 만일 할 만하시거든 이 잔을 내게서 지나가게 하옵소서. 그러나 나의 원대로 마옵시고 아버지의 원대로 하옵소서."라고 절대순종을 표현하셨습니다. 이 말씀이야말로 죽기까지 순종하신 모습이 아니겠습니까? 이와 같이 하나님의 백성이 되기 위한 세 번째 자격은 죽기까지 "순종"하는 것입니다. 교인으로서 교회의 일원이 되고자 하는 사람은 하나님의 말씀에 절대 순종하겠다는 서약을 먼저 하는 것이 마땅하다고 할 것입니다. 이와 같이 3가지 자격조건을 제대로 깨닫고 갖춘 교인이라면, 교회에서 파당을 짓거나 문제를 일으키지도 않을 것이며, 핑계만 대는 명목적이고 비헌신적인 교인이 되지도 않을 것이요, 마음에 맞지 않는다고 이 교회 저 교회로 옮겨 다니며 방황도 하지 않을 것이요 죽기까지 하나님을 떠나지 않을 것입니다.

오늘날 교회에서는 그나마 할례(마음의 할례인 하나님과의 언약)와 유월절(세례)은 중요시하는데 순종은 강조하는 것 같으면서도 별로 중요시하지 않고 있습니다. 신실하고 하나님에게 크게 쓰임을 받았던 하나님의 종 사무엘은 순종치 않는 사울 왕을 향해서 "... 순종이 제사보다 낫고 듣는 것이 숫양의 기름보다 나으니, 이는 거역하는 것은 점치는 죄와 같고 완고한 것은 우상에게 절하는 죄와 같음이라(삼상 15:22-23)"고까지 말하며 그를 엄하게 책망했습니다. 즉, 불순종은 하나님께서 가장 싫어하시는 죄를 범하는 것과 같다는 말씀입니다. 불의 종 토저(A. W. Tozer) 목사는 1962년 목회자 세미나에서 설교를 통해, 오늘날 말씀에 순종하지 않기 때문에 현대의 교인들은 연약하고 성숙하지도 못하며, 이름뿐인 명목적(名目的)인 교인으로 머물기 때문에 교회에 문제가 많고 교회가 성장도 하지 못한다고 지적하였습니다. 순종은 교회 또는 하나님 나라에 들어가는 절대적인 요건의 하나입니다. 오늘날 교회가 이 순종을 강요하지 못할 만큼 약해졌다는 것은 참으로 가슴 아픈 일입니다. 교회는 교인들을 하나님께 순종하는 교인으로 만들어야 하는 것이 첫째가는 의무일 것입니다.

성경의 양대(兩大) 산맥은 순종과 불순종입니다. 유명한 설교가 로이드 존스(Martyn Lloyd Jones, 1899-1981) 목사는 말하기를 "성경을 현대 심리학적 방법으로 푼다면, 불협화음을 이루는 사실들로 뒤엉클어져 절대 조화를 이룰 수 없을 뿐만 아니라, 질서정연하게 분류될 수도 없는 잡동사니를 모아 놓은 것 같다"고 비유적 혹평을 하였습니다. 그렇지만 성경을 "죄"라는 열쇠를 가지고 들여다보면 환하게 문이 열려 잡동사니들이 질서 정연하게 정리정돈이 된다고 하였습니다. [표 8 참조] 실로 하나님께서 이 세상을 창조하시고 일곱째 날에 안식하셨는데 "하나님이 그 일곱째 날을 복되게 하사 거룩하게 하셨으니..."(창 2:3)라고 하셨으며, "...내가 거룩하니 너희도 거룩하라."(레 11:45)고 하신 말씀은 우리의 구원의 조건이 거룩함이라는 것에 동의하게 합니다. 그러나 이 "거룩함"은 바로 성경의 양대 산맥인 "순종과 불순종"의 결과라는 것입니다.[18] 즉, 순종의 결과는 거룩함이요 불순종의 결과는 죄입니다. 그리고 사랑은 우리로 하여금 순종하게 하는 강력한 동기가 되는 것입니다.

---

18) 로이드 존스, "구약을 사용한 복음 설교" 생명의말씀사, 1998, 190.

[표8] 기독교인의 순종과 불순종의 결과

성경의 전체 내용	원 인	결 과	
성경의 양대 산맥 <	순종 →	거룩함	구원
	불순종 →	죄	멸망

 결론적으로 PET훈련을 시키는 자나 훈련을 받는 자나 훈련을 통해서 변화된 사람들은 하나님과 사람들을 "아가페"의 사랑으로 사랑하는 마음을 갖게 되며, 말씀에 "절대 순종"하게 됩니다. 그리고 이것이 바로 PET운동에 헌신하는 원동력이 될 뿐만 아니라, 우리 신앙생활의 영원한 활력이요 필수 불가결한 요소가 된다는 것입니다. 아가페적인 사랑과 하나님의 말씀에 절대 순종하는 마음으로 성경을 본다면, 그래서 예수 그리스도의 지상명령을 꼭 달성해야 할 주님의 유언이라고 생각한다면, 성경 전체가 인류 구원의 역사요, 성경은 선교역사이며 선교 교과서이며, 전도 또는 선교를 위한 동기부여로 가득합니다. 시간이 있을 때마다 성경 말씀으로 선교에 대한 동기를 부여해야 합니다.

제9장 세계복음화의 문제점 및 PET훈련의 필요성

(1) 세계복음화 전략상의 문제점

오늘날 세계복음화는 실로 커다란 암초에 걸려 있습니다. 20세기만 해도 기독교 복음화를 위해 선교를 포함하여 많은 기독교 복음화운동이 펼쳐져 왔지만, 그 결과는 만족스럽지 못했습니다. [표 9]에서 보는 바와 같이 패트릭 존스턴(patrick Johnstone)과 제이슨 맨드릭(Jason Mandryk)에 의하면, 1900년도와 2000년도의 기독교 인구비율은 각각 34%와 33%로서 거의 변화가 없이 오히려 감소한 경향을 보여주고 있습니다.

[표 9] 1900년도와 2000년의 종교인구 비율[19]

종교별	기독교	이슬람교	힌두교	불교	무종교/기타	(개신교)
1900년	34%	12%	13%	8%	33%	(6.4%)
2000년	33%	21%	14%	7%	25%	(5.8%)

위 [표 9]에서 기독교 인구는 카톨릭, 정교회, 개신교 및 기타 유사기독교를 모두 합한 수치입니다. 개신교의 인구비율을 보아도 같은 경향임을 알 수 있습니다. 1900년도와 2000년도의 세계 인구에 대한 개신교의 인구비율은 각각 6.4%와 5.8%로서 개략적으로 약 10%나 감소하는 경향을 보였습니다. 지난 20세기 100년 동안 기독교의 많은 사역들이 이뤄졌지만, 기독교 인구비율이 증가하지 못한 사실을 볼 때, 앞으로 100년 후를 생각해 보아도 기독교 인구가 획기적으로 증가하리라고는 생각하기가 어렵지 않습니까? 그러면 주님은 언제 오시겠습니까?(마 24:14). 교회들이 크게 부흥하고, 세계적으로 기독교 인구가 빠르게 증가하고, 세계 기독교계가 세계복음화를

---

[19] 패트릭 존스턴 & 제이슨 핸드릭, Operation World, WEC International, 2001, 36.

위해서 일사분란하게 전진해 나간다면 몰라도 서방교회들은 이미 쇠퇴의 길에 들어서 있어서 부흥을 기대하기 어렵고, 서방을 제외한 나라들에서는 수없이 많은 교파와 교단으로 나누어져 서로 교세 불리기에 급급하고, 대부분의 교회가 세계복음화를 위한 복음전파에 대한 사명감이 결여되어 있어서 획기적인 세계복음화는 기대하기 어려운 실정입니다. 오히려 전도하지 않던 이슬람, 불교, 카톨릭과 많은 이단들이 포교로 열을 올리고 있으며 상대적으로 기독교는 비난의 대상으로까지 추락하였습니다. 또한 세상은 포스트모더니즘의 영향으로 더욱 전도하기가 어려워져가고 있습니다.

폭발하듯 기하급수적으로 증가하는 인구 증가의 속도를 추월하여 기독교 인구를 획기적으로 증가시킬 수 있는 방법은, 기독교 인구를 기하급수적으로 증가시켜서 인구증가보다도 더 빠른 속도로 증가시키고, 교회를 빠른 속도로 개척하여 이 증가하는 신자들을 수용할 수 있어야 할 것입니다. 그런 의미에서 모든 성도들을 전도자로 무장시켜야 하는 것이 세계복음화를 위한 분명하고도 필수적인 선교에 대한 교회의 태도가 되어야 할 것입니다. 왜냐하면 선교사나 복음전도자들만 전도하면 기하급수적이 아니라 산술급수적으로 증가하는 것이 되며, 산술급수적 증가는 너무 느리기 때문입니다. 여기에 추가하여 전도의 영성이 살아나야 하고, 성령께서 크게 역사해 주셔야 하며, 세계 모든 나라와 모든 지역에 교회가 세워져야 하는 것은 당연한 일이 아니겠습니까? 이 시점에서 우리는 전도 또는 선교의 획기적인 방법의 개발이 절대적으로 필요하며 하나님께서 직접 일으켜주시는 영적 부흥이 그 뒷받침을 해 주어야만 기독교 인구의 획기적인 증가를 꿈꿀 수 있을 것입니다. 마지막 판단은 교회나 성도들이 하는 것이지만, 영성이나 파급 속도로 보아 PET 훈련이 이 시대에 꼭 필요한 대안이 될 수 있을 것으로 생각됩니다.

(2) 세계선교전략의 고찰

어떤 사역이든 그 성패는 전략을 어떻게 짜느냐에 달려 있기 때문에 전략을 잘 짜는 것이 매우 중요합니다. 예를 들면 우리가 순수한 물을 얻기 위해서는 전략적으로 오염된 강물을 정화처리하여 얻을 것인가 아니면 순수한 물이 솟아나오는 샘을 찾아 얻을 것인가 하는 것을 결정해야 합니다. 만일 전자를 택해서 강물을 정화하기로 한다면 오염물질을 제거하기 위한 복잡한 구조물을 건설해야 할 것이고 정화하는 방법에 따라 많은 노력과 재원이 필요하게 될 것입니다. 저는 하나님께서 이 세상을 창조하시기 전에 세계복음화 전략을 먼저 세우셨다고 믿습니다. 또한 하나님은 전능하신 하나님이시기 때문에 하나님께서 세우신 전략은 변질되거나 폐기됨이 없이 확실히 이루어질 것입니다. 위의 [표 9]에서 보는 바와 같이 세계복음화는 확실히 암초에 걸려 있다고 보기 때문에 선교전략에 대한 토론이 절대적으로 필요하다고 생각합니다.

세계 70여 국가를 순방하면서 선교전략을 연구한 오스왈드 스미스 목사 (Oswald J. Smith, 'The Challenge of Missions, 1959)는 오랜 경험과 연구 끝에 말하기를, "교회가 이 세상을 복음화하는 데 실패한 6가지 이유 중에서 가장 중요한 원인은 우리들이 사도 바울의 선교방법을 따르지 않았기 때문"이라고 했습니다. 이것은 단순히 사도 바울의 방법을 따르지 않은 것일 뿐만 아니라, 성경적 방법을 따르지 않은 것과 같다고 하였습니다. 바울은 자기 자신이 토착민을 직접 목회하지 않고, 현지의 토착민들을 세워 목회하게 했으며, 교회는 현지인들 스스로 운영하고, 현지인들이 자기 백성에게 전도하게 했습니다.

1890년대에 미국에서 일어난 선교의 "학생자원운동(Student Volunteer

Movement)"이 요원의 불길처럼 타 올라 전 세계를 금방 복음화할 것 같은 기세로, 학생들이 졸업 때까지 기다리지 못하고 선교지로 물밀듯이 달려 나갈 때, 그들의 구호는 "세계복음화의 완성은 우리 세대에!"였습니다. 그러나 100년이 넘은 지금도 세계복음화는 암울할 뿐이며, 학생자원운동은 찾아볼 수 없게 되었습니다. 이 상황에 대해 스미스 목사는 이렇게 반문합니다. "학생자원자 운동이 시도했던 과제가 불가능한 것이기 때문이었을까요?" 그는 결코 그렇지 않다고 말합니다. 오히려 "그것은 세계복음화를 위한 바울의 선교전략이 채택되지 않았고 실행되지도 않았기 때문에 세계복음화에 실패한 것"이라고 말하며 크게 아쉬워했습니다. 많은 나라들이 230년 넘게 선교사들을 전 세계에 파송하고 있지만 외지인(外地人) 선교사를 토착민 교회의 목회자가 되도록 함으로써 하나님의 질서를 뒤바꿔 놓았다고 지적합니다. 교회를 건축하는 면에서도 우리의 선교방법은 성경적이지 않다고 말합니다. 외국의 돈으로 비싼 교회를 지어주는 것은 종교적 노예를 만드는 일이라고까지 혹평했습니다. 선교사가 할 유일한 사역은 토착민을 전도하여 그들이 자국민에게 전도할 수 있도록 전도 및 교회개척 훈련을 시키는 일이라고 하였습니다. 우리 모두가 깊이 음미해볼 필요가 있는 비판이라고 생각합니다.

목회생활에서 선교에 최선을 다했던 캐나다의 오스왈드 스미스(Oswald J. Smith, 1959) 목사는 그의 책 "선교에의 도전"이라는 책에서 "하나님의 명령은 반드시 복종해야만 한다. 하나님의 분부는 반드시 실행해야 하며 이 문제를 피할 수 있는 길은 아무데도 없다. 당신은 자신이 선교지에 가든지 아니면 당신 대신 누군가를 보내야 한다. 만약 당신이 아무것도 하지 않는다면 당신에게 화가 있을 것이다." 라고 단호하게 부르짖었습니다.

저는 여기서 대표적인 세 개의 세계복음화 전략을 비교해 보려고 합니다. 이들 세 가지 전략은; 1) 보수적인 서방선교 전략, 2) 사도 바울의 선교전략, 3) 삼인조운동(PET훈련)의 전략으로서 아래 [표 10]과 같습니다.

하나님의 나라가 빠르게 확장되던 초대교회 시대에는 사도들의 가르침을 받아 회심한 성도들이 찬양하고 교제하며 기도할 때, 성령이 강하게 임하였고, 성령충만을 받으면 뛰쳐나가 전도하고, 회심한 사람들을 모아 가정교회를 개척해 나갔습니다. 이러한 사역은 모진 핍박 가운데서도 생명을 걸고 폭발적으로 일어났기 때문에 수없이 많은 가정교회들이 팔레스타인 전역에 빠르게 개척되었으며 따라서 복음도 빠르게 퍼져나갔던 것입니다.

[표 10] 세 가지 중요한 세계선교전략의 비교

비교 항목	서방교회 방법	바울의 방법	삼인조운동
목회자	선교사	현지 지도자	목사/현지 지도자
교회 건축	선교사 공급	현지인 자급	현지인 자급
교회 운영	선교사	현지인 자치	현지인 자치
교회 재정	선교사	현지인 자급	현지인 자급
현지인 전도	선교사	현지인이 전도	현지인이 전도
교회 개척	선교사	현지인/바울	PET 훈련생
선교 목표	선교단체 활성화 지역 복음화	세계복음화	세계복음화
성찬식	선교사	현지 지도자	현지 지도자
세례식	선교사	현지 지도자	목사/현지 지도자
신자 교육	선교사	현지 지도자	목사/현지 지도자

또 사도 바울은 10여 년이라는 짧은 기간 동안에 갈라디아, 마게도냐, 아가야, 아시아 등 4개 지역에 신앙적으로는 연약하고 불완전하다고 볼 수 있지만, 운영 면에서 자립하는 완전한 교회들을 개척하였습니다. 사도 바울의 전도 및 교회개척 사역은 역사상 전무후무한 능력과 효율성을 보여준 교회개척을 통한 선교사역이라고 할 수 있으며, 결국 그는 로마제국 전역에 복음을 편만(遍滿)하게 전하였고 마지막에 "이 지방에 일할 곳이 없어" 서바나(지금의 스페인)까지 갈 계획을 했었을 정도로 그는 주님의

제9장 세계복음화의 문제점 및 PET훈련의 필요성

지상명령인 "땅끝까지 이르러 내 증인이 되리라(행 1:8)"는 말씀을 성실하게 지킨 것입니다.[20]

(3) PET훈련의 필요성

오스왈드 스미스 목사가 지적하듯이 효과적인 선교전략은 교회를 짓는 것이 아니라 토착민을 훈련시키는 일입니다. 그런데 토착민을 전도자로 세우기 위해 훈련함에 있어서 기독교적으로 앞선 국가들은 자기들 수준의 신학교 교육을 시켜 목회자를 양산하는 것이 가장 급선무라고 생각하고 있습니다. 그러나 복음전도자로 훈련하는 것은 그런 고등한 신학교 훈련이 꼭 필요한 것은 아닙니다. 스미스 목사가 말하는 바와 같이 사도 바울의 방법을 성경적이요 하나님의 방법이라고 한다면, 위의 [표 10]에서 보는 바와 같이 이 PET훈련은 오늘날 우리가 할 수 있는 사도 바울의 방법을 위한 대안이라고 할 수 있습니다. 이 훈련방법에서는 토착민을 훈련하여 전도하게 하고, 바울과 같이 가정교회를 현지인들이 직접 개척하고, 토착민들 스스로가 운영하며 복음화를 이뤄나가도록 하는 훈련이기 때문입니다. 그러므로 세계복음화를 위해서 PET훈련, 즉 삼인조운동은 매우 효과적이며 꼭 필요하다고 할 것입니다.

---

20) 사도 바울이 복음을 편만하게 전했다는 것은 당시 세계의 중심이었던 지중해 북부 연안 및 소아시아 지역에 바울의 3차에 걸친 선교여행을 통해 복음을 두루 전했고 남은 곳은 에베소에서 약 2,500km나 떨어져 있는 서바나 지방밖에 없었기 때문에 이제는 "이 지방에 일할 곳이 없어"라고 표현한 것이다.

[사진 3] 복음침례교회에서의 PET훈련 (미얀마의 양곤)

[사진 4] 싸앙츠놀 마을에서의 교회개척 예배 장면(캄보디아)

제2부 삼인조운동의 실제

제10장 PET훈련의 개요

우리 세대에 세계복음화가 완성될 수 있을까요? 그래서 그리스도께서 다시 오실 수 있도록 준비가 될 수 있을까요? PET훈련은 훈련생으로 하여금 하나님과 잃어버린 영혼을 아가페의 사랑으로 사랑하는 마음을 가지고 하나님의 말씀에 절대적으로 순종케 함으로써 전도와 교회개척을 통해 성령의 능력을 체험케 하며, 사도 바울과 같이 용감한 전도자로 변화되도록 하는 훈련입니다. 이것이 사실이라면 PET훈련은 세계복음화를 위해 가장 효과적인 방법의 하나라고 할 수 있을 것입니다. 훈련 중에 성령님의 능력으로 여러 가지 기적도 일어납니다. 삼인조기도만으로도 놀라운 능력이 나타났습니다.

삼인조기도는 실제로 "84선교영국대회"를 위해 고안한 방법이지만, 대회 2년 전부터 전국 교회에 공문으로 삼인조기도의 요령을 알리고 대회를 위해 삼인조기도에 동참하는 모든 사람이 각각 3명의 전도대상자를 놓고 기도해 줄 것을 부탁했습니다. 그런데 기도를 시작한 지 6개월경부터 보고가 들어오는데, 기도만 해도 교회가 성장했다는 것이었습니다. 많은 불신자들이 그리스도께 돌아왔고, 많은 병자들이 치유되었으며, 가정의 문제들이 해결되었고, 여러 교회들이 성장하였습니다. 삼인조운동은 이러한 능력있는 기도사역에 효과적인 전도와 자립적인 교회개척 프로그램이 덧붙여진 것입니다.

삼인조기도가 우리나라에서는 1986년도에 잠시 몇 교회에서 실험적으로 시작했었는데 눈앞에 보이는 결과가 없자 금방 그만두고 말았으며, 애석하게도 오늘날의 한국교회는 "삼인조기도"라는 말을 잊어버리고 말았습니다. 삼인조기도의 능력을 체험하지 못했기 때문이라고 생각합니다. 그러나 PET훈련만은 많은 나라들에서 성공적인 결과를 가져왔습니다. PET훈련에서 채택한 전략은 사도 바울의 전략을 닮았는데, 즉 삼자원리를 통한 자립적 교회개척이 그렇고, 효과적인 전도 프로그램이 그러하였으며, 성령님과의 동역이 그러하였습니다. 따라서 이 PET훈련은 오늘날과 오는 세대에서 세계복음화를 이끄는 훌륭하고 능력있는 방법 중의 하나가 되리라고 확신하는 바입니다.

훈련방법의 소개는 훈련교재의 중요한 것들만 우선 소개하고 다음 장에서 훈련을 위한 표준 시간표를 소개한 다음, 그 시간표의 진행에 따라 훈련요령을 자세하게 설명하고자 합니다. 책 맨 앞의 "들어가는 말씀"에서도 말씀드렸지만, 이 PET훈련은 평신도든 목회자든 누구나 세계복음화에 헌신하고자 하는 마음만 가지면 누구든지 실시할 수 있으며, 또한 같은 결과를 얻을 수 있다는 것을 명심하시기를 부탁드리는 바입니다.

기도, 전도, 교회개척, 그리고 세계복음화전략 등 이 네 가지 과목은 사탄이 가장 싫어하는 과목이며, 이 네 과목을 동시에 그리고 집중적으로 훈련을 실시한다는 것은 예수님 시대에도 없었던 강한 훈련입니다. 사탄이 가만히 있겠습니까? 강한 반발과 비방과 시험이 닥치게 되어 있습니다. 이 시험들을 기도와 믿음의 인내로 이겨낼 준비가 필요합니다. 이 준비가 되지 않으면 큰 고난을 겪을 수 있습니다. 제가 보아온 고난은 이런 것이었습니다. 97년 2월에 미국의 필라델피아 한인연합교회에서 바쁜 사람들을 모아 73명에게 전도훈련을 할 때이었습니다. 첫째 날, 훈련시간이 되어도 담임목사님도 안 오시고, 훈련을 신청한 장로님들도 몇 분이 안 오셨어도 그대로 훈련을 시작했는데 훈련이 다 끝나갈 무렵 목사님이 오셨습니다. 이유인즉 성가대 총무의 아버지가 가게에서 괴한에게 총 맞아 돌아가셨기 때문에 뷰잉이라는 절차가 있어서 그곳에 다녀오시는 길이라고 했습니다. PET훈련 때문에 사고가 발생한 것은 아니지만 훈련에 지장을 주기는 마찬가지입니다. 또 훈련 하루가 남았는데 저의 어머니가 갑자기 돌아가셔서 훈련을 연기했다가 장례를 치르고 나서 훈련을 마쳤습니다. 또 태국에서 PET훈련을 할 때에는 사탄이 결사적으로 훈련생들을 휘저어 많은 고통을 당하게 하였습니다.

이 책을 쓰는 목적은 저 혼자서는 너무 제한적이기 때문에 많은 사람들이 동참할 수 있는 기회를 만들어 드리기 위해서입니다. "너희는 먼저 그의 나라와 그의 의를 구하라"(마 6:33)는 말씀에 따라 아무쪼록 많은 분들이 하나님의 나라가 이 땅에 하루속히 이루어지기를 바라는 마음에서 동참할 수 있으시기를 간절히 바라는 바입니다.

제11장 삼인조운동의 교재 일람표 및 표준 시간표

① **삼인조운동의 훈련 교재**

훈련교재는 국외에서 사용하기 때문에 한국어와 영어로 작성하였으며, 현지에서는 전도현장에서 사용할 "간추린 복음제시"만 현지 언어로 번역하여 복음제시 연습 및 현장 실습에 사용합니다. 본서에서는 훈련 서식 등 PET 훈련에 필요한 자료는 일괄하여 [부록]에 「매뉴얼」의 이름으로 게재하고, 삼인조운동의 중심 부분과 훈련 자료를 설명하는 부분만을 본서에 게재하였습니다. 본서를 읽으시다가 궁금한 자료들은 [부록]을 참고해 주시기 바랍니다.

② **교재 일람표**

본 훈련에서 사용하는 교재 일람표는 [표 11]과 같습니다. 이 일람표는 훈련 기간 동안 그대로 지키며 시간은 진도에 따라 수시로 조정합니다. 교재는 여러 나라에서 많은 훈련 중에 필요에 의해 만들어진 것입니다. 그러므로 분량이 좀 많더라도 필요한 것이므로 그대로 배부하여 나중에라도 훈련생들이 사용할 수 있도록 하는 것이 좋습니다.

③ **PET훈련의 표준시간표**

훈련 때마다 그 나라에 맞도록 시간표 [표 12]를 작성하지만 대체로 비슷하게 작성됩니다. 훈련 대상을 항상 목회자로부터 평신도 지도자 및 새신자들까지 아우르기 때문에 항상 비슷할 수밖에 없습니다. 그래서 어떤 경우에 훈련생이 모두 신학생인 경우는 강의 진도가 매우 빠르게 진행될 때도 있으나 어디서나 이 시간표를 그대로 유지하는 데는 별 어려움이 없었습니다.

[표 11] PET훈련의 교재 일람표 (실제 교재는 부록에 있음)

번호	제 목	비 고
#1	구원의 확신 질문지	구원의 확신을 위한 복음 제시
#2	기도 응답의 확신 질문지	응답을 어떻게 100% 확신할 수 있는가?
#3	성령충만을 받는 방법	성령을 주시는 목적 등 기본적인 지식
#4	무엇을 기도할 것인가?	비전을 가지고 기도할 실제적 기도제목
#5	100% 응답받는 것을 확인하는 기도제목	기도를 매일 기록하고 읽으면서 기도함
#6	기도응답으로 구원받을 불신자 리스트 만들기	전도대상자의 이름을 기록하고 구원을 위해 기도함
#7	기도와 전도로 세계를 움직이는 삼인조 카드	삼인조 사진을 부착하고 삼인조훈련 내용을 소개함
#8	삼인조기도 카드	삼인조기도를 위한 기도 카드
#9	전 세계를 어떻게 복음화 할 것인가?	217개국을 위한 간추린 선교 기도정보
#10	초신자도 쉽게 전도할 수 있다	초신자가 전도할 수 있도록 하는 안내서
#11	누구든지 교회개척 할 수 있다	목회자, 선교사, 평신도 누구든 할 수 있는 교회 개척
#12	개인 간증의 효과적인 사용	전도를 위한 개인 간증서 작성 요령
#13	개인 간증 작성 요령	개인 간증문 작성을 돕는 양식
#14	간추린 복음제시	(암기할 내용으로 매뉴얼에만 기록함)
#15	결신 기술	대상자를 결신으로 유도하는 방법
#16	전도 결과 기록표	전도한 사람들의 신상 기록표
#17	전도 현장 보고서	팀 또는 개인전도 결과를 보고하는 양식
#18	전도한 사람에 대한 양육관리	새신자 양육 관리를 위한 기록표
#19	전도자가 지켜야 할 사항 (전도 수칙)	전도에 지대한 영향을 주는 요소들
#20	물질의 세계와 영의 세계	하나님이 창조하신 우주(예수 믿는 이유)
#21	교회개척 프로그램	교회개척을 위한 순서와 실시요령
#22	교회개척 보고서	교회개척 보고서 양식
#23	예수님의 세계복음화 전략	삼인조의 연속적 증가를 통한 전략
#24	기도와 전도로 풍성한 삶을 살기 위한 나의 결정	전도의 생활화를 위한 개인적인 서약 (삼인조 선교사 파송식에서)

[표 12] PET훈련의 표준 시간표

시간	월요일	화요일	수요일	목요일	금요일
*5:00-7:00		강사 기도회	강사 기도회	강사 기도회	강사기도회
7:00-8:00		아침 식사	아침 식사	아침 식사	아침 식사
8:00-8:50		간증, 전도 [#13-#14]	부흥회 사랑과 순종	교회개척 파송 예배 [# 21 / #22]	
9:00-9:50		전도 강의	#14 전도 문제 해결	교회개척 출발	교회개척 출발
10:00-10:50	선교지 도착	#19 전도 주의사항	즉석양육	개척전도	개척전도
11:00-11:50		#15 전도 결신기술	#14 개인 전도연습	개척전도	개척전도
12:-12:50	점심식사	점 심	점 심	점 심	점 심
13:00-13:50	개회예배 강사설교	#16/#17 전도보고	#14 전도 연습	개척전도	개척전도
14:00-14:50	[#7] PET 훈련소개 조 편성	현장전도 (팀전도)	현장전도 (개인전도)	교회개척	교회개척
15:00-15:50	기도확신 [#2-#5]	현장전도 (팀전도)	현장전도 (개인전도)	개척예배	개척예배
16:00-16:50	[# 8] 삼인조기도	현장전도 (팀전도)	#17 전도보고	교회로 출발	교회로 출발
17:00-17:50	사진촬영 저녁식사	보고서작성 저녁식사	저녁식사	저녁식사	저녁식사
18:00-18:50	[#9/#23] 세계복음화	#17전도 보고회	#21/#22 교회개척 실내연습	#22 개척보고	#22 개척보고
19:00-19:50	[#7/10] 삼인조운동	전도시 문제점	개척 장소 물색	교회개척 개인 간증	세족식
20:00-20:50	#1,#12/#13 구원확신 간증문작성	#13/#15 #18 전도교육	교회개척 실제 연습 파송준비	헌신서약 기도회	성찬식 #23 세계 복음화전략
** 21:00-22:00	강사기도회, 금일 평가 및 내일 계획 수정			#24 선교사파송식	

* 표 : 강사를 위한 시간표이며, 이 시간에 훈련생들은 자체적으로 새벽 기도회를 실시함
** 표 : 강사를 위한 기도 시간표이며 훈련생은 숙제를 한다.

제12장 PET훈련의 진행 순서에 따른 훈련요령
[표 12]의 표준 시간표 순서에 따름

PET훈련의 진행 순서와 그 내용은 다음과 같습니다. 설명 순서는 일자별로 설명하고자 합니다. 즉 몇째 날 몇 시부터 몇 시까지로 표시합니다.

【첫째 날 훈련 순서 및 내용】

1) 13:00-13:50분까지 (훈련 개강예배)
담임목사의 강사 소개 후 개강 예배를 시작하며, 설교는 강사 중에서 한 명이 담당한다. 설교는 로마서 12:1, 막 1:38, 마 4:19, 마 28:18-20, 행 1:8, 출 3:5절 등의 말씀을 중심으로 다음을 강조한다.

(1) 하나님은 우리의 헌신(몸)을 요구하신다.(롬 12:1)
(2) 예수님이 오신 목적은 죄인 구속과 전도하러 오셨다.(막 1:38)
(3) 예수님은 우리를 사람을 낚는 어부로 부르셨다.(마 4:19)
(4) 예수님은 3년 동안 제자들에게 전도훈련을 시키셨다.(마 10장)
(5) 우리 모두에게 땅끝까지 이르러 증인이 되라고 명령하셨다.
 (마 28:18-20, 막 16:15, 행 1:8)
(6) 당신은 예수님 앞에서 심판을 받을 때, 맨 처음 질문에 답할 준비가 되어 있는가?
(7) 모세에게 발에서 신을 벗으라고 하신 의미는 무엇이며 이제 전도 훈련을 받으려는 여러분에게 신을 벗으라고 하신다면 여러분이 벗어야 할 신발에는 어떤 것이 있으며 이 신발들을 벗을 준비가 되어 있는가? (신을 벗는 것은 세상의 모든 권리를 포기하는 것이다.)
(8) 마침 기도를 통해서 훈련생들의 지역과 도시와 나라를 훈련생들의 손에 붙여주시도록 간절히 기도한다.
 ("하나님께서 여호수아에게 여리고성을 붙여 주셨을 때, 여리고 성이 무너졌습니다. 전도훈련을 받는 우리들의 손에 이 마을과 도시와 나라를 붙여주시옵소서."하는 간절한 기도로 마친다.)
(9) 마지막으로 PET훈련은 궁극적으로 세계복음화를 위해 실시하는 훈련입니다. 여러분은 "하나님 앞과 사람 앞에서 세계복음화를 위해 헌신할 것을 서약할 수 있습니까?"라는 질문을 하여 훈련생들의 구두로 집단

서약을 받아놓는다. (이것은 삼인조의 이름을 모세, 아론, 훌로 바꾸기 위함이다).

2) 14:00-14:50까지 (PET훈련 소개 및 삼인조 조직 [#7])

훈련교재에는 [# 번호]를 붙였으며 표준시간표에 있는 번호와 같다. 그 다음 PET훈련의 내용과 훈련 과정([# 7]에서 ※ 표가 있는 것)을 아래 번호대로 대략적 순서에 대해 설명한다.

⑴ [#7]의 "삼인조 카드"를 가지고 삼인조 조직의 요령과 삼인조가 해야 할 일들에 대해 설명한다. 이름을 바꾸는 것은 하나님께서 아브람의 이름을 아브라함으로 바꾸신 것을 상기시킨다.
⑵ 통성기도 후 삼인조를 조직하고 조별로 앉도록 한다.
⑶ 삼인조의 조 번호가 나오도록 조별로 사진을 찍는다.
⑷ 가능한 한 빨리 인화하여 [# 7]의 사진 부착할 곳에 부착해 준다.
⑸ 우리 모두는 예수님의 지상명령을 받았다.
⑹ PET훈련은 종족복음화 운동인 동시에 세계복음화 운동이다.
⑺ PET훈련은 계속적으로 확산되어야 하는 세계복음화 운동이다.
⑻ [#7]로 전도훈련과 교회개척에 대한 개관을 다음과 같이 설명한다.
① 현지어로 된 복음제시 전문을 설명하고 실내 실습을 실시한다.
② 훈련생들을 삼인조로 전도 현장에 보내서 전도 실습을 실시하며 [#16/17]으로 전도자들을 '결신', '결신 보류', '복음을 거절', '이미 신자' 등으로 보고하도록 하며,
③ 전도 현장에서 생긴 반대의견이나 답하기 어려운 문제들을 성경적으로 해석하여 해결하고,
④ 전도 둘째 날에는 삼인조를 임시로 해체하여 한 사람씩 개인전도를 보내서 위와 같이 보고하고,
⑤ 교회개척 그룹을 조직하고, 교회개척 순서와 내용을 실내에서 연습을 통해 잘 습득하게 함
⑥ 넷째 날과 다섯째 날에는 교회 없는 곳에 교회개척 팀을 그룹으로 파송한다. 파송된 교회개척 그룹은 지정된 곳에 가서 전도하고 교회로 사용할 가정을 정하고 개척예배를 드리고 와서 개척보고를 한다.
⑦ 세계복음화전략 시간에는 먼저 각자 받은 은혜를 간증하고, 세계복음화

전략을 강의하고, 각자가 어떻게 세계복음화에 이바지할 것인가를 서면으로 제출하도록 한다.
⑧ 마지막으로 세계복음화를 위한 파송식을 끝으로 훈련과정을 마친다.
3) 15:00-15:50까지 기도응답의 확신에 대한 강의, [자료 #2-#5]와 성령충만을 받는 방법 [# 3]에 대한 강의를 함

훈련생들이 전도훈련을 함에 있어서 기도응답에 대한 확신을 갖는 것은 대단히 중요한 필수적 요건이다. 기도응답에 대개 일반적으로 확신을 갖고 있는 것 같으나, 실상은 기도를 며칠간 해보고 응답이 없으면 "하나님의 뜻이 아닌가 보다."라고 생각하며 기도를 그만두는 경우가 허다하다. 또 기도를 무슨 위급할 때 부르는 119 소방차를 부르듯이 급한 일이 생겼을 때, 하나님께 다급한 기도를 드리게 된다. 일상생활에서는 어떻게 하든 큰 일이 없지만, 전도훈련과 같은 영적전투 현장에서는 그 상황이 매우 다르다. 또 훈련기간 또는 어떤 상황이 지나가기 전에 응답을 받아야 한다는 시간적인 제약도 있다. 전투에 나가는 군인이 자기 생명을 담보로 하는 만큼, 전도현장에 나가는 훈련생들은 하나님께서 함께하신다는 확신(담보)이 무엇보다 필요하고 또 중요하다. 우리는 성령께서 함께하실 것이라는 것을 믿지만 눈에 보이지 않는 성령님이 언제, 어떻게 역사하실는지 확신이 없다. 그러나 이 확신을 기도응답에 대한 확신에서 얻을 수 있다. [# 2]에서와 같이 하나님이 우리의 기도를 100% 들으시고 응답하신다는 확신이 있으면, 전도현장에 나가는 훈련생들의 발걸음이 그만큼 용감해진다. 기도응답에 대한 100% 확신을 가지고 전도현장에 나가는 것은 군인이 확실히 총알을 장전한 총을 메고 전쟁터에 나가는 것과 같다고 할 수 있다. 따라서 이 시간에는 100% 기도응답의 확신을 갖도록 인도하는 것이 중요하며, 이 기도응답의 확신은 전도자에게 있어서 "구원의 확신" 다음으로 중요한 요소가 된다. 기도응답의 확신을 강의함에 있어서는 강의가 중요한 것이 아니라 실제로 "산을 옮기는 기도"의 실습을 통해서 느낄 수 있도록 인도하는 것이 중요하다.

마가복음 11장 23-25절을 가지고 100% 기도응답의 확신을 설명할 때, 사랑과 용서가 필수 조건이라는 것을 설명하는 것이 중요하다. 산을 옮기는 기도에서 보통은 믿음만을 중요시한다. 그러나 25절에 나오는 말씀에서 사랑도 믿음 못지않게 중요하다는 것을 알 수 있다.(이것은 우리가 대부분 잊어버리고 있는 것이다) 11장 25절 말씀, "서서 기도할 때에 아무에게나 혐의가 있거든 용서하라. 그리하여야 하늘에 계신 너희 아버지께서도 너희 허물을 용서하여 주시리라 하시니라." 23절과 24절에서는 "믿음"을 강조하였는데 25절에서는 용서의 근원인 "사랑"을 강조한다. 우리말 성경에는 25절 시작에 "그리고"라는 접속사가 없으므로 25절을 23-24절과 떼어서 이야기하는데, 영어 성경과 신약성경 원본인 헬라어 성경을 보면 "And"라는 접속사가 들어있다. 이것이 중요한 이유는 25절 없이는 23-24절은 존재하지 않는다는 것이다. 그 이유는 믿음은 사랑으로 역사하기 때문이다. 갈라디아 5:6절이 이것을 잘 설명해준다. "그리스도 예수 안에서 할례나 무할례나 효력이 없으되 사랑으로써 역사하는 믿음뿐이니라."라고 말씀하고 있습니다. 그러므로 아가페의 사랑으로 모든 사람을 용서한 후에라야 산을 움직이는 기도에 하나님께서 응답하신다는 것입니다.

4) 16:00-16:50까지 (삼인조기도 요령 및 실습 [# 8])
삼인조기도는 54쪽에서 이야기한 바와 같이 1982년 영국의 Brian Mills에 의해서 창안되었다. [# 8] 양식을 사용하여 삼인조기도 카드를 작성하고, 삼인조기도의 장점과 실행방법에 대해 강의한다. 삼인조 조직과 기도는 전도훈련을 받지 않은 개인이나 단체에서도 할 수 있으며, 가정, 교회, 남(여)전도회, 구역, 제자훈련 다락방, 직장, 학교, 친구사이, 전도 훈련, 기도훈련, 선교사 후원회 등 모든 모임에서 조직하여 기도함으로써 하나님의 능력을 체험하고 놀라운 축복을 누릴 수 있다.

삼인조기도 요령은 삼인조팀의 각 조원의 이름을 별명(성경 이름)으로 모세, 아론, 훌이라고 이름하고 모세가 팀의 리더가 된다. [# 8]에서 모세,

제12장 PET훈련의 진행 순서에 따른 훈련요령

아론, 훌의 칸에 조원의 이름을 쓰고 각자가 가장 전도하고 싶은 3명의 이름과 연락처 등을 기록한다. 자기가 택한 3명의 전도대상자에 대해 다른 조원에게 설명하고, 삼인조 세 사람이 대상자 9명의 구원을 위해서 팀으로 기도한다. 개인적으로는 매일 기도하고 팀으로는 일주일에 한 번씩 모여서 15분간만 기도하고 헤어진다. 대상자가 교회에 출석하게 되면 다른 전도대상자로 대치하여 보충하고 계속 기도하며 교회에 출석하는 사람을 위해서도 계속 기도해야 한다.

  기도하는 요령은 통성으로 기도하되 세 사람이 동시에 말하는 것이 아니고 한 사람씩 돌아가면서 대표성 있는 기도를 한다. 이것도 전술한 바와 같이 기도의 분명한 일치(一致)와 가시적 연합(聯合)을 이루기 위함인데, 이것은 기도내용이 하나님의 뜻에 일치하도록 하기 위함이다. 혼자서 기도하거나 또는 통성기도에서 동시에 각자 자기 기도를 하면 기도 내용이 개인적이고 이기적인 내용이 많지만, 대표성 있는 기도를 하게 되면 내용이 그룹을 위하기 때문에 중보성 있는 기도를 하게 된다. 이렇게 해서 세 명이 일치를 이루고 또 세 사람이 연합하기 때문에 하나님의 뜻에 더 가까운 기도를 드리게 되며 응답받는 기도가 된다. 삼인조기도가 끝나면 곧바로 일상생활로 돌아가며 계속 잡담을 하거나 삼인조만의 행동을 하면 안 된다.

<u>5) 저녁 식사 시간 17:00-17:50까지 (삼인조 사진촬영)</u>
시간을 절약하기 위하여 저녁 식사시간을 이용하여 삼인조사진을 촬영하는 때가 많다. 삼인조는 맨 왼쪽에 모세가 서고, 그 다음 아론, 그리고 맨 오른쪽에 훌이 선다. 사진은 1조부터 찍되 사진을 찍은 다음에 식사를 하도록 한다. 가능하면 모세는 지름 15㎝ 정도의 지구의(地球儀)를 오른손에 들고 사진을 찍는데 이것은 지구를 우리 마음에 품기 위함이다. 지구는 너무 커서 우리 마음속에 담을 수가 없다. 우리가 지구를 마음에 담을 수 있는 것은 지구의를 통해서인데, 그 근거는 지구는 우리가 한눈으로 볼 수 없이 크기는 하지만, 하나님께서 이 지구를 보신다면 한 줌의 크기에 불과할 것이다. 그러므로

하나님의 마음을 가지고 지구를 한 눈에 바라보기 위하여 지구의를 손에 들고 사진을 찍는 것이다. 사진 찍는 것이 끝나면 즉시 현상을 하도록 조치하여 적어도 둘째 날(통상 화요일)에는 사진을 각 훈련생 교재의 [# 7]에 부착해 줄 수 있도록 한다. 이 사진의 영상이 자동적으로 갈라지기 전에는 삼인조는 갈라지지 않고, 세계복음화가 완성될 때까지 삼인조기도, 전도, 교회개척, 그리고 삼인조 배가를 계속해 나가도록 한다는 의미가 있다.

6) 18:00-18:50까지 (세계복음화 전략 [# 9/# 23])

세계복음화율[표 9]에 대해 간단히 설명하고 세계복음화를 위해서는 삼인조든 개인전도자든 기하급수적으로 증가할 수 있어야 한다. 그렇게 되기 위해서는 전도자가 다른 사람을 훈련하여 전도자를 계속 재생산해야 하며 삼인조도 계속 삼인조를 증가시켜 나가야 한다. 삼인조는 훈련기간이 끝나도 계속 일주일에 한 번은 모여서 기도와 전도를 계속하고, 이렇게 하기를 6개월~1년 하면 숙달이 되기 때문에 삼인조의 세 사람은 개인적으로 각각 두 명을 모집하여 전도할 때 데리고 다니면서 현장실습을 통해 전도훈련을 실시한다. 이것은 전도폭발을 창시한 제임스 케네디 목사가 전도폭발 초기에 실시했던 방법이다. 삼인조 하나가 일 년에 한 번씩 배가한다고 할 때, 전도자 수의 증가는 다음과 같다. 아래 [표 13]에서와 같은 결과를 얻으려면 3인조는 훈련을 받은 지 6개월부터 각각 2명씩의 훈련생을 모집하여 강의를 통한 훈련을 시키면서 본래의 3인조 활동은 계속하는 것이다. 2세대 3인조가 현장실습을 하여 완전히 전도할 수 있는 조직이 되면 1세대 3인조는 계속해서 모이며 전도를 계속할 수도 있고 해체할 수도 있다. 같은 방법으로 또 1년이 되면 3개의 삼인조 대원 9명은 각각 2명씩의 훈련생을 모집하여 또 훈련을 시작한다. 이렇게 해서 3인조 3세대가 활동할 수 있도록 훈련이 되면 2세대 3인조는 해체한다고 해도 결국 3년 뒤에는 3인조가 9개로 늘어나고 대원은 27명이 되며 그동안 전도하여 구원한 사람의 숫자는 3,900명으로 늘어난다.

[표13] 1년차, 1세대		2년차, 2세대		3년차, 3세대	
3인조 1개조	3명	3인조 3개조	9명	3인조 9개조	27명
예상 전도자 수	300명	예상 전도자 수	1,200명	예상 전도자 수	3,900명

삼인조가 3개로 늘어나면 힘을 합쳐서 교회를 3개 개척하고, 한 3인조가 한 교회씩 도우며, 계속해서 전도하여 교회를 성장시킨다. 가정교회에 나오는 사람이 20명 이상 되면 하나의 회중 교회를 세운다. 이렇게 해서 교회를 계속 증가시켜 나감으로써 지역과 도시 복음화를 촉진하게 된다.

7) 19:00-19:50까지 (삼인조운동, #7 / #9, #10 / #11)
[# 7]의 내용을 가지고 3인조의 활동내용 (§ 표가 있는 것)과 할 일을 설명한다. 3인조 표를 작성하고 사진을 부착한다. 3인조가 해야 할 일을 설명한다. 세계 217개 나라들을 위해 기도하는 요령을 가르친다. 세계복음화를 위해서는 대부분의 사람들이 외국에 나가서 전도하기가 어려우므로 기도를 통해 복음화를 지원하게 된다. 세계 217개 국가의 복음화를 위해서 기도정보를 [# 9]에 정리하여 놓았다. 각 개인과 3인조는 매주 5 내지 10개국씩을 위해 계속 기도한다. 우리는 제한된 정보밖에 없지만 우리가 나라 이름을 아뢸 때, 하나님께서는 그 나라의 사정을 아시고 선하게 인도하실 것을 믿는다. 하나님은 우리의 기도를 통해 세계를 관리하고 복음화하신다.

　　3인조 활동은 어려운 것이 아니라 인내를 가지고 계속 실시하는 것이 가장 중요하다. 특히 한국의 경우는 조금 하다가 싫증을 내거나 끈질기게 하는 것이 습관이 되어 있지 않으므로 특별한 헌신과 노력이 필요하다. 예를 들면, 3인조기도가 능력있는 기도로 인정을 받아 빌리 그래함 전도협회에서도 협회의 공식 기도전략으로 받아들였고, 호주 시드니의 한 신학교에서는 지금도 학장이하 전 직원과 전 교수와 학생들이 3인조를 조직하여 매일 11:50분이면 3인조로 모여 10분 동안 기도를 하고 점심을 먹는다고 한다.

그러나 한국에서는 책이 나온 1986년경 몇 교회에서 실시하다가 별 효과가 없다고 집어치워버렸다. 지금은 목회자나 평신도를 막론하고 3인조기도에 대해 아는 사람도 없고 실시하는 교회도 없다. 인내가 필요하게 느껴지는 부분이다. [# 7]의 아래 부분에는 3인조 활동에 대해 매일 점검하는 표를 제시하였다. 꼭 점검하도록 하라.

[# 7]과 [# 10]에서는 주로 3인조가 자체적으로 배가하기 위해 훈련생을 개인적으로 모집하여 훈련시키는 내용의 순서를 적어놓았다. 3인조를 배가할 때 사용하도록 하라.

8) 20:00-20:50까지 (구원의 확신, # 1)
구원의 확신은 전도자가 갖추어야 할 필수적인 구원을 얻는 믿음이다. 훈련생 전체를 모아놓고 구원의 확신을 점검하여 확신이 없는 사람에게 복음을 제시하여 구원의 확신이 없는 사람이 한 사람도 없도록 한다. 전도는 자기가 가진 구원의 내용을 다른 사람에게 증거하는 것이므로 자기가 구원의 확신이 없으면서 다른 사람을 전도해서 천국에 들어가라고 하는 것은 말이 안 된다. 그러므로 이것은 훈련생들에게 맨 먼저 확실하게 인식시켜야 한다. PET훈련 과정에서 큰 어려움은 없었으나 교회에 나온 지 얼마 안 되는 교인이 훈련에 참석한 경우 매우 곤란한 경우가 가끔 있다. 가장 어려웠던 경우가 위에서 이야기한 캄보디아의 두 번째 훈련이었고(56쪽 참고), 그 외에 태국에서 있었던 일인데, 처음에 천국에 갈 확신이 있느냐고 물었을 때 모두 확신이 있다고 손을 들었다. 이 경우에 막연하게 "예수 믿으면 천국에 간다."라고 믿는 경우가 있다. 특히 태국에서는 교회 나온 지 4개월밖에 안 된 사람도 있었으므로 다시 질문을 했다. "언제 천국 갈 확신을 갖게 되었느냐?"고 물었을 때, 언제 구원의 확신을 갖게 되었는지 모르는 사람들이 있었다. 따라서 복음제시를 하여 즉석에서 구원의 확신을 다시 갖게 하고 훈련을 계속하였다.

9) 20:00-20:50까지 (간증문 작성 및 간증문 쓰기 숙제 [# 12, # 13])

제12장 PET훈련의 진행 순서에 따른 훈련요령

전도훈련에서 사용하는 개인 간증문은 일반 간증 때와 크게 다르다. 전도훈련에서의 간증문 특징은 다음과 같다.

① 간증은 전도에서 첫째가는 도구이다. 간증만 잘해도 전도의 60%는 마치는 셈이다. 간증은 세상적인 이야기로부터 자기도 모르게 영적인 영역으로 들어가기 때문에 마음을 열게 되고 성경에 대한 저항을 반감시킬 수 있으며, 복음을 듣고자 하는 마음이 생기도록 한다.

② 전도용 간증문은 길이에서부터 다르다. 즉 간증문은 3분 이내에 마칠 수 있도록 200단어 이내로 작성한다.

③ 간증은 영생에 대한 개인의 체험이므로 하나님께서 오늘날에도 일하고 계신다는 것을 보여주는 것이며, 추상적이지만 논리적인 증명이므로 반대 의견을 미리 감소시키는 효과가 있다.

④ 간증은 삶의 어두웠던 부분에서 영생을 얻어 극적으로 변한 삶을 생생하게 보여줌으로써 복음에 대한 갈증을 느끼게 한다.

⑤ 개인 간증의 초점을 자기의 죄성에 맞추지 않고 하나님의 신실성에 맞춰야 한다.

⑥ 항상 "나는 언제 어디서 죽어도 천국에 갈 것이기 때문에 매우 기쁘다"는 말로 끝을 맺는다.

⑦ "예" 간증을 통해서 전도대상자로 하여금 자기도 영생을 가져야 하겠다는 생각을 갖도록 한다.

⑧ 여러 가지의 간증을 준비하여 대상자의 환경에 맞도록 선택한다. 속담에 "말을 물가로 끌고 갈 수는 있어도 말에게 물을 먹일 수는 없다"는 말이 있다. 그러나 전도에서 간증은 말에게 물을 먹이는 것에 비유할 수 있다. 즉 복음을 듣지 않으려는 사람에게 복음을 듣도록 한다는 것에 비유하는 말이다. 뻗대는 말에게 물을 먹이려면 소금을 한주먹 말의 입에 집어 넣으면 갈증 때문에 물을 먹는 것처럼, 간증은 바로 소금에 해당하는 것이다. 간증문을 쓰는 데는 시간이 많이 걸리므로 [# 13-1]과 [# 13-2]를 가지

고 간증문을 작성하는 요령을 강의한 다음 숙제로 내 주어 밤에 써오도록 한다.

10) 21:00-22:00까지 (강사기도회, 금일의 평가 및 내일의 계획)
이것은 전도훈련을 성령님과 동역하기 위해서 매우 중요한 시간이다. 먼저 강사 일행들만 모여서 하루 동안 성령님께서 인도하신 은혜를 감사하고, 모든 일정과 순서를 주님께 맡기는 시간이다. 금일에 있었던 강의를 과목별로 점검하여 잘된 부분과 부족한 부분을 확인하고, 내일의 계획을 다시 점검한다. 이미 전체 훈련에 대한 시간계획표가 다 세워져 있지만 평가 결과에 의해 내일의 계획을 다시 수정한다. 그러므로 시간계획표는 최소한 하루에 두 번 수정한다. "사람이 마음으로 자기의 길을 계획할지라도 그 걸음을 인도하시는 자는 여호와시니라"(잠 16:9). 예배나 훈련을 계획하는 것은 성경적이다. 그러나 우리의 계획이나 그 계획을 실천하는 것이 성령님의 권위를 빼앗는 것이 되어서는 안 된다. 예수님의 주님 되심은 우리가 성령님의 인도를 기꺼이 따를 때 드러나게 되어 있다. 그러므로 우리가 하루의 계획을 아무리 정성껏 세웠다고 할지라도 순간순간의 성령님의 인도를 받으면서 실행해야 한다. 가능하면 순간순간 수정하면 이상적이지만, 그렇지 못하므로 최소한 하루에 두 번씩 기도하면서 계획을 수정하는 것이다. 이것은 훈련을 실시하고 결과를 평가하면서 계획과 결과가 어떻게 일치하는가를 눈여겨보면 성령님께서 인도하셨다는 것을 알 수 있다.

【둘째 날 훈련 순서 및 내용】

11) 둘째 날부터 다섯째 날까지 5:00-7:00까지 (새벽 강사의 개인기도와 QT 시간)
대개 아침 5:00시에 기상하여 30분간 개인기도를 드리고, 미리 정한 성경구절에 대한 QT 시간을 30분간 갖는다. 성경구절은 대개 사도행전, 에베소서,

로마서, 고린도전서 중에서 하나를 택하며 첫날부터 1장씩을 QT 범위로 정하고, 전도훈련 과정을 염두에 두고, 주의 깊게 읽으면서 주님이 주시는 말씀을 적는다. 6시부터는 강사들이 함께 모여 기도와 말씀나누기를 하고 난 다음, 당일 주신 말씀에 의거하여 당일 훈련계획을 수정한다. 이때 서로 돌아가며 금일 주신 하나님의 말씀을 나누고, 지난 저녁에 수정한 금일의 계획을 금일 주신 말씀을 근거로 다시 수정한다. 이 과정은 하나님은 불변하시는 하나님이시만 금일 계획에 대해 다른 마음을 주시는 경우가 있기 때문에 훈련계획과 내용을 되도록 하나님의 뜻에 가깝게 맞추기 위해 주의 깊게 수정을 하는 것이다. 다시 말하면 성령님과 팽팽한 관계를 유지하는 방법이다. 결국은 강의계획을 하루에 두 번 수정하는 것이 된다. 또 다른 수정은 강의를 하면서 훈련생들과의 교감을 통해서 그때그때 강의내용을 수정해 나간다. 이것이 성령님과 동행하는 방법이다. 수정한 계획에 의해 훈련생들이 성령충만하여 이해하고 변화되도록 기도하고 끝낸다.

    이 시간 동안에 훈련생들은 5:00-6:00까지 방 청소와 세면을 한 다음 6시부터 6:50까지 훈련생 연합기도회 및 개인기도를 하도록 한다. 이때 기도회 인도 및 설교는 훈련생 중에서 미리 선정하여 그들의 언어와 방법대로 하도록 함으로써 훈련생들끼리 뜨겁게 진행하도록 하기 위함이다. 7:00-8:00에는 아침식사를 한다.

<u>12) 8:00-11:50까지 (간증문 점검, 전도폭발 강의/ 전도수칙/ 결신기술</u>
    <u>[# 13, #14, #15, #19, #16, #17])</u>
전도폭발 강의로 들어가기 전에 어젯밤에 숙제로 내 주었던 개인 간증문 작성한 것을 검토하고 수정하는 시간을 갖는다. 필요하면 실습을 시켜보기도 한다. 전도 강의는 [# 14] 교재를 가지고 전도폭발 복음제시의 전반적인 구조와 복음제시 개요에 대해 항목별로 설명을 한다. 대개 훈련시작 전 계획 단계에서 전도할 때 사용할 "간추린 복음제시"를 미리 선교지에 보내서 그들

의 언어로 번역하여 개인에게 나누어줄 수 있도록 준비를 한다. 이때 전체 훈련생에게 구원의 확신을 질문할 수도 있다.

둘째 시간에는 전도현장에 들고 나갈 "간추린 복음제시"를 다시 한번 간단히 설명한 다음 실내 연습을 실시한다. 처음에는 대표로 한 사람을 나오도록 하여 대표자가 짧게 선창하면 전체가 따라하는 방법으로 몇 번 반복한다. 적어도 3회 이상 함께 읽게 한 다음 시범을 보일 사람을 정한다. 대개는 자진해서 나오도록 하는데 지원자가 없을 때에는 강사가 지명하기도 한다. 시범은 복음제시 문장을 가지고 나와서 보면서 하도록 한다. 2~3명의 시범을 보게 한 다음 3인조 조별로 둘러앉게 하고 모세가 아론과 훌에게 복음제시하는 연습을 반복한다. 11:00부터는 [#16, #17]을 가지고 전도현장에서 전도결과를 기록하는 법과 전도보고서 작성방법을 강의하고 시간이 허락되면 [#19]를 가지고 전도 시에 주의사항을 강의한다. 12시가 되면 점심식사를 하도록 한다.

* <u>전도수칙(전도 시 주의 사항)</u> : 전도 나가기 전에 전도 시에 주의할 점을 자세히 가르친다. 그 내용은 [# 19]와 같다.

13) <u>13:00-16:50까지 (복음제시 연습과 현장실습)</u>
점심 식사 후 첫 시간에는 오전에 하지 못한 것을 보충 강의를 하고, 모세 중에서 몇 사람 지명하여 복음제시 시범을 보이도록 한다. 복음제시 전문을 보면서 시범을 통해 실내연습을 하고 2:00부터는 3인조로 전도를 내보낸다. 현장에서 모세가 복음을 제시하도록 하고 대원들은 눈을 뜨고 옆에서 기도하도록 한다. [#19]의 "전도 시 지켜야 할 사항"의 중요한 것을 재차 강조하여 설명하고, 각 그룹별로 전도할 지역을 정해주고 전도 후 5:00까지 돌아와 방문보고서를 작성하도록 한다.

14) <u>17:00-18:50까지 (전도보고서 작성 및 보고회 [# 17])</u>
전도현장에서 돌아오는 대로 전도보고서를 작성케 한다. 저녁 식사시간 내에 보고서 작성을 마치도록 지도하여 식사 후 첫 시간에 보고회를 시작할 수 있도록 한다. 강사는 사전에 전도보고판을 준비하여 두어야 한다. 래리 길버트가 말하듯이 이 전도보고는 전도폭발의 중요한 장점 중의 하나인데, 전도자들이 배운 것을 표현할 수 있는 기회가 되는 것이다. 이 보고회의 장점 중 하나는 훈련생들에게 선의의 경쟁의식을 고취시켜 준다는 것이다. 이 경쟁의식은 전도를 더 열심히 해야겠다는 열정을 불러일으켜 준다. 이 선의의 경쟁은 전도에 부정적이거나 소극적인 사람들의 마음을 고쳐시켜 긍정적인 사람으로 변화시키는 데도 효과가 있다. 보고회는 전도한 사람들의 영적 성장과 복음을 들었으나 결신을 보류한 사람들의 마음을 변화시켜 주셔서 언젠가는 예수 그리스도를 영접하게 되기를 바라는 기도로 마친다.

15) 19:00-19:50까지 (전도 시 있었던 문제점들 수집하기)
전도를 나갔다 오면 대개 문제점들을 가지고 돌아온다. 이 문제들을 해결해주지 못하면 훈련효과가 반감된다. 그러므로 이 과정에서는 허심탄회하게 현장에서 생긴 문제뿐만 아니라 신앙생활을 하면서 개인적으로 평소에 가지고 있었던 문제들까지 질문하도록 하는 것이 중요하다. 문제를 수집할 때, 훈련생의 조 번호와 성경 이름을 꼭 함께 기록한다. 이것은 조별 순서대로 앉아 있기 때문에 물어보지 않아도 즉시 파악이 된다. 이 반대의견이나 문제들은 다음 시간에 반드시 그 해답을 주어야 한다. 문제에 대한 해답은 주로 성경에서 그 해답을 찾고 성경적이어야 한다. 질문들은 전도현장에서 생긴 것도 있지만 평상시에 갖고 있던 의문을 질문하기도 한다. 질문의 예(例)에는 다음과 같은 것이 있다.

[질문 1] 동네 어른들 4명이 있는데 전도하다가 아수라장이 되었다.
해답 : 여러 사람을 한꺼번에 실시했기 때문에 실패했다. 전도폭발은 개인 대 개인 전도를 원칙으로 하며 종교, 연령, 직업, 지식수준, 성품, 종족 등이 다를 경우에는 절대로 함께 복음제시하면 안 된다. 부부나 친구 사이도 따로

전하도록 해야 한다.

[질문 2] 가게 앞에서 하다가 실패했다.

해답 : 조용한 곳으로 가서 정신을 집중할 수 있도록 해야 한다.

[질문 3] 실패한 팀에게 환경을 질문한 결과 앉는 장소를 잘못 선정했고 한 사람이 말한 것이 아니라 여러 사람이 말을 했다.

해답. 전도자 한 사람만 말을 하고 전도대상자의 바로 옆에 앉아 주의를 집중할 수 있도록 하라. 삼인조의 나머지 2명은 계속해서 눈을 뜨고 기도해야 한다.

[질문 4] 복음제시를 잘 들었는데 결신을 하지 않는다.

해답 : 예수님께서 제자들을 전도하러 내보낼 때 하신 말씀인 마태복음 10장 16절 말씀처럼 "...뱀 같이 지혜롭고 비둘기 같이 순결하라."는 말씀을 기억하라. 사탄은 특히 이 지점에서 모두를 혼란에 빠트린다. 방문 전도를 하다 보면 꼭 결신하려는 순간에 전화가 걸려오거나 친구가 찾아오거나 아이들이 칭얼대거나 상인이 찾아와서 결신을 망치는 경우가 허다하다. 삼인조 팀원들이 이런 문제를 재치 있게 해결해야 한다. 그러므로 이 부분을 정확하게 설명할 필요가 있다. 대부분의 전도자들이 결신이 중요한 것을 알지만 결신을 할지 안 할지 불확실하기 때문에 오히려 두려워하게 된다. 결신 질문을 하기 전에 영생의 선물을 보여주라. 그리고 언제 어떻게 그 영생의 선물을 받을 수 있으며 받는 순간 어떤 영적인 변화가 일어나는지 자세하게 설명할 필요가 있다.

※ 복음제시에서 결신으로 유도하는 3단계(영생의 선물을 보여주라)

영생의 선물을 받으시겠습니까? 라는 질문에 예수님을 믿어보지 않은 사람들은 영생의 선물을 받는다는 것이 어떤 것인지 개념조차 없기 때문에 망설이게 됩니다. 만일 체면이나 강요에 못 이겨 좋다고 하니 일단 받아나 보자는

제12장 PET훈련의 진행 순서에 따른 훈련요령

식으로 "예, 영생의 선물을 받겠습니다."라고 대답한 사람은 얼마 지나지 않아 다시 믿음을 거절하게 됩니다. 그러므로 영생의 선물에 대한 구체적인 내용과 영생의 신물을 언제 어떻게 받을 수 있는지 자세하게 설명할 필요가 있습니다. 이 과정을 다음의 3단계로 설명할 수 있습니다.

[1 단계] 영생의 선물을 보여주라. 제일 먼저 영생의 선물을 보여주어야 한다. 대부분의 사람들은 하나님의 속성에 대한 상식을 가지고 있다. 그것은 하나님은 보이지는 않지만 전지전능하시고(全知全能), 어디든지 존재하실 수 있는 무소부재(無所不在)의 존재라는 것을 대충 알고 있다. 그러므로 "하나님은 전능하시고 어디든지 존재하십니다. 하나님은 우리 눈에 보이지는 않지만 지금 여기에도 계시며, 선생님의 마음속에도 계시고 저의 마음속에도 계십니다."라고 말한다. 하나님 되신 예수님께서 말씀하시기를, "두세 사람이 내 이름으로 모인 곳에는 나도 그들 중에 있느니라(마 18:20)"라고 말씀하신 것같이, 지금 우리 몇 사람이 모여서 예수님에 대해 이야기하고 있기 때문에 여기에 우리와 함께 계실 뿐만 아니라 우리가 이야기하는 내용도 다 알고 계십니다. 이 예수님께서 말씀하십니다. "내가 지금 영생의 선물을 주고자 하는데 네가 받겠느냐?"라고 물으십니다. 이것은 지금 하나님이 바로 옆에서 영생의 선물을 주려고 계신 것을 알 수 있도록 하는 것은 바로 선물을 보여주는 것이 됩니다.

여기 명화가 하나 있는데, 이것은 예수님께서 문밖에서 문을 두드리고 계신 그림입니다. 이 그림은 성경말씀, "볼지어다. 내가 문밖에 서서 두드리노니 누구든지 내 음성을 듣고 문을 열면 내가 그에게로 들어가 그와 더불어 먹고 그는 나와 더불어 먹으리라(계 3:20)"고 하신 말씀을 그림으로 그린 것입니다.

"그러면 이 영생의 선물을 언제 어떻게 받을 수 있습니까?"

[2 단계] 예수님은 항상 영생의 선물을 주고 계시다는 것을 설명하라.
여기 명화의 이 문은 사람의 마음의 문입니다. 예수님께서 등불을 들고 계신 것은, 예수님은 밤낮 가리지 않고 24시간 우리들의 마음문을 두드리고 계신 다는 것입니다. 즉 예수님께서는 영생의 선물을 항상 주고 계신데 예수님은 지금도 선생님에게 영생의 선물을 주려고 준비하고 계십니다.

[3 단계] 영생의 선물을 언제, 어떻게 받을 수 있는지 설명하라.
이 문에는 밖에 문고리가 없습니다. 즉, 밖에서는 열 수가 없습니다. 안에서 열어 주지 않으면 열리지 않습니다. 이와 같이 선생님께서 마음문을 열지 않으면 예수님이 들어오실 수가 없습니다. 그런데 선생님이 마음문을 열고 예수님을 나의 구세주로 인정하시는 순간 예수님은 선생님 마음에 들어오십니다. 여기 성경 말씀에서 "문을 열면 내가 그에게로 들어가 그와 더불어 먹고 그는 나와 더불어 먹으리라"고 하신 말씀은, 선생님께서 마음을 열었을 때, 예수님께서 들어오시며, 더불어 먹는다는 것은 서로 교제를 갖는다는 뜻인데 영원하신 예수님과 교제를 갖게 되기 때문에 영생을 소유하게 된다는 것입니다. 그러면 어떻게 구원을 얻습니까? 성경 말씀에 "사람이 마음으로 믿어 의에 이르고 입으로 시인하여 구원에 이르느니라(롬 10:10)"라는 말씀과 같이, 선생님께서 예수 그리스도께서 나의 죄를 대신하여 십자가에 돌아가신 것을 마음속으로 믿으면 의에 이른다고 하였습니다. 여기서 의(義)라는 것은 죄가 하나도 없는 상태를 말합니다. 그래서 마음으로 믿으면 믿는 순간 선생님의 모든 죄가 예수 그리스도에게 옮겨지고 선생님은 죄가 하나도 없는 상태가 된다는 것입니다. 이것은 영적인 변화이기 때문에 선생님은 아무것도 느낄 수가 없지만, 하나님께서 선생님의 죄를 순간적으로 예수님에게 옮기시기 때문에 선생님은 죄가 없는 상태가 되며, 따라서 언제 어디서 이 세상을 떠나신다고 해도 천국에 들어가실 수가 있게 되는 것입니다. 말로 시인하여

구원에 이른다는 것은, 선생님 자신이 영생의 선물을 받겠다고 기도를 통해서 말씀하시는 순간 구원을 받는다는 것입니다. 기도하는 것은 제가 도와드리겠습니다. "영생의 선물을 받으셔야겠지요?"

[질문 5] 세상에는 많은 종교가 있는데 왜 꼭 예수를 믿어야만 구원받는다고 하는가?

해답 : 매우 어려운 질문이다. 이것에 대한 대답은 첫째, 예수 그리스도만이 참 하나님이시며 동시에 참 인간이시라는 것으로 설명을 할 수 있다. 우리가 죽는 것과 지옥에 가는 것은 우리들의 죄 때문인데, 이 죄를 대신할 수 있는 자격을 갖춘 분은 오직 예수님뿐이시다. 왜냐하면 이 세상에 예수님 이외의 다른 신들은 신 아니면 인간 둘 중의 하나이다. 불교의 "석가모니"는 신이 아니고 인간이며, 이슬람의 "알라"는 신이지 인간은 아니다. 힌두교의 그 많은 신들은 다 신이지 인간이 아니다. 신이면서 인간인 분은 오직 예수 그리스도밖에 없기 때문이다. 우리의 죄를 대신하기 위한 조건은 우리와 같은 육신을 가져야 우리의 몸과 대등한 값을 치를 수가 있으며, 또 육신도 죄가 없는 육신이라야 우리의 죄를 대신할 수 있는 자격이 있다. 예수 그리스도는 인간이시면서 하나님이시기 때문에 죄가 없으시며 우리를 위해 대신 죽으셨지만 동시에 하나님이시기 때문에 다시 살아나실 수가 있었습니다. 부활하여 살아계신 예수 그리스도만이 우리를 천국으로 이끄신다. 둘째 방법은 [그림 1] "하나님이 창조하신 우주(물질의 세계와 영의 세계)" 그림을 가지고 왜 우리가 하나님을 믿어야 하는지 그 이유를 설명할 수 있다 ([#20]을 참고할 것)

[질문 6] 아무리 기독교가 좋다고 해도 불교를 오래 믿어왔는데 그렇게 단시간에 결정할 수 있는가? 배워서 결정할 시간을 주어야 하지 않겠는가?

해답 : 구원은 순간적인 것이다. 예수 그리스도께서 십자가상에서 생명이 끊어지는 순간 우리의 구원을 위한 죗값은 치러진 것이다. 순간적으로 마음의

문을 열고 구세주를 받아들이는 것이지 불교처럼 배우고 수련해서 득도하는 것이 아니다. 만약에 배워서 믿을 수 있게 된다면 평생 배워도 구원에 이르지 못한다. 왜냐하면 우리를 구원하는 믿음은 우리가 마음대로 할 수 없는 초자연적인 것이기 때문이다.

[질문 7] 태국 사람들은 단순해서 말하는 것을 잘 들어주고, 믿으면 다 좋지, 좋지 하면서 듣기는 들어도 열심히 듣지를 않는다. 복음을 들어도 들었는지 안 들었는지 알 수가 없고 결정도 하지 않는다.

해답 : 소금이 부족하다. 말을 물가로 끌고 갈 수는 있어도 물을 먹게 할 수는 없다. 소금은 그들의 관심을 끌 수 있는 무엇인데, 가장 좋은 것은 개인 간증이다. 간증은 물질의 세계에서 영의 세계로 자연스럽게 들어가게 함으로써 영적 갈증을 더할 수 있고 성경에 대한 거부감을 없애 준다. 영생의 선물을 보여주라(질문 4를 참고하세요)

[질문 8] 우리보다 능력이 많으신 성령의 도움을 받는다고 해도 알 수가 없다. 관심 있는 도구나 그림 같은 것이 있으면 더 효과적일 것 같은데 어떻게 생각하는가?

해답 : 목사님은 어린이 사역을 해 보셨는지 물었더니 그렇다고 대답했다. 관심 있는 도구나 그림을 사용하는 것은 좋은데 사람과 대화를 하기 전에 관심 있는 것이 무엇인지 어떻게 알 수 있겠는가? 관심 있는 것은 당신의 판단이 될 수 있다. 있으면 좋은데 추천한다면 복음제시와 관계있는 것을 준비하라. 예를 들면, 열쇠 꾸러미, 작은 수첩, 의자, 천국과 지옥의 그림, "하나님이 창조하신 우주(물질의 세계와 영의 세계)", 예수님이 문 밖에서 문을 두드리는 명화(140 페이지) 등을 준비하면 좋다. 성령의 도우심에 대해서는 기도의 체험을 더 쌓으시고, 사도행전과 요한복음 3장의 예수님과 니고데모의 대화를 통해 성령의 역사하시는 모습을 연구하라.

[질문 9] 대상자가 복음을 이야기해도 별로 관심을 끌지 않을 때, 죄의 형벌에 대해 강조하여 겁을 주는 방법은 어떤가?

해답 : 물론 모든 인간이 죄를 범했고 그 죄 때문에 결국 죽음과 멸망에

이른다는 것을 이해시키는 것이 무엇보다 중요하다. 그러나 죄를 이용해서 겁을 주는 것은 불교의 전형적인 방법(불교 자체는 그렇지 않으나)이다. 복음이 죄의 올무에서 벗어나게 하는 것인데, 죄로 올무를 씌우면 안 된다. 복음의 위대함과 기쁨을 설명하기 위한 보조물로서 죄를 강조하는 것으로 끝내라.

[질문 10] 3명이 팀으로 다니니까 만나는 사람들이 경계를 하고(깡패 떼거지가 아닌가? 또는 돈을 뺏으려는 사람들 아닌가) 잘 만나주질 않으며, 또 사람을 보고 그에게 말을 걸기 전에 기도하고 났더니 가 버리고 없더라. 집을 방문 할 때도 3명이 들어가니 두려워하더라.

해답 : 전도하러 나가서는 절대 눈을 감고 기도하지 않고 눈을 뜨고 기도한다. 여럿이 만나는 것을 두려워하면 먼저 한 사람이 접촉을 하고 나머지 사람을 소개할 수도 있다. "뱀 같이 지혜롭고 비둘기 같이 온순하라. (마 10:16)"는 말씀을 상기하라.

[질문 11] 불교의 228계율 같은 것을 들고 나올 때 막을 수 있는 방법은 무엇인가?

해답 : 이것은 간단한 문제가 아니지만 간단히 대답하겠다. 종교의 구비조건은 ① 신(숭배의 대상), ② 신도(信徒), ③ 내세 교리가 있어야 한다. 불교에서는 첫째 조건인 신이 없으므로 종교가 아니고 철학일 뿐이다. 또 철학이라는 것은 내세가 불확실하다. 불교철학을 가장 잘 전하고 있는 것이 Pali어로 된 삼장인데 이것은 경장, 율장, 논장으로 이루어져 있어서 228계율은 율장에 들어 있으며, 여러분이 알다시피 율장은 승려들이 지켜야 할 계율(생활규범)과 승단의 규정 등이다. 그러므로 228계율은 바른 삶을 위한 극히 일부분적인 것이지만, 복음은 우리의 내세와 현세를 결정짓는 인생 전체의 근본적인 것으로 차원이 다른 것이다. 이런 문제는 복음제시를 주의 깊게 설명하면 자연히 해소될 수가 있다.

[질문 12] 한 사람을 복음화하는 데 대략 몇 시간을 목표로 하는가?

해답 : 죽어가는 사람에게는 1분도 안 되는 시간에 회심시킬 때도 있으나 통상 10분 내지 2시간 정도이다. 전도대상자의 영적 상태 또는 수용성 등을 고려하여 12분 복음제시 또는 40분 복음제시(국제전도발 전문을 참고하십시오)를 사용하여 신축성 있게 하라. 또 한 번에 안 되면 2번, 3번 복음제시를 부분적으로 잘 설명하라.

[질문 13] 지역교회 지도자들에 대한 신뢰가 없다. 인격적으로 배울 것이 없는데 무엇 하러 교회에 가나?

해답 : 첫째 교회에 보고하고, 문제의 지도자의 좋은 점을 설명하고 인간은 모두 불완전한 존재이므로 서로 용서하고 협력하는 것이 양식 있는 사람이다. 교회는 불완전한 사람들이 모인 곳이며, 첫째 목적은 구원받은 성도들이 함께 모여 하나님을 섬기며 영광을 돌려드리는 곳이다.

둘째, 만일 지도자가 너무 문제가 많아 복음의 길을 막으면 교회에서 권면하라. 셋째, 다른 곳의 지도자와 교환하라. 넷째, 지도자가 더 높은 교육을 받도록 지원하라. 다섯째, 교회는 사람을 보고 배우러 오는 곳이 아니라 당신이 구원 받기 위해서 오는 곳이라는 것을 잘 설명하라.

[질문 14] 교회에 나오겠다고 약속하고 교회에 나오지 않는다.

해답 : 계속 데리고 다니면서 양육하라. 더 좋은 관계를 유지하도록 하라. 그리고 그를 위해 계속해서 기도하라.

[질문 15] 장손으로서 제사를 지내야 하기 때문에 교회에는 못 간다.

해답 : 어느 나라든지 전도의 가장 높은 장벽은 그 나라 민족 특유의 "민족주의"와 "미신"이라고 한다. 이것을 타파하기 위해서는 종래에 잘 지내던 공동체로부터 이탈하는 혁명적인 "위대한 용기"가 필요하다. 그러나 이것은 어디까지나 후에 기독교 공동체를 이루기 위한 "전략적 후퇴"라는 것을 명심해야 한다.

제12장 PET훈련의 진행 순서에 따른 훈련요령

　우리나라 고조선의 원시종교였던 무교(巫敎)에는 제사 풍속이 없었고, 중국에서 유래된 유교사상의 산물로 이조 500년 동안 우리 고유의 민속 의례가 유교의 조상숭배 형식의 틀에 갇혀서 지내온 셈이다. 결국 우리 가까운 조상들은 사람이 죽으면 그 영혼이 주위를 맴돌거나 다시 돌아온다는 미신에 매여 있었던 것이고 그 형식이 현재 남아 있는 것이다. 이것은 타파되어야 할 미신이다. 부모님을 살아생전에 잘 모시도록 하라. 기독교에서도 우선 자녀가 효자가 되어야 한다고 말한다. 47페이지의 [그림 1] 또는 부록 63페이지의 [# 20]을 사용하여 구원의 진리를 잘 설명하라. 부모님들은 제사 지내지 않았다가 후에 조상을 만날 것을 염려한다. 죽은 후에 우리의 영혼은 절대로 조상들을 단독으로 만나는 일은 없으며, 천국 아니면 지옥에 가서 조상의 지배가 아닌 하나님의 지배를 받게 된다는 것을 설명하라.

　"무릇 이방인의 제사하는 것은 귀신에게 하는 것이요 하나님께 하는 것이 아니니 나는 너희가 귀신과 교제하는 자 되기를 원하지 아니하노라(지옥에 가는 것을 원하지 않는다)"(고전 10:20). 기독교에서 제사를 받는 귀신의 존재를 부정하지 않는다. 그러나 귀신은 죽은 조상의 영혼이 아니고 하나님을 반역하다가 타락한 천사, 즉 사탄의 졸개이다. 사탄은 졸개인 마귀(귀신)들을 이용하여 죽은 조상의 영혼으로 나타난 것처럼 사람들을 현혹하는 것이다. 굿을 하는 것도 마찬가지이다.

　제사 때문에 집에서 쫓겨나야 한다면 다음과 같이 하라. "저는 절대로 귀신에게는 절하지 않습니다. 그러나 부모님의 마음을 아프게 해드릴 수도 없습니다. 부모님께서 절하는 것을 그렇게 원하신다면 제가 절을 하겠습니다. 그러나 저는 부모님을 위해서 하는 것이고 저는 마음에 하나님만을 믿으며 절하는 것은 모양뿐입니다. 절은 하지만 저는 오직 예수 그리스도만을 믿습니다."라고 선포(롬 10:10)하고 절을 하라. "저는 절은 하지만 예수 그리스도를 마음에 믿기 때문에 구원을 얻게 되겠지만, 부모님께서는 후에 하나님 앞에서 저에게 억지로 절하게 한 죄에 대해 값을 치르셔야 할 것입니다"라고 말하고 절을 하라. 그 외에도 많은 질문들 즉, 교회에 가면 돈을 주느냐? 교회에 가면 다른 신들이 화를 내서 해를 받는다는데… , 우리는 가족의 의가 좋아서 깨뜨릴 마음이 없다는 등의 질문들이 많이 있었으나, 우리나라처럼 성경이 무슨 하나님의 말씀이냐? 하나님이 어디 있느냐? 다 사람이 만들어 낸 말이지? 라고 하는 질문들은 별로 하지 않았다. 기타 지역적, 문화적, 인종적, 종교적 차이 등으로 많은 문제들이 있으나 그때그때 연구하여 해결책을 모색해 주어야 한다.

16) 20:00-20:50까지 (전도폭발 강의 서론부분[#14])
전도폭발 훈련 내용 중에는 여러 가지 숨은 전략들이 있다. 예를 들면, 진단질문을 할 때 주의할 점이라든지, 복음제시 방법의 장점이라든지, 필요한 예화라든지 앞에서 시간이 없어서 하지 못한 것이 있으면 이 시간을 이용하여 질문도 할 수 있도록 하여 전도폭발 복음제시에 대한 신뢰도를 높이도록 한다.

17) 21:00-22:00 (강사 기도회 및 평가)
이것은 첫째 날부터 넷째 날까지 같은 요령으로 강사 일행들만 모여 실시한다.

【셋째 날 훈련 순서 및 내용】

18) 8:00-8:50 (부흥회)
이 시간은 더 필요한 다른 과목으로 대치할 수도 있다. 그러나 훈련생들의 태도가 전도에 대한 사명감이 부족하다고 생각될 때에는 "전도해야 하는 이유"라든지, "성령충만을 받는 방법"이라든지, 헌신에 대한 강조를 위해 "삼인조운동의 원동력" 등으로 전도 사명에 대한 동기부여를 확실히 하는 시간으로 활용한다.

19) 9:00-9:50 (어제 조사한 반대질문에 대한 해답과 결신기술을 강의한다.

[#14/#15])
어제 조사한 반대의견에 대해 해답을 해 주어야 하는데 가능한 한 성경적인 근거를 제시하여 설명한다. 이때 답변하기 전에 어제 질문을 한 사람을 OO조 "모세", OO조 "아론", OO조 "훌" 등으로 개인을 호명하여 확인하고 설명한다. 이것은 질문한 사람의 주의를 환기시키며 또한 개인을 호명함으로써 친근감을 극대화하는 효과가 있다.

20) 10:00-10:50 (교재 [#14]을 사용하여 즉석양육을 강의한다.)
양육은 영혼을 사랑하는 마음으로 해야 하며, 새로 믿기로 작정한 후에 사탄의 공격을 막기 위해 실시한다. 양육의 1차적인 책임은 전도자에게 있음을 환기시키고, 나중에 교회에서 훈련을 할 때, 또는 삼인조나 개인적으로 전도할 때에도 새신자가 정착할 수 있는 방안을 모색해 주고, 계속 그의 영적 성장을 위해서 기도할 것을 부탁한다. 기도하는 방법을 가르칠 때에는 손가락 기도법을 즉석에서 실습을 하여 숙지시킨다. 이것은 처음 예수 믿기로 결신한 사람에게 기도하는 법을 가르쳐줄 때 사용하는 것으로써 기도하는 손처럼 두 손을 모으고 엄지는 "하나님 아버지", 검지는 "감사합니다.", 중지는 "도와주세요.", 약지는 "예수님의 이름으로 기도합니다.", 마지막 소지(새끼손가락)은 "아멘" 하는 것입니다.

21) 11:00-11:50 (전도 실내연습 [# 14])
셋째 날의 전도 실내연습이 둘째 날의 실내연습과 다른 것은 둘째 날에는 "모세"가 복음제시하는 것을 연습하였으나 셋째 날에는 "아론"과 "훌"이 복음제시 연습을 한다. 왜냐하면 셋째 날 오후 현장전도에서는 팀으로 가지 않고 개인적으로 나누어져서 전도를 나가기 때문이다. 그러므로 각 삼인조 팀을 분리하여 삼인조의 다른 두 사람을 대상으로 복음제시 연습을 한다.

22) 13:00-15:50 (개인전도)
개인전도를 내보내되 그룹별로 지역을 지정해 준다. 이것은 전도자들이 서로 중복되는 것을 최소화하기 위해서이다. 전도현장에서 서로 경쟁하는 모습을 보여서는 안 되며, 서로 양보하는 자세와 서로 방해되지 않도록 전도현장에서 다른 동료 전도자를 만나도 서로 모른 척하는 것이 좋다. 전도자에게 도움을 주려고 할 경우에는 서로 모르는 사이처럼 다가가서 전도자가 대화를 긍정적으로 이끌어 가는 데 일조를 하는 것도 좋은 방법이 될 수 있다. 전도보고는 개인적으로 한다.

23) 16:00-16:50 (전도 보고회 [# 17])
둘째 날과 다른 것은 셋째 날은 개인들 각자가 자기의 전도결과에 대해 보고서를 작성하고 개인이 전도 보고를 한다. 전도보고는 보고 양식에 나와 있는 것만 읽는 방법으로 간단히 보고하도록 한다.

24) 18:00-20:50까지 (교회개척 [# 21])
성도의 정체성, 교회론, 교회개척의 당위성, 교회개척의 사명, 교회개척 방법, 개척한 교회의 관리 방법, 성장전략, 교회개척 할 장소(장소 이름, 장소 선정의 이유, 인근 지역의 인구분포, 지역적 특성, 기독교에 대한 수용성, 관리의 문제점, 파송할 그룹, 그룹장 및 총무의 선정, 관리 책임자, 양육 책임자 등을 정한다. 교회개척 순서에 의해 연습을 한다. 이 연습 때에는 간증자와 설교자는 실전과 같이 연습하며 그 내용도 확인하여 수정한다. 교회개척의 총체적인 책임은 그룹장에게 주어지며, 그룹장과 총무, 필요시에는 서기를 임명하여 각자 활동요령에 의해 자기의 책임을 완수하도록 한다. 서기는 모든 기록(전도 결과 기록, 새신자 명단 작성, 현지 지도자 신상명세, 개척예배에 참석한 사람들의 명단 등)을 담당한다.

【 넷째 날 훈련 순서 및 내용 】

25) 8:00-8:50 (교회개척 파송예배 [# 21])
파송예배를 드리고 각 그룹장들을 파송하기 위해 안수한다. 이때 그들에게

제12장 PET훈련의 진행 순서에 따른 훈련요령

예수님께서 교회개척 임무를 주셨다는 것을 상기시키고, 준비가 되었으면 십자가 배지를 달아준다. 그룹장들은 하나님 앞에서 선서를 통해 예수 그리스도의 교회를 개척할 것을 선서한다. 개척 시에 필요한 물품 또는 여비(차비, 식사비, 및 간식비)를 나누어주고 예배를 마친다. 교회개척을 위한 물품에는 성경 및 찬송가를 그룹별 각 2권씩, 예배시간을 알려줄 알람시계, 폴라로이드 사진기, 교회개척 보고양식, 볼펜 등을 나누어 준다.

26) 9:00-11:50 (교회개척 현장으로 출발)
각 그룹은 그룹장의 인솔 하에 가능한 교통수단(먼 곳은 미리 차량을 준비한다.)을 이용하여 교회개척 현장으로 출발한다. 시간이 허락하는 대로 적당한 장소에 모여 합심 기도를 하고 가까운 식당에서 점심식사를 하고 전도한 후에 만날 장소를 정하고 대원들은 2시간 정도 시간을 정하여 예정된 장소에 모이기로 약속한다. 회개 또는 총무는 전도하는 도중에 간식 준비를 하고, 그룹장은 가정교회로 사용할 집을 물색한다.

27) 13:00-16:50 (전도 및 교회개척 예배 후 돌아옴 [#21/#22])
13:00부터 전도를 하면 15:00까지 각 팀으로 전도하고 전도한 사람들을 데리고 15:00에 만날 장소로 모인 다음, 가정교회로 정한 집으로 이동한다. 개척예배를 위해서는 주위에 가능한 모든 사람을 참석하도록 초청하고, 함께 집으로 들어가 [# 21]에 있는 (1)번부터 (23)번까지 순서대로 개척예배를 시작한다. 순서를 마치면 잠시 준비한 간식과 함께 담소를 나누며 예배시간을 정하고 필요한 사진을 촬영하고 훈련 장소로 돌아온다.

28) 18:00-18:50 (교회개척 보고 [# 22])
양식 [# 22]에 의해 그룹장이 개척보고를 한다. 보고가 끝나면 훈련을 주최한 교회의 목사가 교회 양육 담당자를 정하고 가능하면 현장에서 가까운 삼인조 1개 팀을 배속시켜 예배와 전도를 돕는다. 즉 배속된 삼인조는 개척한 교회의 주변을 다니며 전도하여 교회성장을 돕는다. 이때 주의할 것은 이 새로 개척

된 교회는 "3-S" 교회이므로 예배나 전도의 도움 외에는 처음부터 경제적인 도움을 주지 않도록 주의해야 한다.

29) 19:00-19:50 (교회개척에 대한 간증)
성령님께서 역사하신 내용에 대해 자유롭게 간증을 하도록 하고 서기에게 그 내용을 적어서 제출하도록 한다. 특히 교회개척 후의 간증들은 훈련생들 거의 모두가 놀라움을 금하지 못한다. 인도 캘커타의 아슈람 신학교에서의 교회개척 훈련은 모두가 기적을 체험하는 순간이었다. 보통의 교회개척은 아무리 단시간에 실시한다고 해도 몇 달씩 계획하고 준비하여 많은 노력을 필요로 하지만 이 PET훈련에서는 하루 저녁 준비하여 하루 만에 교회를 개척한다. 물론 시작은 미미하고 앞을 내다볼 수 없지만, 모든 것을 성령님께 부탁드리는 수밖에 없다. 이렇게 시작한 교회는 어떻게 양육하느냐에 따라 건강하게 성장할 수 있다. 캄보디아의 경우 개척한 지 6개월 만에 전임(專任) 전도사를 영입하고 11명의 훈련생을 모집하여 다음 훈련에 임할 수 있었다는 것은 그만큼 교회가 성장하였고, 또 앞으로 더 성장할 가능성을 보여준 것이라고 할 수 있다.

30) 20:00-20:50 (헌신 서약 및 기도회 [# 24])
[# 24]에 의해서 각자가 앞으로 어떻게 하나님께 헌신하고 전도와 교회개척에 동참할 것인가를 자기의 결심으로 기록하여 제출하도록 한다. 이때 주의할 것은 교회개척에서 얻은 감격으로 실행이 불가능한 것까지 적어내는 경우가 있으므로 주의를 환기시켜 이것은 주님 앞에서 서약하는 것임을 강조하여 자기가 실행 가능한 한도 내에서 결정하고 적어 내도록 해야 한다. 일단 적어 낸 다음에는 그들의 결정을 존중하고, 하나님께서 주신 마음인 것을 강조하면서 그들이 결정한 것을 실천할 수 있도록 주님께 간구하는 마음으로 그들에게 다시금 동기를 부여하는 것이 중요하다. 강사가 이들을 위해 기도하고, 담임 목사가 기도한 후 훈련생 중에서 대표로 한 명을 선정하여 서원기도를 드리도

제12장 PET훈련의 진행 순서에 따른 훈련요령   153

록 한다. 찬양은 교회개척 때에 함께 부르던 찬양과 "시온성과 같은 교회" 및 "시온의 영광이 빛나는 아침"을 부르고, 필요하면 담임목사가 적당한 것을 선정하여 1-2곡을 더 부르고 마친다.

【다섯째 날 훈련】

31) 8:00-18:50 (교회개척 및 보고 [# 21/#22])
넷째 날과 같이 8:00시에 파송예배를 드리고 교회개척 현장으로 출발하여 16:50까지 교회개척을 마치고 돌아오도록 한다. 다섯째 날은 그룹 조직은 그대로 하되 그룹장은 그룹 내에서 다른 사람으로 임명할 수 있으면 교체하여 더 많은 사람이 경험을 할 수 있도록 한다. 18:00-18:50까지 넷째 날과 같은 순서로 교회개척 보고를 하되 다섯째 날은 개인 간증은 하지 않는다. 특별히 간증할 내용이 있으면 교회개척 보고 시간에 하도록 하고 개인 간증은 각자가 기록하여 서기에게 제출하도록 한다.

32) 19:00-19:50 (세족식)
세족식을 위해 대야, 물, 수건 등을 준비하되 세족식은 발만 씻기는 것이 중요한 것이 아니라, 세족식에 엄숙하게 참여할 수 있도록 주의 깊게 인식시킬 필요가 있다. 예수님께서 제자들의 발을 씻기신 의미를 잘 설명하고 엄숙한 분위기에서 실시해야 한다. 또한 각 나라마다 남녀 관계에 대한 풍습이 달라 어떤 나라에서는 문화 충격을 받을 수도 있다. 동남아시아에서는 남존여비 사상이 아직도 팽배하여 여자는 남자의 발을 씻기는 것이 당연하지만, 남자가 여자의 발을 씻긴다는 것은 봉사의 정신이 아니라 위신에 치명적인 상처를 줄 수도 있다. 또 여자가 다른 사람에게 발을 씻기게 한다는 것은 대단히 불손한 경우에 해당하므로 오해를 가져올 수 있다. 또 여자들이 자기 발을 남에게 씻기도록 내민다는 것 자체가 도덕성에 큰 상처를 줄 수도 있다. 그러므로 매우 조심스럽게 접근해야 한다. 주의를 환기시키기 위하여 미얀마에서 63명의 훈련생을 훈련시킬 때에 있었던 경험을 순서에 따라 설명하고자 한다. 큰 문제가 되었던 것은 발을 씻길 때, 그 의미를 잘 이해하지 못하고, 발에 느끼는 간지러움을 참지 못하여 서로 쳐다보며 낄낄거리고 웃는 경우가 발생한 것이다. 처음 당하는 것이라 그럴 수도 있다고 하겠지만 이것은 매우 위험한 것이며 세족식을 하지 않은 것만 못하다. 나는 세족식을 시작할 때 기도만 하고 시작한 것을 후회하면서 즉시 세족식을 멈추게 하고 계획에 없는 예배를 드리게 되었다.

((①)) **기도** : 예수님께서 제자들의 발을 씻겨 주시면서 너희도 서로 발을 씻겨 주라고 말씀하신 그 명령에 따라 세족식을 거행하고자 합니다. 이 세족식을 통해서 우리가 예수 그리스도의 제자 됨을 마음에 새기고, 예수님께서 말씀하시는 제자의 삶이 어떤 것인지 깨닫고 그러한 삶을 살아가도록 각오를 다지는 시간이 되게 하옵소서. 우리가 발을 씻겨줄 때, 주님께서 이 자리에 친히 오셔서 주님의 거룩한 손으로 우리의 발을 씻겨주시옵소서. 우리가 발 씻음을 받을 때, 그 의미를 잘 이해하고, 주님께서 원하시는 삶을 살아가면서 세상 사람들의 발을 씻겨주는 주의 종들이 되게 하여 주옵소서.

((②)) **설교** : 마 20:20-28절, 요 13:1-15절 말씀으로 예수님께서 제자들의 발을 씻기신 의미와 우리에게 요구되는 마음 자세를 설명한다.
(1) 요한과 야고보가 주님의 나라에서 좌우에 앉게 해 달라는 요청을 하자 나머지 제자들이 마음에 분히 여겼다고 하였다. 그 뒤에도 이들은 서로 누가 높은 자리에 앉을 것인지를 놓고 서로 싸웠다.
(2) 예수님은 매우 마음이 아프셨다. 삼 년 동안 이들을 훈련시켜 예수님께서 친히 섬기는 모습을 보여주시고 이웃을 사랑하고 다른 사람을 섬기라고 가르쳐오셨는데 마지막에 이르러 이들이 서로 높은 자리에 앉겠다고 싸우고 있으니 얼마나 마음이 아프셨겠는가?
(3) 섬김의 종으로 오신 예수님께서 섬김의 도리를 말씀하신다. "너희 중에 으뜸이 되고자 하는 자는 너희의 종이 되어야 하리라. 인자가 온 것은 섬김을

받으려 함이 아니라 도리어 섬기려 하고 자기 목숨을 많은 사람을 위하여 대속물로 주려 함이니라(마 20:27-28). 우리는 다 예수님의 제자들이며 제자들의 삶도 예수님처럼 섬기는 삶, 종으로서의 삶을 살아야 한다.

(4) 예수님께서 섬기는 자의 삶에 대해 말씀하시고 제자들에게도 그렇게 살 것을 말씀하셨지만, 마지막 만찬을 먹기 위해 모였을 때까지도 제자들은 서로 마음이 불편했다. 만찬장에서까지 그들 사이에 "누가 크냐" 하는 다툼이 일어났다. 서로 높은 자리에 앉는 것이 이들의 관심사였다 (눅 22:24). 예수님의 마음은 무너져 내리는 것 같으셨을 것이다.

(5) 예수님은 마귀가 가룟 유다의 마음속에 예수님을 팔 생각을 넣은 것을 아셨다. 제자라고 하나님 나라의 일을 맡기려고 3년 동안 훈련시키시며 정성을 기울이셨는데 자기를 팔려고 마음을 먹다니 얼마나 마음이 아프셨을까?

(6) 예수님께서는 이렇게 한심한 제자들을 끝까지 사랑하시고 이들에게 섬기는 모습을 보여주시기 위해, "저녁 잡수시던 자리에서 일어나 겉옷을 벗고 수건을 가져다가 허리에 두르시고, 대야에 물을 떠다가 제자들의 발을 씻기셨습니다." (요 13:4-10).

(7) 예수님께서 제자들의 발을 씻기신 목적은;
1. 제자들을 최대한 완전하게 사랑하신다는 것을 보여주시기 위하여,
2. 윗사람이 아랫사람을 섬기는 본을 보여주시기 위하여,
3. 제자들이 서로 화목하여 서로 섬기는 삶을 살도록,
4. 베드로에게 말씀하신 대로 영적인 정결이 구원을 얻는 것임을 깨닫게 하기 위하여
5. 전도자는 전인격적인 섬기는 자세로 복음을 전해야 함을 보여 주시기 위하여,
6. 앞으로 복음으로 인해 닥칠 고난, 비난, 박해를 섬기는 자세로 이겨 나가도록,
7. 사탄의 하수인이 된 가룟 유다 같은 사람의 발을 씻기신 것처럼, 제자들도 원수들의 발을 씻겨 줄 수 있도록 모범을 보여주시기 위하여
8. 성도들도 악을 선으로 갚으며 발을 씻기듯 서로 필요를 채워주는 삶을 살도록

9. 마지막 성만찬 때에 예수님은 자기가 져야 할 십자가를 보고 계셨다. 우리도 세족식에서 예수님의 십자가를 생각하는 시간이 되어야 한다. 제자들의 싸우는 모습이 우리들의 모습은 아닌지 생각해 보며 기도하는 마음으로 경건하게 발을 씻어야 한다.

((③)) 복음 사역자의 마음가짐 :

① 모든 사람의 발을 씻겨 주어야 한다. 복음을 위해 모든 사람을 섬기는 삶을 살아야 한다. 원수를 사랑할 수 없을 때, 우리의 발을 씻기시는 예수님을 바라보라. 모진 박해를 받을 때에도 박해자의 발을 씻길 수 있어야 한다.

② 대야 숫자대로 열을 지어 앉게 하고, 잡담을 하지 말고 마음속으로 계속 기도하도록 한다.

③ 발을 씻기는 자는 씻기면서 계속해서 다음과 같은 말을 하고, 필요하면 통역을 시켜 계속 통역하도록 한다.
  (1) 지금 십자가에 죽으셨던 예수님의 피 묻은 손이 당신의 발을 씻기시는 것이다.
  (2) 당신도 당신 사람들의 발을 씻겨 주라고 말씀하신다.
  (3) 당신에게 속한 사람들의 발을 씻겨 주겠는가?
  (4) 발을 씻기는 것은 모든 사람들을 섬기라는 의미이다.
  (5) 병든자와 가난한 자와 외로운 자들의 발을 씻겨 주어야 한다.
  (6) 당신은 맨 먼저 누구의 발을 씻겨 주겠는가?
  (7) 당신이 발을 씻겨주는 현장에는 항상 예수님이 함께 계실 것이다.

④ 가능한 한 수건을 많이 준비하여 발을 씻긴 수건을 그 훈련생에게 기념으로 주도록 한다.

⑤ 다 씻긴 다음에 모여 다시 한 번 본을 보여주신 예수님처럼 살도록 기도한다.

위와 같이 예배를 드리고 주의를 준 다음 다시 세족식을 거행했을 때, 웃으며 장난치던 모습은 없어지고 오히려 많은 사람들이 눈물을 흘리며 더 없이 엄숙해졌다. (사실 미얀마에서는 분위기가 너무 소란해서 만찬 후에 있을 겟세마네 동산에서의 기도와 고난의 십자가를 만찬과 동일 선상에서 상기시키면서 예수님의 마음을 헤아려보도록 요구했었다.)

33) 20:00-20:50 (성찬식)
성찬식에서 잔을 나누는 방법에는 두 가지가 있다. 작은 개인 잔에 포도주를 나누어서 하는 식과 포도주를 큰 대접에 부어 돌아가면서 조금씩 마시는 방법이 있다. 현지 방법대로 실시하면 된다. 큰 대접에 돌아가면서 마실 때에는 냅킨으로 입 댄 자리를 잘 닦아서 다음 사람에게 넘기도록 한다. 성찬식 때에 분잔 위원은 그룹장들이 자기 그룹원들을 담당하도록 하는 것이 좋았다.

34) 21:00-21:50 (세계선교전략 강의 및 파송식) [#23/#24]
세계선교전략에 대해 설명하고 삼인조전도와 삼인조 배가 방법에 대해서 중점적으로 설명한다. 전도한 사람들의 양육 방법에 대해서는 담임 목회자가 하는 것이 좋다. 지역적으로 먼 곳은 가까운 다른 교회에 인계하는 방법을 채택하되 담임 목회자가 해당 교회의 목회자를 통해 주선하도록 하는 것이 좋다.

35) 여섯째 날(대개는 토요일)
넷째 날과 다섯째 날 개척한 교회를 돌아볼 수 있으면 돌아보되, 꼭 필요한 것이 아니면 돌아보지 않는 것이 좋다. 이들 교회는 담임 목회자가 한 번 돌아보게 하고 양육문제를 협의하도록 한다. 강사들이 돌아보는 것은 좋지 않은 경우가 많은데, 그것은 외국 사람이 교회를 돌아보면 금품을 요구하는 경우가 많기 때문이다. 교회는 처음부터 자립적으로 운영되어야 성장하며 수명도 오래갈 수 있다.

제13장 간추린 복음제시

본 "간추린 복음제시"는 전도폭발의 12분 복음제시를 기본으로 재구성한 것입니다. 이 "간추린 복음제시"는 PET훈련을 실시할 교회에 미리 보내서 그들의 언어로 번역하여 훈련생 숫자만큼 카피해서 준비해 둔다.

중요한 사항은 이 카피는 반드시 담임목회자가 보관하고 있어야 하며 외부 유출이 없도록 주의해야 한다. 꼭 주의해 주도록 당부하라. 훈련 내용이나 복음제시 내용이 중요한 것이 아니라 성령님의 인도하심에 따라 훈련하는 과정이 중요하기 때문이며 복음제시 내용이 미리 알려지면 훈련이나 복음제시 내용이 자기들이 전에 훈련받은 전도폭발과 같기 때문에 비판하는 마음을 갖게 될 위험성이 있어서 시험에 빠질 수가 있으며 훈련에 나쁜 영향을 주기 때문이다. 인도 캘커타에서 아슈람 신학교 학생들이 전도폭발 훈련을 전에 다 받았으나 전도폭발에 대해 부정적인 마음을 가지고 있었던 경우가 있었는데 이런 것은 훈련에 나쁜 영향을 줄 뿐만 아니라 나중에 목회하는 데도 나쁜 영향을 준다.

제3부 여러 나라의 PET훈련 결과
제14장 캄보디아의 PET훈련 결과

훈련 기간 : 1995. 10. 30 - 11. 5일까지
훈련자 : 이성준 집사, 김흥한 사모, 조대영 장로
훈련 장소 : 캄보디아의 수도 프놈펜, 한국감리교 선교 센터
훈련 내용 및 순서 : [표 11]과 [표 12]의 시간표에 의해 진행하였으며 특기 사항은 다음과 같다.

1. 구원의 확신 문제 :

전도에서 전도자 자신의 구원의 확신은 필수적인 것이다. 이것을 점검한 결과 42명의 훈련생 중에서 구원의 확신이 있는 사람이 13명, "잘 믿으면 천국에 갈 수 있을 것이다"라는 애매한 사람이 25명, 구원의 확신이 없는 사람이 4명이었다. 그러나 천국에 들어갈 이유에 대해서는 확실치는 않지만 대부분 믿음으로 간주할 수 있었다. [# 1]의 복음 설명 중에서 믿음에 대한 부분을 자세히 설명하여 구원의 확신을 고백하게 되었으며 훈련생은 물론 통역을 맡은 목사도 변화되는 모습을 볼 수 있었다.

2. 셋째 날 8:00-8:50 부흥회 :

"성령을 충만히 받는 방법"에 대해 집회를 갖고, 기도하는 시간을 가졌다.

3. 전도 시에 현장에서 대두된 문제 :
전도보다도 대개 결신으로 인도하기가 어렵다는 내용이었다.
① 여러 사람을 한꺼번에 대상자로 삼아 복음제시를 했다가 실패한 경험,

② 전도하는 장소 선정을 잘못하여 시끄러워서 실패한 경험을 보고함.
③ 여러 사람이 제 멋대로 말을 해서 전도자의 복음제시가 산만하여 결신을 못한 경우
④ 결신으로 인도하기가 어려웠다. 이것은 결신 기술 [#15]로 답변함,
⑤ 접근이 어려웠다. "보라 내가 너희를 보냄이 양을 이리 가운데 보냄과 같도다. 그러므로 너희는 뱀같이 지혜롭고 비둘기 같이 순결하라." (마 10:16)는 말씀으로 지혜로운 대화를 가지고 접근할 것을 설명하였다.

4. 전도보고에서 특기할 점 :

전에 없던 전도효과를 체험했다는 것이다. ① 전에도 전도를 해 보았지만 이번 훈련으로 도저히 믿기지 않는 일들이 일어났다. ② 대체로 친절하고 부드럽게 복음제시를 들어주었다. ③ 전보다 거절하는 사람이 적은 것 같았다. ④ 결신하는 사람들은 매우 밝고 기뻐하는 표정을 보였다.

5. 교회개척 현황 : 싸앙츠놀 마을과 뚤꼭 지역에 교회를 개척함

팀별	지역	팀 배정	담당 사역자	보조 사역자	비 고
A	싸앙츠놀 마을	5,6,8,12,13조	김흥한	강창윤 선교사	무교회 지역, 공산당 본거였던 매우 위험한 곳
B	뚤꼭 지역	2,4,7,10조	조대영	비볼 캄보디아 전도사	무교회 지역으로 선교원에서 부지 매입하여 교회 개척할 예정지역
C	껀뽕껀 뚜웃 교회지역	1,3,9,11,15조	이성준	송진섭 선교사	교인 수가 20명도 안 되는 지역, 전도사역이 필요한 곳임.

6. 한국 선교사의 간증 : 한 마디로 기대 이상이었다. 전도훈련을 시킨 적이 없어서 전도하고 싶어도 하지 못했는데 이젠 담대하게 전도하게 되어 교회

성장이 기대된다. 무엇보다 훈련생들이 큰 변화를 경험하고 기도와 구원의 확신을 갖게 되고 앞으로 기도와 전도에 헌신하기로 결심들을 한 것은 보통 훈련에서는 얻기 어려운 결과였다. 교회개척 훈련 중에 하루에 2개의 교회를 개척하겠다는 계획을 세웠을 때, 불가능한 것이라고 생각했고, 사실은 어리둥절했었으나 교회가 개척되는 과정을 보면서 놀라웠다. 열대지방에서는 오후에는 낮잠을 자야하고 학교든 훈련이든 하루 종일 하는 것은 없었는데 새벽부터 밤까지 (식사시간을 포함해서 하루 16시간) 계속 훈련을 받는 것을 보고 선교사나 훈련생 자신들도 모두 놀랐다. 교회가 있는 지역에도 가서 보면 교인들이 매우 약하고 전도는 엄두도 내지 못했는데 이제 담대하게 전도하게 되었다고 모두들 기뻐하는 모습이었다. 하나님과 훈련 강사님들에게 감사한다.

7. 훈련생의 개인 간증 :

개인 간증은 매우 감동적이었다. 감동을 받은 부분은 매우 다양한데 요약하면 다음과 같다.

① 전에 없던 감동을 받아 이제는 주님을 위해 일하기로 서약한다.
② 주님의 복음이 위대하다는 것을 몸소 체험하는 계기가 되었다.
③ 성찬식에서 주님의 임재를 느끼며 십자가가 새롭게 다가왔다.
④ 내 자신이 너무 많이 변했다. 담대하게 전도할 수 있게 되어 기쁘다.
⑤ 세족식에서 예수님의 가르침과 사랑을 느꼈다.
⑥ 적대시하던 베트남 사람에게 전도하여 결신한 것은 평생 잊지 못할 것이다.
⑦ 장로 한 분은 자기의 신앙생활이 너무나 부끄럽고 발을 씻겨 주실 때 주님께 너무 미안했다. 남은 생을 주님께 바치겠다고 했다.
⑧ 성령충만을 느낀 것이 생의 처음이었다. 전도현장에서도 주님의 임재를 느꼈다.
⑨ 세족식에서 주님의 임재를 느끼며 겸손하신 주님을 따라 십자가를 기꺼이

지겠다.
⑩ 내 자신의 무기력함이 떠나가고 큰 힘을 얻었다. 전도해야 할 사람들이 어른거린다.
⑪ 복음을 다른 사람들과 나눈다는 것이 나를 너무 흥분시켰다.
⑫ 결신하는 사람들을 보고 내 자신이 놀랐다. 내 생애를 폭발시킨 것 같다.
⑬ 예수님께서 나를 위해 죽으신 것을 깊이 생각했으며 돌아가 전도할 생각 때문에 가슴이 벅차다. 성령님과 함께 전도하는 방법을 배워서 기쁘다.
⑭ 나는 오랫동안 믿기는 했어도 내가 생각할 때도 너무 미지근한 믿음이었으나 이제는 변했다. 뜨겁게 신앙생활 할 수 있을 것이다.
⑮ 전도훈련을 신학적으로 어떻게 평가해야 할지 모르겠으나 나를 매우 강하고 담대하게 만들었다. 전도폭발로 주님을 더 깊이 알게 되었다.

23명까지 간증을 한 다음 시간이 없어 중단하였다.

8. 전도 결과 :

① 복음제시 = 376명 ② 결신자 수 = 145명 ③ 보류한 수 = 198명
④ 거절한 수 = 14명 ⑤ 이미 신자 수 = 19명이었다.

9. 교회개척 수 : 총 2개로서 싸앙츠놀에서는 어린이를 포함해서 69명(훈련생 15명 포함)이 개척예배를 드렸으며, 뚤꼭 지역에서는 어린이들 포함해서 40명이 모여 개척예배를 드렸다.

제15장 네팔의 PET훈련 결과

훈련 기간 : 1995. 12. 3 - 12. 8일까지
훈련자 : 이성준 집사, 조대영 장로
훈련 장소 : 네팔의 수도 카트만두의 카트만두 성서신학원
훈련 대상 : 카트만두 성서신학원의 학생 1-3학년 학생 30명
훈련 내용 및 순서 : [표 11]과 [표 12]의 시간표에 의해 진행하였으며 특기 사항은 다음과 같다.

1. 훈련생들의 이해력 : 신학생들이라 이해가 빨랐다. 사실은 인도의 동북부 지역 전도폭발 담당자가 전도폭발의 지도자 임상교재를 가지고 와서 2-3학년은 훈련을 1주일씩 받았으나 내용을 완전히 이해하지 못하였고 실습도 하지 못한 상태였다. 훈련 초기에는 훈련생들의 수준 차이와 훈련에 임하는 자세에 편차가 커서 정신 집중이 안 되고 오합지졸과 같았으나 셋째 날부터 잘 따라 주었다. 전도 환경은 위협적이고 힌두교도인 국립 카트만두 대학생들의 협박을 받기도 했다.

2. QT에 대한 이해 : 신학생들이기 때문에 QT에 대한 강의를 세심하게 진행했는데 이 부분에 대해 훈련생들이 준비가 되어 있지 못했다. 많은 시간을 할애했으나 성경을 해석하는 것이 매우 추상적이고 구체적이지 못했다. 심지어는 힌두교적인 묵상과 QT를 구분하지 못하는 경우도 있었다.

3. 교회개척
당초 계획은 3개 그룹으로 나가서 교회가 없는 곳에 3개의 교회를 개척할 계획이었으나 현지 선교사와 학생 대표들과의 연석회의에서 그 계획은 너무 위험하고 현지 교인들에게까지 불이익을 줄 수 있으므로 취소하고, 교회가

있는 곳을 선정하여 그 교회와 협력하여 전도를 하고 개척예배도 그 교회에서 드리고 전도한 사람들은 그 교회에 인도하기로 계획을 변경하였다. 교회개척 상황은 다음과 같다.

지역	지역특성	교 회	팀	전도결과		활동상황
A지역 Kirtipur	도시지역으로 인구는 약 20,000명	신학교에서 6km 거리이며 교인수 15명 담당목사의 사모가 신학교에 다니고 있음	1조 4조 8조	결신 보류 거절 계	11 16 - 27	그룹 리더는 James 였고, 결신자 5명을 교회로 데려와 창립 예배순서대로 예배를 드리고 교회에 새신자들을 인계함
B지역 Jawal akhel	도시지역으로 인구는 약 5만명으로 비교적 큰 지역	신학교에서 3km, 교인 수 약 40명이며 신학교와는 관계가 없다	2조 5조 7조	결신 보류 거절 계	7 18 5 30	그룹 리더는 Philip 이었고, 이 그룹도 5명을 초청하여 창립 예배를 드리고 새신자는 교회에 인계하였다.
C지역 Koteswar	수도의 외곽 도시로 인구 약 20,000명	신학교에서 7km, 교인수는 약 40명	3조 6조 9조 10조	결신 보류 거절 계	20 10 1 31	리더는 Jeremiah였고, 교회책임자가 교회 문을 열어주지 않아 2명만 데리고 강변 풀밭에서 예배드림. Jeremiah가 양육하기로 함

4. 훈련생들의 간증 : 시간이 없어 7명만 간증을 하였으며, 공통점은 누구나 자신 있게 전도할 수 있게 되었고, 신앙을 재정립하여 확고하게 해 주었다는 것이었다.

① 훈련을 받게 되어 하나님께 감사드리며, 세계복음화를 위한 비전을 갖게 되었다.
② 전도폭발 및 CCC훈련도 전에 받아 보았지만 실제 전도에 사용하지 못했었는데 이번 PET훈련으로 전도에 자신을 갖게 해 주었다.
③ 성령충만에 대해 확실히 알았으며 주님과 나와의 관계도 확고하게 해 주었다.
④ 교회개척을 처음 보면서 놀랐으며 앞으로 사역에 크게 도움이 될 것이다.

⑤ 신학생 모두가 앞으로 5년 동안 네팔에 16,000개의 교회가 세워지도록 매일 기도해 왔는데 확신은 없었다. 그러나 그 가능성을 이번 훈련에서 얻게 되었고, 내가 해야 할 일을 구체적으로 알게 된 것이 매우 기쁘다.
⑥ 나 자신의 믿음이 재정립되고 확고해져 매우 기쁘다.
⑦ 졸업 후에 무엇을 하나 걱정이 많았는데 이제 할 일을 찾았고 확신과 큰 용기를 얻었다.
⑧ 이 방법대로 전도하니까 사람들과 매우 빨리 친근해질 수 있었다.
⑨ 앞으로의 사역에서 전도와 양육 대책이 확실해져서 좋았다.
⑩ 전도를 처음 해보았는데 결신하는 것을 보고 놀랐다.
⑪ 성령님의 도우심을 받아 전도하는 방법이 감명 깊었다.
⑫ 하나님의 축복을 많이 받은 것을 남에게 나누어줄 방법을 몰랐는데 이제 알 것 같다. (특히 세족식과 헌신예배에서)
⑬ 한국 교사들에게 진심으로 감사하며 다른 네팔인들도 이 훈련을 받으면 좋겠다.

5. 전도 결과 : 이 결과는 전에 없이 고무적인 것이었다.

구분	개인/팀 전도	교회개척 시	합 계
복음제시	124	88	212
결신	50	38	88
보류	64	44	108
거절	7	6	13
이미 신자	3	0	3

제16장 불가리아의 PET훈련 결과

기간 : 1996. 7.9 - 7.13일까지   훈련자 : 이성준 집사, 조대영 장로
훈련 장소 : 수도 소피아에서 100km 떨어진 바나규리슈테 복음교회
훈련 대상 : 신학생 11, 목사 및 교회지도자 14, 평신도 10, 계 35명 특이한 것은 불가리아 장로교 총회장이 끝까지 훈련을 열심히 받았다.
훈련 내용 및 순서 : [표 11]과 [표 12]의 시간표에 의해 진행하였으며 특기 사항은 다음과 같다.

1. 훈련생들의 열정 : 훈련에 임하는 자세가 처음부터 매우 진지했으며 열정적으로 모든 시간에 참여했다. 장로교 총회장이 맨 앞자리에 한 시간도 빠지지 않고 가장 모범적으로 훈련을 받았으며 한국 선교사인 한국 복음교회 담임목사이며 신학교 교장도 훈련생으로 끝까지 참여했다. 이들 중에는 집시족이 섞여 있었는데 이들의 마음이 더 뜨거운 것 같았다. 52세의 여자 부흥사도 전도훈련을 열심히 받았으며 전도는 물론 교회개척에서도 두각을 나타내며 그룹을 잘 이끌어 주었다.

2. 교회개척 : 교회개척은 2개 그룹으로 나눠서 2개의 교회를 개척하도록 계획했으나 경찰의 추적으로 A그룹이 둘로 나누어져서 따로따로 교회를 개척하는 바람에 교회 3개를 개척하였다. 경찰들과 쫓고 쫓기면서 틈틈이 전도하여 교회를 개척한 그룹은 전도를 많이 하지 못했다. 경찰에게 쫓겨 다니면서 전도하고 교회개척을 한다는 것은 참으로 기이한 일이라 하겠다.

3. 교회개척 결과 :

지역	지역특성	팀	전도결과		활동상황
A 지역 (A 그룹) Poi brene 교회 1	18km 떨어진 무교회 지역으로 총 주민 약 1,600명. 종교는 거의 러시아 정교를 믿는다.	2, 4 6조	접촉 결신 거절	120 69 51	그룹장은 파벨 담임목사, 집시 23명과 개척예배 드림. 새 교회는 쯔베단이 맡아서 사역하고, 예배는 Gana의 집에서 드리기로 함.
A 지역 (A 그룹) Poi brene 교회 2	A 그룹이 나뉘어서 교회를 하나 더 개척하였다. 경찰의 집회허가를 받기 전에 전도하다가 체포하려는 경찰에 쫓기다가 나뉘어 졌다.	8, 10, 11조	접촉 결신 거절	10 5 5	그룹장은 총무인 파블링카가 대신하였다. Sonya 등 4명이 연행되었다가 풀려났다. 그래서 전도를 많이 못했으나 10명으로 개척예배를 드림.
B 지역 Colony 교회 3	15km 떨어진 지역으로 여호와의 증인의 가정교회가 있었던 곳인데 지도자가 죽었기 때문에 교회를 개척하려던 곳이다. 예수영화 상영, 주민 1,000명	1, 3 5, 7 9 12조	접촉 결신 거절	91 61 30	그룹장은 Luko, 총무는 Maria, 아이들 제외하고 새신자 25명과 개척예배를 드림. 정규예배는 목요일 오후 6시에 드리기로 함.

4. 훈련생들의 간증 : 간증은 시간이 너무 많이 걸릴 것 같아서 조별로 하라고 했는데도 태도들이 너무 진지하게 하는 바람에 중간에 막지 못하고 2시간이나 걸렸다. 그래도 나중에는 간증을 중지시켜야 했다. 이번 훈련에서는 특히 나이 어린 학생들이 많았는데 12-18세의 학생들이 9명이나 되었으며, 어른들 틈에서 훈련도 열심히 받고 당당히 간증하는 모습도 보였다.

① 1조는 400km 정도 떨어진 불가스라는 곳에서 와서 신학교에 재학 중인 신학생들로서 신학교에 입학하기 전부터 전도도 하고 전도집회도 열던 열성파였다. "전에는 주로 사영리를 가지고 전도했으며 전도폭발에 대해 이야기는 들었는데 내용을 본 적은 없었습니다. 처음에는 훈련이 좀 어려웠고 둘째 날과 셋째 날에는 전도도 잘 못했는데, 차차 익숙해져서 넷째 날 교회개척 할 때는 익숙해져서 여러 사람에게 복음을 전했습니다. 신나게 전도하는 것이 소원이었는데 이제는 그 소원을 이룬 것 같아 날아갈 듯이 기쁩니다."

다른 조원은 교회개척 한 것에 감동되어 "불가리아에 진짜 닭이 울게 되었습니다."라고 말했다. 이것은 교회개척 한 곳마다 가정교회로 쓸 집에 괘종시계를 하나씩 선물했는데, 시간을 알릴 때 닭이 우는 소리를 내는 것이었다. 그래서 교회가 세워지고 그곳에 시간을 알리는 닭 우는 소리가 나게 된 것을 비유해서 한 말이었다. "종전의 전도는 그 조직적이나 전도방법 면에서 완전히 달랐다. 이 방법으로 계속 전도하여 나는 불가리아의 닭이 되겠습니다."라고 했다.

② 2조의 팀장은 "나는 신학교에서도 전도폭발에 대해 배웠는데 육적인 것은 육적인 것이고 영적인 것은 영적이다. 이번 세미나에서 배운 대로 예수님의 마음으로 복음을 전할 때 이것이 진정한 복음이 될 것이고, 진정한 복음은 성령님을 통해 전달되는 것인데, 이번 훈련에서 그것을 확실히 배웠고 또 보았다. 우리의 마음에 성령께서 충만히 임할 때, 누구에게든지 복음을 전할 수 있을 것이다. 하나님 앞에서 마음으로 고백하는데, 이것은 예수님 당신께서 하신 일이다. 에베소 5장을 읽으면서 나의 변화를 확인했고, 다른 사람들의 얼굴에도 변화된 것을 볼 수 있었다. 하나님과 한국에서 온 강사들에게 감사드린다."라고 말했다.

③ 4조 팀장은 말하기를 "우리는 전도 첫날 (훈련 둘째 날) 4명에게 복음을 전해서 3명이 결신했다. 이것을 보고 우리는 깜짝 놀랐다. 주님께 감사드리며 우리 4조는 모두 많이 변했다."

④ 5조는 쯔베탄이라는 15세의 남자아이가 먼저 간증을 했다. "Colony 마을에 하나님의 축복이 내렸습니다. 저는 전도하러 나가자마자 어떤 여자분을 만났습니다. 제가 복음제시를 했는데, 그 여자분은 '나는 하나님이 있다는 것도 안 믿는다.' 라고 했습니다. 그래서 갑자기 생각나는 대로 질문을 했습니다. '닭이 어떻게 생겨났습니까?' 했더니 '계란에서 나왔지'라고 했다. 그래서

제16장 불가리아의 PET훈련 결과

다시 '그러면 계란은 어디서 왔습니까?'라고 했더니 아무 말도 못하더라고요. 그래서 제가 '사람은 닭을 만들 수가 없습니다. 하나님밖에는 만들 수가 없습니다.' 라고 했더니 '그래, 이젠 믿을 수 있겠구나!'라고 대답했습니다." 참으로 당돌한 아이였다. "저는 이 세미나에서 정말 많은 것을 배웠습니다. 하나님께 감사드립니다."라고 말하는데 인사하는 모습이 갓 달걀에서 깨어난 병아리처럼 앳되고 명랑해 보였다.

    다른 조원이 말했다. "교회개척을 나가서 하나님의 말씀과 철학과 진화론을 동원하여 전도를 했는데, 나중에 교회가 개척되는 것을 보고 사도 바울이 체험한 것을 나도 체험하는 것 같았습니다. 경찰서에 잡혀가서는 유치장에서, '너는 그의 이름을 위하여 옥에 갇히고 고난을 당할 것이다.'라는 예수님의 말씀이 생각났습니다. 그리고 전도한 결과를 조직적으로 분류하는 것을 보고 놀랐으며, 전에는 결신하는 것에 신경을 써서 오히려 그것이 걱정이 되어 전도하기가 두려웠는데, 이번 훈련에서 결신이 문제가 아니라 얼마나 많은 사람에게 복음을 전하는가 하는 것이 더 중요하다는 말을 듣고 용기가 났습니다."

    ⑤ 6조 : "이번 세미나에서 전도가 성공적이었다는 것은 많은 것을 시사해줍니다. 만약 우리 마음속에 사랑이 있다면 전도로 나타내야 하지 않겠습니까? 우리는 보통 기독교인이 아닙니다. 우리에게 있는 하나님은 보통 하나님이 아니십니다. 개인적으로 내 삶에 적용할 것입니다. 전도에 대해서 자유함을 얻었습니다. 세미나 전에도 전도를 했었는데 지금 생각하면 너무 부족했음을 느낍니다. 언젠가는 모든 사람이 주님 앞에 일대일로 서게 된다는 것을 잊고 살았습니다. 하나님 앞에 설 것에 대하여, 전도의 실적에 대하여, 예수 그리스도의 보혈로 깨끗하게 된 것에 대하여, 하나님께서 보여주신 기적에 대하여, (이것은 61세의 여인이 당뇨병으로 시력을 잃었고 관절염으로 지팡이를 짚고 다니다가 훈련생 그룹원들의 기도로 치유된 것을 말한다.), 경찰관들의

변화(경찰에게 잡혀가 유치장 안에서 전도한 것을 말함) 등은 하나님께서 우리를 위해 준비하신 일들이었다고 생각합니다." 또 다른 조원인 18세의 소냐(Sonya)의 이야기가 이어졌다. "이 세미나에 참석해서 전도하는 법을 위시해서 많은 것을 배우게 되어 참으로 기쁘고 감사드립니다. 유치장 안에서 처음에는 가슴이 떨리기도 했지만, 전도해본 경험이 없던 제가 경찰과 유치장 안에 있던 다른 여러 사람들에게 복음을 전한 것이 너무 신기합니다. 제정신이 아니었던 것 같습니다. 평소에 예수님께서 사람을 낚는 어부가 되라고 하셨는데, 그리고 내 친구들이 내가 기독교인인 것을 아는데 복음 전하는 방법을 몰라서 고민해 왔는데, 이젠 전도를 확실히 할 수 있게 되어 감사합니다. 사랑의 능력에 불가능이 어디 있겠습니까? 주님께 영광을 돌려드립니다!"

⑥ 7조 : "저는 신학교에서 전도폭발을 배웠고 이번 세미나에서는 그것을 어떻게 사용하는 것인지를 알게 되었습니다. 주님께서 전도의 문을 여시는 것을 믿고, 성령님의 인도하심에 순종하면 성령께서 쓰시는 것을 알았습니다. 주님께서는 제가 원하는 것을 주셨습니다. 주님이 내게 원하시는 것은 믿음이 성장하고, 주님께서 우리를 사랑하신 것처럼 나도 다른 사람들을 사랑하기를 원하신다는 확신과 사랑과 마음의 평안을 주셨습니다. 전도하면서 배운 것은 '전에는 이 사람은 받아들일 것이다.'라고 생각한 사람은 안 받아들였는데, 이번 전도훈련에서는 '이 사람은 안 받아들일 것이다.'라고 생각한 사람이 받아들였다는 것입니다. 기도가 어떻게 전도에 효과적인지 확실히 배웠습니다."

다른 조원인 마리아가 간증을 했다. "저는 결혼한 지 9년이 되었는데도 아이가 없어 근심을 하고 있었습니다. 이번 훈련을 통해서 기도응답의 확신을 얻게 되었고, 주님과 이야기한다는 것이 얼마나 즐겁고 좋은 일인지 깨닫게 되어 주님께 영광을 돌립니다. 비록 훈련이 피곤하긴 했지만 피곤하면서 기쁨이 솟는 다는 것이 무엇인지 경험했습니다. 기도가 중요한데 더욱 하나가 되는 것이 중요하다는 것도 알았습니다. 조직적인 훈련에 따르는 것이 개인적으로 너무 힘들었는데 주님과 대화하면서 많은 힘을 얻었고 이제는 하나도 어렵지 않습니다. 저의 생활에 자유가 없었는데 이번 세미나를 통해서 변화와 자유함을 얻게 되었습니다. 이웃을 향한 사랑도 실천하며 절대로 전도하는 것을 중지하지 않을 것입니다."라고 울면서 마쳤다.

⑦ 8조 : 조장은 이 교회 담임목사인 파벨 목사였다. 조원은 그 교회에서 찬양대원으로 봉사하는 두 아이들, 뻬띠아(13세)와 실비아(15세)였다. 뻬띠아는 귀한 손님들을 보내주셔서 감사한다고 하면서 며칠 같이 지내는 사이에 나에게 남은 것은 전도할 수 있다는 것이라고 했으며 헤어지기가 섭섭하다고 토요일은 눈물까지 보였다. 실비아는 전도훈련 전에는 자기는 찬양을 위해서 하나님께서 택하셨다고 생각했는데 그것이 아니고 나가 전도도 해야 한다는 것을 알게 되었고 전도하면서 많은 것을 체험하고 많이 배웠다고 했다. "감사하고 기쁜 것은 많은 사람들의 마음이 열려 있다는 것을 발견한 것입니다"라고 제법 어른스럽게 말했다. 이어서 담임목사인 파벨 목사가 말을 이었다. "3일간 주야로 훈련을 받으면서 이렇게 피곤하게 느낀 적도 처음인데, 그러면서도 그렇게 기뻐한 것도 처음입니다. 며칠 안 남았는데 헤어질 때는 눈물을 흘릴 것 같습니다. 오늘 아침 교회개척 파송예배 시에 안수기도를 받을 때 그것이 무엇을 뜻하는지 잘 몰랐는데, 경찰서에 잡혀갔고, 점심도 굶고, 물이 없어 땅에 고인 물을 그냥 먹었고, 지치고 어려웠는데 저녁에 교회개척 결과를 기록한 칠판을 보면서 이런 큰 축복을 주시기 위해서였구나 하는 것을 뒤늦게 깨달았으며 감격스러워 제 자신을 제어하기가 어려웠습니다. 전도폭발에서 질문을 던질 때, '하나님 앞에 섰을 때, 왜 내가 너를 나의 천국에 들어오게 해야 하겠느냐?'라고 묻는 것은 하나님이 계시다는 것을 바로 인정하게 만드는 좋은 방법이라고 생각합니다. 오늘 참으로 많은 것을 경험했고, 몇몇 사람들은 복음을 던져버리는 것을 보았을 때 마음이 아팠고, 그들의 발밑에서 지옥불이 일어나는 것을 보았습니다. 사탄이 우리를 잡았으

나 하나님께서 우리를 풀어주셨습니다."

⑧ Binka(52세의 부흥사로 능력있는 많은 부흥집회를 인도해 왔다.). 그녀는 말하기를, "하나님께서 하나의 깨달음을 주셨는데 고기를 낚는 데 두 가지 방법이 있습니다. 예수님 당시에는 그물을 썼는데 오늘 우리는 낚시를 사용했습니다. 즉 1년 전 Gavana에서 부흥집회를 할 때 많은 사람들이 모였는데 다 흩어져버리고 말았다. 그러나 낚시는 그렇게 할 수가 없습니다. 하나님은 낚싯대요, 예수님은 낚싯줄이고 성령님은 낚시 바늘이라고 생각해 봅시다. 거기에 미끼(복음)가 있으면 고기는 낚이는데, 낚시 바늘(전도폭발에서 물음표 두 개[아래 그림에서 앞의 것]가 전도폭발 배지인데 그것을 거꾸로 하면 [뒤의 것] 낚시 바늘 같아진다)에 걸리면 도망을 못가고 결신하고 교회

에 나오게 된다는 생각이 들었습니다. 지금 불가리아에는 낚시로 낚는 어부가 필요합니다. 즉 개인전도가 중요하다는 것을 확신했고, 한국에서 온 분들에게 감사드립니다. 훈련생들은 각 도시로 흩어져서 계속 낚시질을 할 것이고, 우리 교회의 동료들과 2주 후에 마케도니아로 전도여행을 떠나는데 좋은 도구를 이 훈련에서 받았습니다. 감사하며 모든 영광을 하나님께 돌려 드립니다." 또 전도결과에 대해 대단히 만족해하면서 "Colony라는 곳에서 기독교를 가장 나쁘게 비방하는 여자를 만났는데, 처음에 나쁜 선입견 때문에 말도 들으려 하지 않았는데 말씀의 능력과 사랑으로 변화시켰는데 거기서 이 전도방법의 위력을 알았습니다."

⑨ 66세 되신 마르가리타라는 여인은 거동도 불편한 노인이었다. "나이가 많지만 그래도 선교사님이 불러주셔서 왔습니다. 힘들어 하는 것을 보았는지, 둘째 날 저녁을 먹고 왔는데 조 장로님이 나의 나이를 알아맞히면서 '힘드시죠? 그러나 문제없습니다. 하나님이 도와주시니까 노력만 하세요, 한국에

서는 67세 되신 할머니도 훌륭히 하고 있습니다.'라고 말해주어 용기를 얻어 열심히 했습니다. 열심히 쫓아다니며 했는데, 성령님께서 능력을 주셔서 저를 포함한 사람들이 변한 것을 보았습니다. 이제 죽어도 여한이 없습니다. 교회개척 하면서 예수님의 마음을 읽을 수 있었습니다. 우리들을 3명씩 짝지어 내보내는 이유도 알았습니다. 내 고향에는 20여 명이 모이는 가정교회가 있는데 모두 전도자로 훈련시키겠습니다."

⑩ 장로교 총회장의 간증은 색달랐다. 그는 진지한 태도로 "예수님께서 제자 3명을 데리고 변화산에 올라가셨을 때, 제자들은 예수님의 얼굴이 해같이 빛나고 여러 영적 체험을 할 때, 베드로가 '여기가 좋사오니 초막 3개를 짓겠습니다.'라고 말했습니다. 그들은 계속 거기 머물기를 원했습니다. 이 제자들의 경험을 우리가 지금 하고 있습니다. 이번 훈련에서 날이 가면 갈수록 새로운 말씀들을 듣기 때문에 계속했으면 좋겠습니다. 그러나 내일이면 이 세미나가 끝나게 될 것이 아쉽습니다. 산 아래 바나규리슈테, 소피아 (불가리아의 수도), 마케도니아, 그리고 전 세계가 우리를 기다리고 있습니다. 아쉽지만 내려가야 하지 않겠습니까?"라고 자기가 이 훈련에서 받은 은혜 및 변화와 아쉬움을 피력하였다.

5. 전도 결과 :

① 복음제시 = 513명 ② 결신자 수 = 251명 ③ 보류한 수 = 154명
④ 거절한 수 = 91명   ⑤ 이미 신자 수 = 17명이었다.

제17장 미얀마의 PET훈련 결과

기간 : 1996. 8.26 - 8.30일까지 훈련자 : 이성준 집사, 조대영 장로
훈련 장소 : 미얀마의 수도 양곤, 라민 목사가 시무하는 미얀마 복음 침례교회
훈련 대상 : 전체 훈련생 수는 105명 (삼인조 35개 조)이었는데, 이 중 목사 6명, 전도사 9명, 장로 3명, 집사 7명, 평신도 지도자 9명, 기타 평신도 71명이었다. 이들의 구성은 양곤 시내 거주자가 32명, 지방거주자가 73명이었는데, 600km 이상 먼데서 온 사람이 60명이었다.
훈련 내용 및 순서 : [표 11]과 [표 12]의 시간표에 의해 진행하였으며 특기 사항은 다음과 같다. 미얀마 복음침례교회와는 두 번째 훈련이며 첫 번째 훈련은 1996. 1. 15-19일에 63명을 훈련시켰으며 이번이 두 번째이다.

1. 구원의 확신 문제 : 놀라운 것은 그렇게 많은 인원이었는데 구원의 확신이 없는 사람이 한 사람도 없었다. 캄보디아에서 처음에는 75명 중에 17명이 구원의 확신이 없었으며, 복음제시를 한 다음에도 3명이 끝까지 구원의 확신이 없다고 하여 1시간 이상 혼났던 것과 매우 대조적이었다.

2. 훈련 준비 : 두 번째 훈련이라 훈련에 대한 사전 안내 및 준비가 잘 되어 있었고, 훈련생 105명이 미리 준비되었고, 따라서 교회개척 목표가 14개 교회로서 교회개척 하기도 전에 교회개척 예정 지역, 양육 담당자 28명, 개척될 교회의 관리자 14명까지 미리 정해 놓고 있었다. 이것은 강사인 우리들도 이해하기 어려운 것이며, 주관하는 교회의 라민 목사의 조직력과 믿음이 대단함을 보여주는 것이었다.

3. **교회개척 현황** : 지면 관계로 이번 훈련에서 개척한 14개 교회를 통합하여 보고하면 다음 표와 같다.

지역구분	개척지역	전도결과		목회담당자	지역담당자	예배시간
14개 지역	시내로부터 36km 떨어진 지역까지	총 전도 결신 보류 거절 이미 신자	736명 364명 282명 67명 23명	정(正) 14명 부(副) 14명	각 교회에 한 명씩 14명	월요일부터 일요일까지 매주 한 번

전도결과를 보면 교회가 없는 지역인데 전도의 효과도 좋았고, 거절이 매우 적은 것은 불교 국가임에도 불구하고 거절하지 않고 많은 사람이 복음을 받아들였다는 것이다. 이것은 자기 나라 사람이 직접 복음을 전했기 때문인 것으로 생각되며, 다른 나라보다도 미얀마에서의 교회개척은 괄목할 만한데, 전도하고 교회개척 할 수 있는 곳이 무진장이라는 것이다. 이것은 우리 그리스도인들과 교회에 큰 도전을 주는 것이라 할 수 있다.

4. **훈련생들의 간증** : 많은 사람들이 간증하기 원했다. 그중에서 10명만 소개한다. 번호는 훈련생 번호로서 1-105번까지 매겼다.

① 48번 : 나는 전도폭발 16주 훈련을 받았으나 이번 5일 동안의 훈련이 더 좋았다. 그 이유는 더 효과적으로 전도할 수 있게 되었으며 기도와 전도의 관계를 체험했다. 즉 확신을 가지고 기도한 만큼 전도결과도 좋았다는 것이다. 밭이 희어져 있음을 보았으며 앞으로 일주일에 하루는 꼭 기도와 전도하는 날로 정하고 계속 전도하겠다.

② 21번 : 나는 명목상 교인으로부터 구원 얻은 지 2년 되었으나 전도는 전혀 하지 못했다. 이번 훈련에서 전도하는 방법을 잘 배워 전도할 수 있게 되어 참 기쁘다. 훈련 받고 우리 지역에 가서 큰 교회를 하나 꼭 세우겠다.

③ 54번 : 기도하고 전도하러 나갔을 때 성령님께서 더 많이 도우시는

것을 깨달았다. 우리 팀은 되도록 많이 기도해서 전도도 많이 하게 된 것으로 믿는다. 교회적으로 사랑과 하나가 되는 것만이 능력있는 전도도 이뤄지고 부흥도 될 것을 믿게 되었다.

④ 15번 : 내가 사는 카친 주에 가서 우리 목사님에게 이 훈련 자료를 우리말로 번역해서 우리 교회에서도 훈련을 실시하도록 하겠다. 이번 훈련에서 배운 것을 계속 실천함으로써 미얀마가 영적으로 부흥할 수 있을 것이라는 비전을 갖게 되었다.

⑤ 78번 : 내 나이 66세인데, 적은 인원이 하루에 교회를 개척하는 것을 보고 놀랐다. 처음 보는 일이며 기적과 같다는 생각이 들었다. 우리 미얀마 역사상 하나의 이정표를 세웠다고 생각한다. 또 전도할 때도 기도의 확신과 구원에 대한 확신을 가지고 전도할 때 불신자들이 그리스도께로 돌아오는 것을 확인했다. 내가 복음을 전할 때 대상자가 막 우는 것을 목격하고 나 자신이 놀랐다. 좋은 전도방법을 가르쳐주어 감사한다.

⑥ 61번 : 이번 훈련에서 전도폭발의 원리와 방법을 배움으로 효과적인 전도자가 된 것이 기쁘다. 이번 훈련에서 기도의 중요성을 깨달았으며 많은 것을 배우게 되어 매우 감사한다.

⑦ 88번 : 첫째 날 "기도로 세계를 움직일 수 있다"고 하는 말을 들었을 때, 전혀 생각지 못했던 말이라 충격을 받았다. 기도의 중요성을 깨달았으며 세계복음화를 위해 기도하겠다. 효과적인 전도에 대해서도 처음 생각해 보게 되었으며 이번 훈련에서 전도할 때 두려움과 어색함도 사라졌다.

⑧ 64번 : 이번 훈련에서 많은 것을 배웠는데 훈련자(강사)들로부터 겸손과 시간 잘 지키는 것을 배웠다. 나는 전문인 선교사로 방송이나 대중 앞에서는 전도에 관한 설교를 많이 했지만 개인전도에서는 두렵고 떨렸다. 이번 훈련으로 두려움도 없어졌고, 기도와 전도와의 관계를 확실히 깨달았다.

⑨ 40번 : 전에는 전도가 두려웠는데 전도의 두려움이 없어지고 담대하게 전도하게 되었다. 고혈압 환자에게 전도했는데 복음을 듣고도 영접을 하지

않기에 곧바로 기도하자고 하며 기도를 마쳤더니 혈압이 정상으로 되어 그 자리에서 영접을 하는 것을 보고 기도와 전도의 상호보완적인 관계를 경험했다. 앞으로 더욱 활용할 것이다. 또 불신자를 놓고 기도할 것이며 이번 배운 전도방법은 매우 위력적이었다.

⑩ 7번 : 나는 1년 전 천주교에서 개종했는데 전도를 전혀 못하다가 이번 훈련을 통해 쉽게 전도하는 법을 배웠다. 하루에 한 사람씩 꼭 전도하도록 노력하겠다. 나는 불교나 무슬림이나 힌두교인에게도 전도할 수 있다는 확신이 생겼다. 항상 전도하며 미얀마와 세계복음화를 위해서 매일 기도할 것이다.

5. 훈련 받은 사람들의 그 후 활동상황 : 훈련을 실시했던 교회의 라민 목사가 훈련 이후에 활동상황에 대해 몇 번에 걸쳐 보고서를 보내왔다. 다른 훈련에서는 없었던 일로서 훈련 이후 활동에 대해 궁금할 것 같아서 여기에 소개한다.

일차로 훈련 받은 사람들 중에서 양곤에 거주하는 9명(3인조 3개조)은 1월부터 매주 토요일을 전도하는 날로 정하고 11:00-14:00까지 전도한다. 전도하는 3인조가 더 늘어나 6-8월에는 매주 평균 8개조(24명)가 전도에 참가하였으며 3개월 동안에 726명에게 복음을 전하여 377명이 결신했다. 전도는 공원, 병원, 호텔, 시장, 도로변 가리지 않고 다니면서 전도하며, 결신한 사람들은 교회로 초청하여 새신자 교육을 라민 목사가 시켜서 거주지 가까운 교회로 연결시켜 준다. 이 보고는 PET훈련이 매우 효과적인 전도방법이며 전도를 생활화하여 계속 전도하는 데 충분한 동기부여를 한 것이라고 생각되어 매우 고무적이었다. 현지 목회자의 선구자적인 비전과 노력이 필요한 것은 당연하다.

5. 전도 결과

구분	개인/팀 전도	교회개척 시	합 계
① 복음제시 수	589	736	1,325명
② 결신한 자 수	253	364	617명
③ 보류한 자 수	254	282	536명
④ 거절한 자 수	58	67	125명
⑤ 이미 신자 수	24	23	47명

[사진 5] 미얀마 핑울린에서의 PET훈련

제18장 태국의 PET훈련 결과

기간 : 1996.9.16 - 9.20일까지 훈련자 : 이성준 집사, 조대영 장로
훈련 장소 : 태국의 수도 방콕, 위락 전도사가 시무하는 돈무앙 교회
훈련 대상 : 전체 훈련생 수는 27명(삼인조 9개조)이었는데, 이중 목사 9명, 전도사 7명, 평신도 지도자 4명, 평신도 7명이었다. 이들은 9개 지역에서 참석하였으며 방콕에서 800km 떨어진 라오스 국경 지역에서 7명의 전도사가 참석하였다.
훈련 내용 및 순서 : [표 11]과 [표 12]의 시간표에 의해 진행하였다.

1. 훈련에 대한 특기 사항 : 우리는 기도하면서 태국과 일본을 사탄의 방해가 가장 큰 나라로 예상했었는데, 태국은 예상했던 대로 사탄의 방해가 대단했다. 노방전도를 처음해 보는 사람들이라 어려움이 많았지만 훈련 결과는 매우 고무적이었다. 노방전도가 금지된 방콕 시내에서 그래도 전도하고 교회까지 개척했으니, 지나놓고도 어떻게 이런 일들이 가능했는지 모르겠다. 하나님의 전적인 도우심과 인도하심이었다고 생각할 수밖에 없다. 사탄은 다음과 같이 여러 가지 형태로 끈질기게 공격해 왔으며 우리는 줄기차게 기도로 대처해 나아갔다.

첫째, 방콕에 가기 전부터 사탄의 공격은 시작되었다. 태국으로 출발하기 바로 이틀 전 이성준 집사의 부인인 김종식 집사가 교재준비를 돕다가 허리를 다쳐 꼼짝 못하고 누워 버렸다. 주일날 이성준 집사가 혼자 짐 싸들고 꼼짝 못하는 부인을 홀로 집에 두고 출발해야 했다.

둘째, 조대영 장로는 태국으로 출발하기 전날 밤에 심한 가위에 눌렸다가 깨어 기도하고 안심하며 잤는데 또 두 번째 가위에 눌려 몸이 뒤틀리고 숨을 쉴 수 없었는데 가까스로 몸을 굴려 침대에서 떨어짐으로 깨어났다. 하룻밤에 두 번씩이나 가위에 눌려보기는 처음이었다.

셋째, 태국은 우기(雨期)가 되면 거의 매일 소나기 내지는 비가 왔다. 훈련 바로 전 주 일주일 내내 비가 억수같이 쏟아졌다고 했다. 교회에서는 철야기도까지 해 가면서 좋은 일기를 주시도록 기도했다. 훈련 전날인 주일날 방콕에 도착했는데 날씨가 화창했다. 다음 날 훈련 장소인 돈무앙 교회에 가보니 심한 폭우로 집 앞 도로가 심하게 패여 있었다. 그러나 훈련을 실시하는 일주일 내내 맑은 날이 지속되었고 교회개척을 나가는 날은 하루 종일 비가 올 듯 말 듯 하면서 구름이 낀 흐린 날이어서 전도하기에 덥지 않고 매우 좋았다. 우기(雨期) 중에 일주일 내내 비가 오지 않는 것은 거의 없는 일이라고 했다.

넷째, 어찌된 일인지 훈련을 시작하기로 되어 있던 월요일 오후 1시에 훈련장에 도착한 훈련생은 단 한 명뿐, 그것도 1시 10분 전에 도착했다. 12:40분경 우리가 교회에 도착했을 때는 훈련생이 한 명도 오지 않은 것이었다. 참으로 황당했다. 우리는 선교사와 함께 대책회의를 열었으며, 훈련을 다음 날 아침에 시작하자는 의견이 많았다. 그러나 이 집사 한 사람만이 "하나님께서 계획하신 것을 우리가 마음대로 바꿀 수 없다"는 것이었다. 그래서 하는 수 없이 "한 시간 동안 기도하고 기도 끝나는 즉시 훈련생 한 사람 가지고라도 훈련을 시작한다."로 결론짓고 기도를 시작했다. 기도를 끝내고 교회에 가보니 13명이 와 있었다. 우리는 2:30분에 13명으로 훈련을 시작했다. 800여 km 떨어진 곳에서 출발한 전도사 7명은 월요일 밤에 도착하여 둘째 날 오전부터 훈련에 합류했다.

제18장 태국의 PET훈련 결과

　다섯째, 훈련 개회예배를 마치고 첫 시간 기도훈련을 맡은 이성준 집사가 한 시간 강의를 하고 내려오는데 땀으로 범벅이 되어 내려오면서 이렇게 교감이 없는 강의는 처음이라고 했다. 훈련생들은 마치 허수아비를 앉혀 놓은 것같이 아무 반응도 없이 무표정하게 앉아 있는 것이었다. 강의 중에는 숨을 쉬기도 어려웠다고 했다. 강의를 마치고 내려오면서 땀을 닦는 그의 모습이 매우 피곤해 보였다. 그날 밤 잠을 자면서 계속 기침을 하며 열이 났다. 아침에 일어나니 수척해 보였으며 계속 기침을 했다. 천하장사 이성준 집사가 열대지방에서 냉방기도 없는 방에서 감기에 걸린 것이다. 감기가 심해 아스피린을 먹어도 열이 내리질 않고 계속 콧물을 닦아야 했고 한국에 돌아오자 감기는 곧 물러가 버렸다.

　여섯째, 깨우 목사가 갑자기 열병에 걸려 훈련기간 내내 고열로 고생을 했다. 나중에는 대야에 찬물을 떠다가 발을 담그고, 옆에서는 그의 아내가 물수건으로 얼굴을 식혀가며 강의를 들었고 밤에는 오한으로 오들오들 떨었다. 또 아이를 낳은 지 한 달도 안 된 한 자매는 신장염이 심해 허리를 움켜쥐고 다니며 훈련을 받았는데 그래도 먼 곳에 교회개척까지 죽을 각오를 하고 따라다녔다. 신기하게도 훈련이 끝나는 날 모두 감쪽같이 증세가 좋아졌다.

　일곱째, 교회개척을 준비하던 넷째 날 저녁에 한창 연습 중에 깨우 목사 부인이 집으로부터 전화를 받았다. 그녀는 얼굴이 빨개져서 강의실에 들어오자마자 울면서 기도를 했다. 내용을 물으니 아버지가 임종을 앞두고 많은 식구들 중에 유독 자기만을 찾는다면서 빨리 집으로 오라는 전화였다. 딸이 셋인데 이 셋째 딸이 아버지에게 전도해서 믿게 되었기 때문에 이 셋째 딸만 찾는 것이었다. 가슴이 메어지는 슬픔을 누르고 정신이 오락가락하는 아버지에게 천국가면 다 만나게 될 테니 그냥 천국에 가서 만나자고 이야기 하고 들어온 것이었다. 우리는 강의를 멈추고 통성으로 기도하기를 하나님께서 생명을 연장해 주셔서 훈련 끝나고 가서 임종을 볼 수 있게 해 달라고 간구했다. 그다음 날 교회개척을 갔다 왔고, 이틀 후 오전에 수료예배 때에는 아버지가 위기를 넘기고 좋아져서 집에 가면 아버지를 만날 수 있게 되었다고 하면서 활짝 웃었다.

2. 전도 결과 :

구분	첫째 날 전도	둘째 날 전도	교회개척 첫째 날	교회개척 둘째 날	합계
복음제시	22	31	45	41	139
결신	2	6	4	7	19
보류	12	22	26	27	87
거절	6	3	13	7	29
이미 신자	2	0	2	0	4

위의 전도결과에서 보는 바와 같이 태국은 전도환경이 매우 열악했다. 결신율 14%라는 숫자는 세계 어느 나라에서도 찾아볼 수 없는 낮은 숫자이다. 힌두교가 국교이며 개종하고 죽지 않으려면 집에서 도망쳐야 하는 네팔에서도 결신율이 41%였던 것에 비하면 전도환경이 더 나쁘다고 할 수 있다. 물론 태국 사람들은 노방전도를 처음 해 보는 것이므로 훈련생 모두가 신학생이었던 네팔과 직접 비교는 할 수 없지만 어쨌든 전도환경이 나쁜 것은 사실이었다.

3. 교회개척 결과 : 훈련생 27명 중에서 11명이 교회개척 나가기 전날 밤에 집으로 돌아가는 바람에 16명만 교회개척에 참가했다. 두 팀이 2일간 교회개척을 했으나 계획했던 4개 중 3개 교회만을 개척할 수 있었다.

제18장 태국의 PET훈련 결과

그룹	교회개척지역	참석인원	거리	전도결과		목회담당	지역책임	예배시간
1	부라파 (소이 9지역)	7	5km	결신 보류 거절 교인	3 12 12 1	위락전도사	누짜리	주일 18:30
2	쁘라차 츤	9	10 km	결신 보류 거절 교인	1 14 1 1	싸마이	짬니안 장로	주일 14:00
1	나와나 컨	9	15 km	결신 보류 거절	2 20 4	결신자 집에 개척예배 드리러 갔다가 부모가 허락지 않아 개척예배를 못 드렸음		
2	바까삐	7	50 km	결신 보류 거절	5 9 1	위락전도사	허엄	토요일 18:30

4. 훈련 과정의 어려움 : 훈련 내용은 다른 곳이나 다름이 없었으나 훈련 과정이 쉽지 않았다.

첫째, 이들은 목회자가 대부분인데도 훈련 내용을 습득하는 데 시간이 걸렸다. 처음에는 이들이 기독교인들인지 의심이 갈 정도로 강의 내용에 대해 반응이 없었다. 강의를 들어도 알아듣는지 못 알아듣는지 알 수가 없었다. 한 시간 내내 무표정으로 앉아 있거나 아니면 졸았다. 도저히 훈련 효과를 얻지 못할 것 같았으나 3일째부터 나아지기 시작했다.

둘째, 셋째 날 개인전도를 나갔다와서부터 얼굴에 실낱같은 반응이 나타나기 시작했다. 자기들이 왜 여기 와서 이 훈련을 받고 있는지 그 목적을 깨닫는 것 같았다. 노방전도는 해본 적도 없고 하는 것을 본적도 없어서 노방전도를 내보내는 데 어려움이 있었다.

셋째, 교회개척은 처음 경험하는 것이기 때문에 그들도 어떻게 교회를 개척했는지 정신이 없었다고 했다. 연습한 대로 따라서 했는데도 무엇에 끌려가는 기분이었다고 했다. 평신도 훈련생 중에는 교회 출석한 지 4개월 된 초신자도 있었다. 결국 한곳에서는 자기 집을 교회로 사용하도록 약속했으나 그의 부모들이 반대해서 개척예배를 드리지 못해서 교회 4개를 개척할 계획이었으나 3개로 끝났다.

5. 훈련생들의 개인 간증 :

[위락 전도사] : 훈련 2주 전(PET훈련이 있다는 것을 알기 전)에 꿈을 꾸었다고 했다. 꿈에 100명 구원하는 꿈을 꾸었는데 한국에서 두 사람이 왔다고 해서 교회로 모시고 왔는데 교회에 교인이 한 사람도 없어서 어찌나 미안했는지 어쩔 줄 모르다가 꿈을 깼다. 하나님께서 꿈을 이뤄주실 것 같은 생각이 들었으나 언제 이 꿈을 이뤄주실지 몰랐는데 그 후 15일 만에 이 훈련이 열리게 되었다. 이 훈련을 통해서 우리 교회에 100명(당시로서는 20명 정도였음)의 교인을 주실 것을 확신한다. 강사님이 웃으면서 전도하라고 해서 그렇게 했더니 결신하는 사람들이 더 많이 생기는 것 같았다. 전에는 전도가 어려워서 전도사로서도 전도를 많이 못했는데 이제 전도도 어렵지 않고 결신하는 사람들도 웃으면서 결신을 했다. 교회개척도 해 보니 생각보다 어렵지 않았다. 이 훈련에서 얻은 것이 너무 많다. 계속해서 교회 개척을 해 나가겠다.

[위몬 목사] 처음에 방콕에서 세미나가 있다고 연락을 받았으나 너무 멀어서 참석할 생각을 하지 못했다. 마침 가까운 곳에서 세미나가 있다고 해서 참석했는데 이번 세미나도 비슷한 세미나겠지 생각하고 왔으나 이번 세미나는 매우 달랐다. 각자에게 많은 실습의 기회가 주어진 것이 새로웠고 앞으로 적용할 수 있어서 매우 감사한다. 훈련 받으면서 매우 생소했지만 이것을 우리 교회에 적용하면 효과가 클 것으로 생각이 되어 어떤 식으로 활용할까 하는 생각을 많이 했다. 하나님 은혜에, 그리고 한국에서 온 강사들에게 감사드린다.

[싸마이 자매] "나는 예수 믿은 지 1년밖에 안 되어 신앙이 별로 강하지 못하다. 집안이 불교집안인데 특히 아버지가 많이 핍박했다. 그래서 집에서 몰래 교회에 다녔는데 이제는 집에 가서 어머니와 다른 가족들에게 전도하겠다. 나는 학력이 초졸이라 전도사 훈련을 받을 수 없었는데, 이 훈련은 내게 전도사 훈련의 가능성을 보여주었기 때문에 무척 기쁘다. 내가 가정 교회를 맡아 인도하게 되다니 마음이 벅차고 하나님 은혜에 감사한다." 싸마이 자매는 매우 활동적이고 긍정적인 사고를 가진 자매로서 교회 출석한지 일 년밖에 안 되었으나 이번 훈련에서 그룹장으로 교회개척 팀 하나를 이끌었다.

[싸와이 목사] 이 훈련에 온 것을 매우 다행으로 생각한다. 사실은 여기 오는 데 차비가 없어서 망설였는데 와서 보니 잘 왔다고 생각한다. 전에 내가 전도폭발 훈련을 받은 적이 있는데 그때는 복음 설명에 치중하여 별 소득이 없었는데 이번에는 후속 조치가 잘 되어 있어서 매우 좋았다. 삼인조 조직과 교회개척 프로그램이 있어서 특히 좋았다.

[쏨쿠안 목사] 다른 데 세미나와 겹쳐서 못 올 뻔했는데 이쪽으로 오길 참 잘했다. 와서 보니 처음 보는 방법들로서 매우 인상적이었다. 3인조를 모세, 아론, 훌로 조직해서 전도하러 나가 보니 큰 힘을 얻었다. 교회를 개척할 계획을 하고 있는 친구가 있는데 가서 이 방법을 가르쳐 함께 교회개척을 하겠다.

[캄폰 전도사] 차비도 많이 들고 해서 안 오려고 했는데 차를 대절해서 함께 올 수 있었다. 전도폭발 훈련은 전에 받은 것과 비슷한데 이 삼인조 훈련(PET 훈련)은 현 사회에 바로 적용할 수 있어서 매우 좋았다. 우리 교회에서 곧 활용하겠다.

[니파폰 여사] 사실 이 세미나에 올 생각을 안 했는데 어찌 하다가 오게 되었다. 새벽기도 하는 훈련은 받아본 적이 없는데 이번 훈련은 너무 어려웠다. 5시에 새벽기도가 시작되므로 4시에 일어나고 저녁에는 집에 가면 12시가 되어 하루에 4시간도 못 잤다. 신앙생활 1년에 전도지를 돌려본 적이 있는데 돌리면서도 좀 이상하게 생각했다. 이 세상 정치하는 사람들도 자기의 좋은 점을 다 이야기하고 선전해서 자기에게 투표하도록 하는데 왜 좋은 하나님을 선전하거나 그리스도를 전파하지 못하고 전도지만 돌리려 하나? 그런데 이번 훈련에 와보니 매우 좋은 방법이 있다는 것을 알았고 또 배웠으니 전도와 많은 상담자들에게도 확실히 전도할 수 있는 방법을 배우게 되어 매우 기쁘다.

[두앙디 목사] 왜 이런 방법으로 전도해야 하는가 하는 의문이 이번 세미나에서 확실히 풀렸다. 세미나에 오기 전에 아들이 다리가 아파서 수술할 지경이어서 수술했으면 못 올 터인데 기도로 다리가 나아서 올 수 있었다. 교회개척이란 것이 부름 받아 나가기만 하면 되는 것인데 그것을 몰랐다. 또 전도할 때 3인조로 나가서 한 사람이 전도할 때 다른 2명이 기도해 주어 결신하는 것을 보고 놀랐다. 또 여럿이 한 그룹이 되어 교회개척 하는 것을 보고 놀랐다. 교회개척을 계속해 나가겠다.

6. 훈련 결과의 요약 :

1) 훈련 결과는 특히 목회자들에게 큰 도움이 된 것 같다. 목사들 중에는 전에 이미 전도폭발 훈련을 받은 분들도 있었으나 전혀 사용하지 못하고 있었으며 이렇게 훌륭한 전도방법인지조차 모르고 있었다. 또 피동적인 목회 사역을 하고 있는 태국의 목회 분위기에서는 교회를 개척한다는 것은 외국 선교사들이나 할 수 있는 일로 여겨왔으나 이번 훈련을 통해서 목회자뿐만 아니라 평신도들도 교회개척을 하는 것을 보고 놀라움을 금치 못했다고 했다.

몇몇 목회자들은 앞으로 교회개척을 계속해 나가겠다고 다짐했다.

    2) 훈련 내용도 모르고 참가했는데 갑자기 금지되어 있는 노방전도를 그것도 방콕 시내 한복판에서 하라고 떠미니 할 수 없이 나가기는 했는데 전도를 시작하기가 매우 어려웠을 것이다. 그래도 교회 개척할 때까지 합쳐서 19명의 결신자를 얻었다는 것은 그들에게 큰 격려와 용기와 가능성을 보여준 것이라고 할 수 있다. 훈련생 중의 한 평신도는 훈련 마지막 시간에 자기의 결정을 제출하는 시간에 토요일을 전도의 날로 섬기겠다고 써내고 훈련이 끝나는 그 주간의 토요일에 벌써 두 사람에게 전도하여 한 명의 결신자를 얻었다. 27명의 훈련생들의 앞날이 크게 기대되는 대목이라고 할 수 있겠다.

    3) 사실 교회개척은 거의 희망을 걸 수 있는 상황이 아니었다. 제1그룹 그룹장은 그나마 돈므앙교회 전도사가 인도하여 교회 두 개를 개척했고, 2그룹 그룹장은 교회 나온 지 1년 된 24세의 처녀가 인도했는데, 그 그룹은 담임목사가 5명, 사모 1명, 평신도가 그룹장 포함해서 2명이었다. 24세의 처녀 평신도가 목사 5명이 있는 그룹을 지휘해서 교회를 개척했으니 교회개척에 대한 인식은 물론이고 전혀 생각지도 못한 상황에서 교회를 개척했다는데 큰 의미가 있다고 할 것이다. 목회자들의 생각 전환이 일어났을 것으로 생각된다. 새로 개척한 교회는 이 처녀 평신도가 목회하기로 했는데 그 뒷일이 궁금하다. 성령님께 부탁하는 것이 할 수 있는 전부였다.

    4) 하나님의 사역은 성령님께서 인도하시되 특별한 방법으로 인도하신다는 것을 체험한 훈련이었다. 전도를 위한 복음제시 연습을 마치고 노방전도 방법에 대해 설명하고 나가기를 바랐는데 아무도 움직이지를 않았다. 노방전도라는 말도 들어본 적이 없고, 노방전도를 해본 적도 없는 상태에서 전도하러 나가라고 하니 어떻게 해야 할지 전혀 생각이 없었던 것이었다. 이때 아브

라함이 이삭을 제물로 바치려 할 때, 그것도 다 묶어 놓고 칼을 잡고 찌르려고 하는 순간에 하나님의 음성이 들렸다. 즉 하나님께서 역사하시는 순간은 믿음을 가지고 마지막 순간까지 나아갔을 때, 역사하신다는 것을 예로 들어가면서, 전도도 사람을 만나 입으로 복음을 말하는 그 순간에 성령께서 역사하여 도우신다고 할 때, 그들은 그것을 믿고 나갔던 것이다. 그들은 마지막 성령께서 역사하시는 순간을 경험함으로써 이제 복음을 들고 어디든 갈 수 있는 용기를 얻은 것이다. 이러한 경험은 평생을 두고 그들을 도울 것이다.

제19장 PET훈련의 파급 효과(미얀마 GBC 교회)

이 보고서는 PET훈련을 받은 교회가 그 결과를 어떻게 활용하고 있으며 교회성장에 어떤 영향을 미쳤는가를 보여주기 위한 것이다. 미얀마의 양곤에 있는 GBC교회(Gospel Baptist Church)에서 1996년 1월과 8월에 두 차례의 PET훈련을 실시한 바 있다. 이 교회의 라민 목사는 PET훈련을 중요한 사역의 하나로 생각하고 이 삼인조운동을 계속하고 있다.

이 교회는 PET훈련을 받은 후 토요일을 "PET운동의 날(삼인조운동의 날)"로 정하고 삼인조로 전도하여 결신자들을 기록하고 한 달에 한 번씩 전도한 사람들을 교회로 초청하여 기초교육을 하고 각자 그들의 가까운 교회로 연결시켜 그 교회가 양육하도록 하고 있다. 전국적으로는 삼인조 전도팀을 파송하여 전국을 돌며 전도하고 있다. 이 교단은 전국에 교회가 흩어져 있어서 지방의 교회가 전도에 협력하고 있다.

사도 바울의 전도여행처럼 3인조 7개 팀을 파송하여 여러 지방에 전도여행을 보냈으며, 교회개척의 예를 보면 톤데이라는 지역에서 미전도 지역에

7개 팀이 함께 들어가서 300명을 전도하여 300명의 결신자를 얻어내는 초유의 결과를 얻었으며, 동시에 3개의 가정교회를 개척하여 새신자들이 교회를 자립적으로 운영하도록 했다. 이 보고는 1-2차 PET훈련을 실시했던 삼인조운동 사역자들에게도 큰 기쁨과 보람을 느끼게 하는 것으로서 하나님께서도 매우 기뻐하셨을 것으로 생각된다. 수도인 양곤에서 740km 떨어진 핑울린 지방에서 3차 훈련을 끝내고 양곤으로 돌아와 1-2차 PET훈련을 받은 교인들 39명에게 3일간 추가훈련을 실시하였는데, 이때에도 324명에게 전도하여 190명이 결신하여 교회출석을 약속했으며 교회가 없는 동네에 3개의 가정교회를 개척했다. 이 훈련생들은 두 번째 훈련이기 때문에 절차에 익숙해 있고 또 전도해오던 경험으로 짧은 기간에 좋은 결과를 얻은 것이다. 이 교회는 계속해서 삼인조운동을 실시하고 있으며 14년이 지난 2010년에도 삼인조운동을 실시하고 있다는 메일을 받았다. 수도인 양곤에는 모교회인 GBC 제일교회가 있고, 1996년 1월 PET훈련 때 개척한 가정교회가 부흥해서 지금은 GBC 제2교회로 성장하여 추가로 섬기게 되었다고 한다. 할렐루야!

제4부 PET훈련의 종합평가(논문 요약)

【1】 삼인조훈련의 평가

 필자는 여러 나라에서 실시한 삼인조훈련의 결과에 대해 신학적인 검증과 오래도록 보존하기 위한 수단으로 신학교의 논문을 생각하게 되었다. 따라서 논문을 쓰기 위해 대한예수교 장로회 총신대학교 선교대학원에 입학하여 2년의 수료과정을 거친 후 소정의 논문을 발표하게 되었다. 다음은 논문 "삼인조기도, 전도, 교회개척 및 세계복음화 전략에 대하여"(An Effective Small Group Evangelism and House Church Planting for World Evangelization [Praying Evangelistic Trio, PET])를 요약한 내용이다.

(1) 논문 초록

논문 제출 연도 : 2000년
논문 제목 : "삼인조기도, 전도, 교회개척 및 세계복음화 전략에 대하여"
키 워드 : 삼인조운동, PET훈련, 세계복음화 전략

 본 논문은 기독교 세계복음화의 문제점과 이를 달성하기 위한 전략을 제시함에 있어서 효과적인 전도방법과 자발적 가정교회개척을 중심으로 논하고자 하였다.

(2) 논문 요약

 필자는 12개국에서 여러 종류의 기독교 지도자들에게 실시한 전도훈련을 통해서 세계복음화에 실제적으로 이바지할 수 있는 효과적인 전도방법을 찾으려 하였으며 또한 이러한 효과적인 전도방법은 어떤 것인가 하는 것을 정의하려 하였다. 또 효과적인 전도방법의 여러 가지 인자들을 찾고, 이들 인자들을 실제 전도현장에서 시험하여 중요한 인자들을 확인하고, 또 이들 인자들을 훈련생들에게 어떻게 인식시킬 수 있는가 하는 것을 시험하였다. 3가지 전도방법 즉 PET훈련 방법(PET훈련), 전통적인 전도폭발 방법(EE), 그리고 조직적으로 훈련을 받지 않은 일반적인 노방전도(NTE)를 비교 분석하여 PET훈련(삼인조훈련) 방법이 신속하고 효과적인 전도방법이라는 것을 알 수 있었다. 본 논문에서 7개국(불가리아, 가나, 인도, 케냐, 미얀마, 네팔, 태국)에서 PET훈련을 8회에 걸쳐 실시한 전도훈련의 효과를 평가 분석한 결과 PET훈련이 교회성장에 매우 효과적이며 세계복음화 전략에 유용하다는 것을 알 수 있었다.

(3) 연구에서 얻은 결과들

(1) 효과적인 전도방법의 중요한 인자로서는 ; ① 전도에 대한 동기부여, ② 잃어버린 영혼을 구원하기 위한 열정, ③ 간절한 중보기도, ④ 기도응답에 대한 확신, ⑤ 구원에 대한 확신, ⑥ 성령님과 긴밀한 사역, ⑦ 조직적이고 구체적인 복음제시, ⑧ 상황에 적절히 대응하는 복음제시의 신축성, ⑨ 성경을 자유자재로 응용할 수 있는 준비, ⑩ 전도대상자에게 재치 있게 접근하는 요령 등이었다.

(2) PET, EE, 그리고 NTE 방법 중에서 PET방법이 가장 효과적인 전도방법이었다. 특히 PET와 EE를 비교할 때 EE에 비해 PET방법은 주님이 주신 지상과업을 완수한다는 뜻에서 매우 효과적인 방법이라고 생각되었는데 다음과 같은 면에서 그러했다. 즉 ① PET는 EE보다 실제적인 면에서 더욱 신축성을 보였는데 단기간 내에 훈련을 실시할 수 있고, 간단하며 성령님과 함께 일하는 면에서 그러했고, ② 더욱 광범위한 내용, 즉 교회개척 프로그램

이라든가 강력한 삼인조활동이 들어 있으며, ③ PET는 모든 나라에서 적용될 수 있다고 보았으며, ④ 기독교적으로 앞선 나라들이 관심을 두지 않는 초대교회식 교회개척이 지금도 효과적으로 적용될 수 있으며, ⑤ 훈련을 함께 실시한 대부분의 목회자들이 PET훈련이 효과적이라고 인정하고 계속해서 이 훈련을 요청하고 있으며, ⑥ 협력 교역자들이 PET훈련으로 개척된 초대교회식 교회에 많은 관심을 보였으며, ⑦ PET훈련을 받은 모든 사람들이 문맹자를 포함해서 모두 용감하고 효과적인 전도자로 변했으며, ⑧ 이 PET훈련 방법은 세계복음화를 위한 효과적인 방편이 될 수 있다는 것이었다.

훈련의 효과측정을 위하여 2개의 설문 조사서를 작성하여, 세 종류의 사람들에게 설문지를 보내서 해답을 받았다. 세 종류의 사람들이란 각각 훈련을 실시한 교회의 담임목사, 훈련에 참가한 평신도 지도자, 그리고 훈련을 협동으로 실시한 현지의 한국 선교사 등이다. 상황이 허락하는 한도 내에서 일대일 인터뷰를 통해 답신서를 얻기도 하였다. 받은 답신서는 문제별로 분석하고 해석하였다. 설문서를 보내 회답을 받은 나라는 불가리아, 캄보디아, 가나, 인도, 인도네시아, 케냐, 몽골, 미얀마, 네팔, 스리랑카, 그리고 태국 등 11개국이었다. 훈련 결과의 평가는 논문에서 자세하게 다루었으나 여기서는 중요한 점만 보고하고자 한다. 평가 방법은 3가지 전도방법, 즉 ① 정규적인 전도폭발 방법, ② 삼인조운동에 의한 방법, ③ 훈련 받지 않은 노방전도 등 세 가지를 비교분석 하였으며 그 결과를 요약하면 아래의 [표 14]와 같다.

[표 14] 세 가지 전도방법의 효과 비교표

번호	전도효과를 좌우하는 요소들	전도방법의 구분		
		정규적인 전도폭발 (EE 방법)[1]	삼인조 전도운동 (PET 방법)[2]	훈련받지 않은 노방 전도 (NTE 방법)[3]
‡1	동기부여와 비전	보통으로 강조한다	매우 강조한다	강조한다
2	구령의 열정	매우 강조한다	매우 강조한다	강조한다
‡3	삼인조 효과	중요하다	매우 중요하다	중요하지 않음
‡4	중보기도	강조한다	조직적으로 실시한다	중요하지 않음
‡5	기도응답에 대한 확신	특별히 강조하지 않음	매우 강조함	특별히 강조하지 않음
‡6	구원의 확신	강조함	특별히 강조함	전혀 강조하지 않음
‡7	성령님과의 동역	매우 강조함	특별히 강조함	보통으로 강조함
8	복음 제시	조직적인 복음제시	조직적인 복음제시	해당 없음
9	복음제시의 융통성	특별히 강조하지 않음	매우 강조함	해당 없음
10	성경지식의 활용성	매우 강조함	보통으로 강조	보통으로 강조함
11	재치 있는 접근	매우 강조함	매우 강조함	보통으로 강조함
‡12	교회개척	없음	효과적으로 실시함	없음
‡13	세계복음화 전략	보통으로 강조함	구체적이며 매우 강조함	특별히 강조하지 않음

각주 :

1) 정규적인 전도폭발(EE) 훈련은 훈련자와 훈련생 2명이 한 팀이 되어 일주일에 하루씩(대개 3-4시간) 13주 동안 훈련한다. 실제는 5단계 훈련

까지 있으나 본 연구에서는 1단계 훈련만 가지고 비교하였음.
2) PET훈련은 본 연구의 주제가 되며 구체적인 방법이 이 논문에 제시되어 있으며, 또한 본 책자의 부록에 첨부되어 있다.
3) NTE 방법은 보통 조직적인 전도훈련을 실시하지 않는 교회에서 전도용 소책자를 준비하여 개인적으로 또는 그룹으로 노방전도를 하거나 개인적으로 관계전도를 하는 수준을 말하며 보통 성문화된 복음제시가 없다.
4) ‡표는 PET훈련에서 특히 중요한 요소들로서 다른 방법에 대한 우수성을 나타낸다.

【2】 결 론

1) 불가리아, 가나, 인도, 케냐, 미얀마, 네팔, 그리고 태국 등 7개국에서의 PET훈련 결과를 비교분석한 결과 PET훈련은 전도와 교회 성장에 매우 효과적인 훈련이라는 것이 판명되었다.
2) 삼인조운동은 좋은 중보기도 방법의 하나이다.
3) PET훈련에서 거의 모든 훈련생들은 용감하고 효과적인 전도자로 거듭났다.
4) 삼인조운동은 지역교회의 성장을 위한 좋은 전도방법이다.
5) PET훈련은 교회개척에 매우 효과적인 방법이다. PET훈련으로 초대교회의 교회개척 방법이 오늘날에도 매우 효과적인 전략이라는 것이 증명 되었다.
6) 삼인조운동은 PET훈련을 통해서 전 성도를 무장시켜 "땅끝까지 이르러 내 증인이 되리라"고 하신 예수님의 명령에 따라 세계복음화를 이뤄나가는 데 가장 쉽고 구체적이며 적합한 성경적 방법이다.
7) 삼인조운동은 세계 어느 나라에서나 적용할 수 있다.
8) 삼인조운동은 자체적으로 확산 전략을 가지고 있으며 PET훈련이 끝난 후에도 계속적인 사역이 가능하다.
9) 삼인조운동의 선교전략은 특히 교회를 빠르게 확산시키는 면에서 초대교회의 사도 바울의 선교전략을 재현하는 대안이 될 수 있다.
10) 이 훈련에서 보완되어야 할 것은 전도한 후에 새신자를 잘 양육하는 프로그램이 필요한데 이것은 각 교회에서 실정에 맞게 연구할 필요가 있다. 끝.

[부 록]

PET훈련 매뉴얼

【세계를 움직이는 월드 크리스천을 위하여】

도서출판 메이킹북스

[표 1]   PET훈련 자료 목록

번호	제 목	비 고
#1	구원의 확신 질문지	구원의 확신을 위한 복음 제시
#2	기도 응답의 확신 질문지	응답을 어떻게 100% 확신할 수 있는가?
#3	성령충만을 받는 방법	성령을 주시는 목적 등 기본적인 지식
#4	무엇을 기도할 것인가?	비전을 가지고 기도할 실제적 기도제목
#5	100% 응답받는 것을 확인하는 기도제목	기도를 매일 기록하고 읽으면서 기도함
#6	기도응답으로 구원받을 불신자 리스트 만들기	전도대상자의 이름을 기록하고 구원을 위해 기도함
#7	기도와 전도로 세계를 움직이는 삼인조 카드	삼인조 사진을 부착하고 삼인조훈련 내용을 소개함
#8	삼인조기도 카드	삼인조기도를 위한 기도 카드
#9	전 세계를 어떻게 복음화 할 것인가?	217개국을 위한 간추린 선교 기도정보
#10	초신자도 쉽게 전도할 수 있다	초신자가 전도할 수 있도록 하는 안내서
#11	누구든지 교회개척 할 수 있다	목회자, 선교사, 평신도 누구든 할 수 있는 교회 개척
#12	개인 간증의 효과적인 사용	전도를 위한 개인 간증서 작성 요령
#13	개인 간증 작성 요령	개인 간증문 작성을 돕는 양식
#14	간추린 복음제시	(암기할 내용으로 매뉴얼에만 기록함)
#15	결신 기술	대상자를 결신으로 유도하는 방법
#16	전도 결과 기록표	전도한 사람들의 신상 기록표
#17	전도 현장 보고서	팀 또는 개인전도 결과를 보고하는 양식
#18	전도한 사람에 대한 양육관리	새신자 양육 관리를 위한 기록표
#19	전도자가 지켜야 할 사항 (전도 수칙)	전도에 지대한 영향을 주는 요소들
#20	물질의 세계와 영의 세계	하나님이 창조하신 우주(예수 믿는 이유)
#21	교회개척 프로그램	교회개척을 위한 순서와 실시요령
#22	교회개척 보고서	교회개척 보고서 양식
#23	예수님의 세계복음화 전략	삼인조의 연속적 증가를 통한 전략
#24	기도와 전도로 풍성한 삶을 살기 위한 나의 결정	전도의 생활화를 위한 개인적인 서약 (삼인조 선교사 파송식에서)

[표 2]   PET훈련을 위한 표준 시간표

시간	월요일	화요일	수요일	목요일	금요일
*5:00-7:00		강사 기도회	강사 기도회	강사 기도회	강사 기도회
7:00-8:00		아침 식사	아침 식사	아침 식사	아침 식사
8:00-8:50		간증, 전도 [#13-#14]	부흥회 사랑과 순종	교회개척 파송 예배 [# 21 / #22]	
9:00-9:50		전도 강의	#14 전도 문제해결	교회개척 출발	교회개척 출발
10:00-10:50	선교지 도착	#19 전도 주의사항	즉석양육	개척전도	개척전도
11:00-11:50		#15 전도 결신기술	#14 개인 전도연습	개척전도	개척전도
12:-12:50	점심식사	점 심	점 심	점 심	점 심
13:00-13:50	개회예배 강사설교	#16/#17 전도보고	#14 전도 연습	개척전도	개척전도
14:00-14:50	[#7] PET 훈련소개 조 편성	현장전도 (팀 전도)	현장전도 (개인전도)	교회개척	교회개척
15:00-15:50	기도확신 [#2-#5]	현장전도 (팀 전도)	현장전도 (개인전도)	개척예배	개척예배
16:00-16:50	[# 8] 삼인조기도 실 습	현장전도 (팀 전도)	#17 전도보고	교회로 출발	교회로 출발
17:00-17:50	사진촬영 저녁식사	보고서 작성 저녁식사	저녁식사	저녁식사	저녁식사
18:00-18:50	[#9/#23] 세계복음화	#17 전도보고회	#21/#22 교회개척 실내연습	#22 개척보고	#22 개척보고
19:00-19:50	[#7/#10] 삼인조운동	전도 시 문제점	개척 장소 물색	교회개척 개인 간증	세족식
20:00-20:50	#1,#12/#13 구원확신 간증문 작성	#13/#15 #18 전도교육	교회개척 실제 연습 파송준비	헌신서약 기도회	성찬식 #23 세계 복음화전략
** 21:00-22:00	강사기도회, 금일 평가 및 내일 계획 수정			#24 선교사 파송식	

[첨부물 1]   삼인조운동의 장점들

PET훈련은 세 사람이 한 팀이 되어 모든 사역을 하는데, 삼인조로 활동하는 이 운동은 삼인조기도의 장점과 더불어서 아래와 같은 여러 가지 장점들이 있다.

① 삼인조는 그 아이디어를 하나님께서 주셨다.(Brian Mills, 1986)
② 삼인조 조직은 성경적이며, 예수 그리스도께서도 사용하셨다.
 (창 1:26, 출 17:12, 전 4:12, 마18:19-20, 마26:37-41)
③ 삼인조기도의 기도제목은 외부지향적 내용으로서 원칙적으로 중보기도이다.
④ 전도대상자들을 구체적으로 알고 집중적으로 기도하게 된다.
⑤ 삼인조 기도는 분명한 일치와 가시적 연합의 원리가 있다.
⑥ 기도와 구원의 확신을 통해서 본인의 믿음이 증진되고 영적 축복을 가져다준다.
⑦ 전도에 대한 두려움을 없애줌으로써 쉽게 전도할 수 있게 해준다.
⑧ 현장교육이므로 교육효과가 탁월하다.(On-the-job-training)
⑨ 삼인조운동을 확대 실시함으로써 자체적 확장의 원리가 작동된다.
⑩ 신앙 성숙도에 관계없이 모든 성도들을 함께 훈련할 수 있다.
⑪ 기도, 전도 및 교회개척을 동시에 훈련하여 시너지효과가 크다.
⑫ 환경이 다른 여러 나라에서 그 효과가 검증되었다.
⑬ 세 사람이 서로에게 자극이 되어 자동적으로 자기 발전을 도모하게 된다. 이것은 심리학이나 정신치료 또는 상담에서 중요시하는 것으로서 소그룹에는 그룹역동성(Group dynamics)이 있는데, 삼인조는 그룹에 있어서의 최소단위이지만, 그룹역동성에 의한 열 가지 이상의 장점도 가지고 있다. 사람들이 그룹으로 활동하면;
　(1) 편안함을 느낀다.
　(2) 외부로부터 당하는 공격에 대해 두려움이 적어진다.
　(3) 역동적인 상호작용이 있다.
　(4) 소속감으로 동료의식이 발전한다.
　(5) 공동목표를 효과적으로 추구하게 된다.
　(6) 역할체계에 동참함으로서 자연스럽게 통일성을 이룬다.
　(7) 역할체계에 동참함으로서 협동정신이 생긴다.
　(8) 집단을 위해 자제력을 배운다.
　(9) 서로 격려하여 의욕이 증진된다.
　(10) 그룹을 통해 욕구충족을 얻는다는 등의 장점이 있다.

[# 1]   구원의 확신 질문지

1. 만일 당신이 오늘 이 세상을 떠난다면 천국에 들어갈 것을 확신하고 계십니까?

| 예 ( ) | 아니오 ( ) | 그러기를 원함 ( ) |

* 성경이 쓰여진 목적 : 내가 하나님의 아들을 믿는 너희에게 이것을 쓴 것은 너희로 하여금 너희에게 영생이 있음을 알게 하려 함이라(요일 5:13).

2. 만일 당신이 오늘 이 세상을 떠나 하나님 앞에 가서 섰는데 하나님께서 당신에게" 내가 너를 나의 천국에 들어오게 할 이유가 무엇이냐"고 물으신다면 어떻게 대답하시겠습니까?

3. 복음 요약 (① 은혜 ② 인간 ③ 하나님 ④ 그리스도 ⑤ 믿음)

①-1 천국은 값없이 주시는 하나님의 선물입니다. (롬 6:23)
①-2 그것은 돈이나 선행이나 자격으로 얻는 것이 아닙니다. (엡2:8-9)
②-1 인간은 죄인입니다. (롬 3:23)
②-2 그러므로 인간은 자기 자신을 구원할 수 없습니다. (마 5:48)
③-1 하나님은 자비로우셔서 우리를 벌하는 것을 원치 않으십니다. (요일 4:8)
③-2 하나님은 또한 의로우셔서 우리의 죄는 반드시 벌하셔야만 합니다. (출 34:7)
④-1 예수 그리스도는 무한하신 참 하나님이신 동시에 참 인간이십니다. (요 1:1, 14)

④-2 그는 우리의 죗값을 치르시고 우리에게 선물로 주실 천국의 처소를 마련하기 위해 십자가에 죽으시고 부활하셨습니다. (사 53:6)

⑤-1 천국문을 여는 열쇠는 믿음입니다.

⑤-2 구원을 얻는 참 믿음이 아닌 것은 단순한 지식적 동의나 일시적/현세적 믿음입니다.(약 2:19, 마 8:29)

⑤-3 구원을 얻는 참 믿음은 우리의 구원을 위해서 오직 예수 그리스도만을 신뢰하는 믿음입니다.(행 16:31)

  * **의자의 예화**

4. 이 영생의 선물을 받기 원하십니까? 예(   ), 아니오(   ), 이미 받았음 (   ), 나중에 받겠음(   )

5. 영생의 선물을 받기 원하신다면:
   ① 부활하여 살아계신 그리스도를 구주로 영접하십시오.
   ② 신뢰의 대상을 옮기십시오.
   ③ 그리스도를 주님으로 영접하십시오.
   ④ 회개하십시오.
   ⑤ 기도로 하나님께 아뢰십시오.

6. ① 영접기도 ② 구원의 확신(요 6:47) ③ 영적 생일카드를 작성한다.

[# 2] 기도응답의 확신 질문지
당신은 산을 옮길 만한 믿음의 기도를 할 수 있는가?

내가 진실로 너희에게 이르노니 누구든지 이 산더러 들리어 바다에 던지우라 하며 그 말하는 것이 이룰 줄 믿고 마음에 의심치 아니하면 그대로 되리라. 그러므로 내가 너희에게 말하노니 무엇이든지 기도하고 구하는 것은 받은 줄로 믿으라. 그리하면 너희에게 그대로 되리라. (그리고) 서서 기도할 때에 아무에게나 혐의가 있거든 용서하라. 그리하여야 하늘에 계신 너희 아버지께서도 너희 허물을 사하여 주시리라 하시니라. (막 11:23-25).

산을 옮길 만한 믿음의 기도를 한 사람들

* 아람 사람이 엘리사에게 내려오매 엘리사가 여호와께 기도하여 가로되 원컨대 저 무리의 눈을 어둡게 하옵소서하매 엘리사의 말대로 그 눈을 어둡게 하신지라(왕하 6:18).
* 베드로가 무릎을 꿇고 기도하고 돌이켜 시체를 향하여 가로되 "다비다야 일어나라" 하니 그가 눈을 떠 베드로를 보고 일어나 앉는지라(행 9:40).

기도의 능력과 기도응답의 방법

* 엘리야는 우리와 성정이 같은 사람이로되 저가 비오지 않기를 간절히 기도한즉 삼년 육 개월 동안 땅에 비가 아니 오고, 다시 기도한즉 하늘이 비를 주고 땅이 열매를 내었느니라(약 5:17,18). * 나를 믿는 자는 나의 하는 일을 저도 할 것이요 또한 이보다 큰 것도 하리니...(요 14:12).

① 하늘의 보좌를 움직일 수 있는 능력 (마 6:9, 행 7:55-56)
② 하나님과 협력할 수 있는 능력 (눅 22:40, 행 1:8, 행 9:15-16, 히 7:25)
③ 사탄에 대항하여 이길 수 있는 능력 (약 4:7, 히 1:14, 엡 6:11-13, 요일 3:8)
④ 자연법칙을 초월할 수 있는 능력 (요 1:3, 요 11:44, 행 12:5, 약 5:15)
⑤ 천사들의 도움을 받을 수 있는 능력 (히 1:14, 창 32:1, 행 12:7, 행 27:23, 눅 2:10, 눅 22:43)
⑥ 산을 옮길 수 있는 능력 (사 40:4, 마 21:21, 막 11:23)
⑦ 구원에 이르게 하는 능력 (롬 10:10-13, 약 5:15)
⑧ 다른 사람들을 축복할 수 있는 능력 (창 12:2, 빌 1:1-11, 고후 13:13)
⑨ 세상과 사람을 변화시키는 능력 (빌 4:6)

1. 하나님께서 그리스도인에게 부여하신 특권은 무엇인가?
   ① 하나님의 형상으로 지음 받고 땅을 정복하고 모든 것을 다스리는 명령을 받음 (창 1:26-28)
   ② 하나님의 자녀가 되는 권세를 주시고 누리게 하심 (요 1:12)
   ③ 왕 같은 제사장이 되게 하셔서 하나님의 존전에 들어가게 하심(벧전 2:9)
   ④ 기도할 수 있는 특권을 주심 (요 16:24 / 요일 5:14-15 / 막 11:23-25)
   ⑤ 예수님의 권세를 사용하여 모든 족속으로 제자를 삼으라는 명령을 받음 (마 28:18-20)
2. 기도가 어떻게 응답되는가? (요일 5:14-15)
   ① 즉시 응답 (왕상 18:36-39)
   ② 얼마 후에 응답하심 (삼상 1:10-20; 느 1:1-2:1)
   ③ 수정해서 응답하심 (마 26:39)
   ④ 거절로써 응답하심 (고후 12:7-10)
3. 기도응답으로 나타나는 결과들 (눅 1:13-17)
   ① 자신이 기뻐하고 즐거워함 (눅 1:14)
   ② 많은 사람들이 함께 기뻐함 (눅 1:14)
   ③ 주 앞에서 큰 자가 됨 (눅 1:15)
   ④ 성령의 충만함을 입음 (눅 1:15)
   ⑤ 많은 사람들을 주님께로 인도함 (눅 1:16)
   ⑥ 많은 질병과 고통이 치유됨 (행 9:40)

누구든지 할 수 있는 산을 옮길 만한 믿음의 기도

1. 당신은 기도로 "산이 들리어 바다로 던져져라" 말하면 그대로 될 줄 믿는가? (   )
2. 당신은 기도로 산을 옮겨본 적이 있는가? (   )
3. 기도로 산을 옮길 수 있다면 어떻게 산이 들리어 바다로 옮겨지는가?

기도응답의 과정과 역할

사람의 역할	하나님의 역할	성취 내용
① 기도(말)하는 것	모든 기도를 들으신다.	"산아 들리어 바다에 던지우라"
② 기도한 것을 하나님은 하실 수 있다고 믿는 것 (믿음)	하나님이 말씀으로 약속하셨음	하나님은 능히 산을 옮기실 수 있다.
③ 기도(말) 한 것은 받은 줄로 믿는 것 (특별한 믿음)	하나님은 능력으로 약속을 이행하신다.	기도한 대로 하나님께서 이루어 주신다.
④ 사랑으로 모든 사람의 죄를 용서함	하나님께서 우리의 죄를 용서하심	산을 옮기는 믿음이 사랑을 통해 역사함

[# 3]   성령충만을 받는 방법

이 세상에서 성령의 능력만큼 강력한 것도 없으며 또한 성령의 역사처럼 혼동되는 것도 없다. 성령충만을 받기 위해서는 다음 사항들을 잘 알아야 한다.

1. 우리에게 성령을 주시는 목적 (하나님 편에서)
    ① 우리 안에 내주하심으로써 영생의 구원을 얻게 하기 위하여
    ② 하나님의 복음을 능력으로 담대하게 전하기 위하여
    ③ 하나님의 말씀을 깨달아 알 수 있도록 하기 위하여
    ④ 하나님의 말씀대로 거룩한 삶을 살 수 있게 하기 위하여

2. 성령충만을 받아야만 하는 이유 (사람 편에서)
    ① 하나님의 명령에 순종하기 위하여 (명령을 어기는 것은 죄이다)
    ② 사탄 및 세상과 싸워서 이기기 위하여
    ③ 육에 속하지 않고 성령의 열매를 맺기 위하여(갈 5:22-26).

3. 성령을 받는 종류
    ① 성령 세례(요 3:5, 행 2:38)   ② 성령충만(엡 5:18, 행 2:4)

4. 성령충만을 알 수 있는 것
    ① 하나님의 영광을 위한 삶(고전 10:31, 먹든지 마시든지 다 하나님의 영광을 위하여...)
    ② 그리스도인의 거룩한 삶, 복음의 능력, 희생적 봉사, 중보기도의 삶
    ③ 성령의 열매(갈 5:22-26)

5. 성령충만을 방해하는 것
    ① 우리의 죄 또는 범죄(갈 5:16-21)
    ② 이해와 헌신의 부족

6. 성령충만을 받는 조건 :

【하나님의 성령을 근심하게 하지 말라. 그 안에서 너희가 구속의 날까지 인치심을 받았느니라.(엡 4:30)】

① 요 14:17 　진리의 영(거짓, 외식하는 것, 세상의 일시적인 것)
② 고전 12:9 　믿음의 영(불신, 의심, 너무 염려하고 걱정하는 것)
③ 히 10:29 　은혜의 영(고집, 말이나 행실이 거친 것, 무자비, 악행)
④ 롬 1:4 　성결의 영 (더러움, 나쁜 말, 악한 생각, 악의적 행실)
⑤ 엡 1:17 　지혜와 계시의 영(무지함, 우둔함, 자신을 내세우는 자만)
⑥ 딤후 1:7 　능력과 사랑의 영(무능력, 무질서, 자신 비하, 미워함)
⑦ 롬 8:2 　생명의 영(생명에 무감각, 미지근함, 무관심, 부정적 사고)
⑧ 벧전 4:14 　영광의 영(세상적 향락, 죄와 육신적 욕망, 사치, 유행)
⑨ 살전 5:19 　성령을 소멸치 말라(성령의 불을 끔, 모이는 것을 폐함)

7. 성령을 충만히 받는 방법

① 이해와 신뢰 : 하나님은 우리 안에 거하시고 우리와 함께 살기 원하신다는 것을 확실히 이해하고, 예수 그리스도만을 신뢰하는 믿음을 갖는 것 (계 3:20, 롬 8:1-11, 의자의 예화)

② 깊은 회개와 순종 : 그리스도인답게 살지 못하는 것(성경, 기도, 전도, 예배, 봉사, 미워함, 시기, 질투, 사랑, 부모공경 등), 내 자신을 하나님께 돌려드림(벧전 1:18,19; 빌 1:20; 고전 3:23)

③ 기도와 믿음의 생활 : 간절한 기도(행 1:14, 12:5), 꾸준한 믿음의 생활, 죄에 대하여 죽고 예수 안에서 하나님에 대해 산자로 여기며, 육신의 소욕이 하나님의 뜻에 반대되면 항상 하나님의 뜻을 따름.

[# 4]   무엇을 기도할 것인가?

　　예수님께서 세상에 계실 때, 기도로 하루를 시작하셨습니다. 성경은 "새벽 오히려 미명에 예수께서 일어나 나가 한적한 곳으로 가사 거기서 기도하시더니" (막 1:35)라고 말씀하고 있습니다. 무엇을 기도하셨을까요? 주님이 오신 목적은 이 세상 사람들을 구원하러 오셨는데 어떻게 구원합니까? 그것은 바로 **"세계복음화"**입니다. 제자들이 기도하는 법을 가르쳐달라고 했을 때, 제일 먼저 "하나님 아버지의 이름이 거룩히 여김을 받으시오며"라고 하시고, 그 다음에 "나라가 임하옵시며"라고 하셨는데 이것은 무엇을 말합니까? **"세계복음화"**입니다. 오순절 날 베드로가 성령이 충만하여 3,000명이 회개하는 첫 설교를 할 때 요지가 무엇이었습니까? 회개하고 구원을 받으라는 것이었습니다. 바로 **"세계복음화의 시작"**입니다. 예수님께서도 새벽부터 기도하실 때 제일 먼저 세계복음화를 위해서 기도하셨을 것입니다. 예수님의 제자된 우리들은 땅끝까지 가서 전도는 못하더라도 예수님처럼 세계복음화를 위해서 기도해야 하지 않겠습니까?

　　오늘날 우리가 살고 있는 이 세상, 이 시대는 배교와 불신의 시대이다. 오늘날 우리에게 가장 절실하게 필요한 것은 성령의 역사로 일으켜주시는 영적부흥이다. 우리 인간의 측면에서 보면 이러한 부흥은 오직 한 가지 방법, 즉 기도로 이루어진다. 미국의 대각성운동은 조나단 에드워드의 목숨을 건 기도로 시작되었다. 1857년에 일어난 놀라운 부흥은 미국의 국내 선교사인 랜드휘어가 뉴욕의 기독교인들을 모아서 기도하게 함으로써 시작되었다. 또한 1859-1860년에 일어난 영국의 울스터 부흥은 4명의 아주 겸손한 그리스도인들과 몇몇 기도 동역자들의 기도로 말미암아 일어났다. 1902년에 일어난 호주와 뉴질랜드 나아가서 1904년의 영국, 스코틀랜드, 웨일즈, 인도 등, 그리고 1907년의 한국에서 일어난 대 부흥도 기도로 시작되었다.

　　이스라엘이 하나님을 배반하고 배교와 우상과 사회적으로 지도자들이 부패하여 악을 도모하고 있을 때, 하나님께서는 "남은 백성" 7,000명을 남겨 두시고 이들을 하나님의 나라를 이루는 데 사용하셨습니다. 우리는 내가 직접 하는 일보다 기도로 훨씬 더 많은 일을 할 수 있습니다. 우리는 이 시대에 기도하라는 명령을 받은 하나님의 남은 백성입니다.

1. 기도 일반에 대하여

① 하나님의 영광과 뜻이 하늘과 땅에서 이루어지도록 (마 6:9-10)
② 나와 가족이 하나님의 자녀로서의 삶을 살도록 (요 17:1, 마 15:22)
③ 친구와 친척을 위하여 (욥 42:10)
④ 교회와 성도를 위하여 (시 122:6, 롬 1:9-10)
⑤ 병자들의 병이 나아서 하나님께 영광을 돌리도록 (약 5:14-16, 시 103:3)
⑥ 원수와 갇힌 자들을 위하여 (마 5:44, 눅 23:34, 행 7:60)
⑦ 범죄한 자를 위하여 (행 7:60)
⑧ 새 신자들을 위하여 (살전 3:10-13)
⑨ 핍박받는 자와 핍박하는 자들을 위하여 (마 5:44, 눅 6:28)
⑩ 위정자들과 권세 잡은 자들이 하나님의 법을 지키도록 (딤전 2:1-4)
⑪ 옥에 갇힌 자들을 위하여 (행 12:5)
⑫ 교역자와 그의 가족들을 위하여 (빌 1:19, 고후 1:11)
⑬ 전도자나 선교사들과 그의 가족들을 위하여 (엡 6:19, 골 4:3)
⑭ 자기에게 속한 자와 그 가족들을 위해서 (마 8:6)
⑮ 모든 나라와 민족의 구원과 풍성한 삶을 위하여 (창18:23, 합1;13) 등

2. 나를 위한 기도

① 마음을 다하여 주님을 사랑하고 의지하며 제 자신과 명철을 의지하지 않게 하옵소서.
② 무슨 일을 하든지 매 순간 하나님과 교제하며 하나님의 뜻을 이루도록
③ 누구를 만나든지 사랑과 친절로 섬기는 자세와 기도하는 자세를 갖도록
④ 때를 얻든지 못 얻든지 복음을 전하며 사랑을 실천하도록

⑤ 악을 미워하되 사람은 미워하지 말고 그가 구원 받아 새 사람이 되도록
⑥ 이웃과 친구들에게 복음을 전하고 그들이 축복을 받아 충성한 삶을 누리도록
⑦ 지역사회와 국가와 민족을 위하여 기도하며 관리자들이 악에서 떠나도록
⑧ 매일 성령충만하여 주의 일에 충성을 다하게 하옵소서.

3. 하나님의 나라에 대한 기도

① 온 우주와 세상 나라들이 하나님의 주권적인 통치 아래 있음을 믿고 모든 영광과 존귀와 찬양을 하나님께 올려드리도록
② 하나님의 나라가 이 땅에 임하며 하나님의 뜻이 땅 위에서도 이루어지도록

4. 성경말씀과 전도의 사명에 대하여

① 매일 하나님의 말씀을 읽고 묵상하며 말씀대로 온전히 행하도록
② 주의 말씀이 항상 제 마음에 계셔 범죄치 않도록 다스려주옵소서.
③ 진리의 말씀이 입에서 떠나지 않게 하시고 불의를 물리치게 하옵소서.
④ 주의 명령과 법도를 지키게 하옵소서.
⑤ 불신자들과 새신자들을 위해 기도하게 하옵소서.
⑥ 매일 한 사람에게 복음을 전할 수 있도록 인도하옵소서.
⑦ 나의 몸을 받으셔서 언제든지 주님의 필요대로 사용하시옵소서.
⑧ 만나는 사람마다 복음을 전할 기회와 여건을 만들어 주옵소서.

5. 교회와 성도들을 위하여

① 지역교회와 세계교회를 위해 항상 기도하도록 일깨워 주옵소서.
② 목회자의 개인적 필요(겸손, 하나님을 아는 지혜, 긍정적인 대인관계, 건강, 신뢰성을 유지하도록) 인도하여 주옵소서.
③ 각종 기도모임마다 성령의 능력을 충만히 받도록

④ 지역사회에 봉사하여 하나님 보시기에 아름다운 교회로 성장하도록
⑤ 성도들이 예수 그리스도의 대위임령을 기억하며 지키도록
⑥ 교회가 하나 되어 사회적, 도덕적, 윤리적으로 모범을 보이도록
⑦ 이단과 교회를 훼방하는 사탄의 궤계가 물러가도록

6. 국가와 민족을 위하여

① 모든 국민이 서로 사랑하며 하나가 되고 복음화되어 구원 얻도록
② 대통령, 국회의원, 장관들, 모든 기관장들이 복음화되고 맡은 바 소임을 정직하고 공평하며 사랑과 솔선수범으로 잘 처리하도록
③ 경제 위기가 없고, 국제적인 신용을 잃지 않고, 어려운 나라들 돕고, 국제사회에서 환영 받고 국제 평화에 이바지하는 나라가 되도록
④ 국민이 복음화하여 사랑이 넘치는 국가 사회를 이루도록
⑤ 하나님을 두려워하는 국민이 되어 하나님의 축복을 누리도록

7. 세계복음화를 위하여

① 세계복음화를 위하여 교회가 하나되고 세계적인 복음화운동이 일어나서 예수 그리스도의 재림을 준비하는 교회가 되도록
② 세계 각국의 번영과 복음화를 위해 세계 교회가 기도하도록
③ 전염병, 기근, 지진, 태풍 등 자연재해가 일어나지 않도록
④ 세계복음화를 위한 추수에 많은 일군들을 보내주소서
⑤ 나라마다 영적 부흥이 일어나서 날마다 많은 사람들이 구원 얻도록
⑥ 기아와 질병으로 죽어가는 많은 사람들을 보호하시고 살길을 열어주소서
⑦ 서방 교회들이 영적 대각성들이 다시금 일어나서 교회들이 생명력을 회복하여 예수님의 대위임령을 위해 총력을 기울이도록
⑧ 이스라엘이 예수 그리스도를 메시아로 받아들여 유태교에 대변혁이 일어나 제사장 나라의 위치를 회복하여 세계복음화에 힘쓰도록
⑨ 아프리카, 아시아, 남미 등 낙후된 나라들이 전쟁을 멈추고 경제적인

부흥이 일어나 살기 좋은 나라들이 되도록
⑩ 지구의 온난화 요소, 핵무기, 환경오염, 자연파괴 등을 자진하여 줄이며 협력하여 평화를 이룩해 나가도록 유엔기구 종사자들에게 지혜와 능력을 더하여 주옵소서.
⑪ 말세에 모든 그리스도인들에게 성령을 물 붓듯이 부어 주셔서 영생의 기쁜 소식을 땅끝까지 전하며 매년 구원받는 영혼이 기하급수적으로 증가하도록 은혜를 내려 주옵소서.
⑫ 각 나라, 각 부족에게 부흥을 일으킬 영적 지도자들이 일어나도록 세계 교회가 지역선교를 그만두고 세계복음화 선교에 연합하여 참여하도록
⑬ 세계의 미전도종족들이 복음화를 이룰 수 있는 선교전략을 세워나가고 예수 그리스도만이 구원의 능력을 가지신 분임을 타 종교에서 인정하고 돌아오도록
⑭ 세계 교회 역사에서 기독교인들이 저지른 잘못을 용서해 주시고 모슬렘들이 하나님 앞으로 나아오도록 길을 열어 주옵소서.
⑮ 인권과 기독교가 유린당하는 나라들(미얀마, 수단, 중동의 여러 이슬람 국가들, 북한, 쿠바, 인도, 인도네시아, 베트남, 라오스, 파키스탄, 중국, 부탄, 아프간, 아제르바이잔, 타지키스탄, 카작스탄, 키르기즈스탄, 우즈베키스탄, 위그루 자치구, 몽골, 아프리카 여러 나라들, 네팔, 등)에 종교의 자유를 주시고 자유민주주의가 하루속히 뿌리내리도록 도와주소서.
⑯ 세계 모든 나라들을 위해 기도하도록 우리를 인도하여 주옵소서.

[# 5]　　100% 응답되는 것을 확인하는 기도제목

매일 적으십시오.

> 그를 향하여 우리의 가진바 담대한 것은 이것이니 그의 뜻대로 무엇을 구하면 들으심이라. 우리가 무엇을 구하는 바를 들으시는 줄을 안즉 우리가 그에게 구한 그것을 얻은 줄을 또한 아느니라. (요일 5:14, 15)

매일 기도하십시오.

번호	날짜	기 도 내 용	응답날짜
1			
2			
3			
4			
5			
6			
7			
8			
9			
10			
11			
12			
13			
14			
15			
16			
17			
18			
19			
20			

[# 6] 기도응답으로 구원 얻을 불신자들

* 명단 입수: 가족, 친척, 친구, 아는 사람, 만나는 사람, 기타에서 입수
* 새로 생길 때마다 적고 매일 기도하십시오.

> 그러나 두려워하는 자들과 믿지 아니하는 자들과 흉악한 자들과 살인자들과 행음자들과 술객들과 우상숭배자들과 모든 거짓말하는 자들은 불과 유황으로 타는 못에 참예하리니 이것이 둘째 사망이라. (계 21:8)
>
> 너는 사망으로 끌려가는 자를 건져주며 살육 당하게 된 자를 구원 아니 하지 말라. (잠 24:11)
>
> 구하라 그리하면 너희에게 주실 것이요 찾으라 그리하면 찾을 것이요 문을 두드리라 그러면 너희에게 열릴 것이니 (마 7:7).

번호	날짜	전도할 사람들	성별	나이	전화	주소	참고사항	등록여부
1								
2								
3								
4								
5								
6								
7								
8								
9								
10								
11								
12								
13								
14								
15								
16								
17								
18								
19								
20								

[# 7] 삼인조 카드

[성령님과 함께 일하며, 기도와 전도로 세계를 움직이는 3인조]

팀 No (　　　) 개인 번호 (　　　　)

* 너희 중에 두 사람이 땅에서 합심하여 무엇이든지 구하면 하늘에 계신 내 아버지께서 저희를 위하여 이루게 하시리라. 두세 사람이 내 이름으로 모인 곳에는 나도 그들 중에 있느니라. (마 18:19-20).
* 한 사람이면 패하겠거니와 두 사람이면 능히 당하나니 삼겹줄은 쉽게 끊어지지 아니 하느니라. (전4:12).

훈련 시작 : 자신과 합심하여 기도하고 전도할 3인조의 2명을 기도하여 구한다.

성경이름	이 름	성별	나이	전 화	직분	주 소
모세						
아론						
훌						

```
            팀 No.(      )
          삼인조 사진 부착
```

* 세계가 다 내게 속하였나니 너희가 내말을 잘 듣고 내 언약을 지키면 열국 중에서 내 소유가 되겠고(출 19:5).
* 내게 구하라 내가 열방을 유업으로 주리니 네 소유가 땅끝까지 이르리로다. (시 2:8).

* 너희는 온 천하에 다니며 만민에게 복음을 전파하라. (막 16:15)
3인조가 하는 일 = 기도와 전도로 세계를 움직이기

※ **삼인조가 해야 할 일들**

(1) [#7]의 "기도와 전도로 세계를 움직이는 3인조"를 가지고 삼인조 조직의 요령과 삼인조가 해야 할 일들에 대해 설명한다.
(2) 통성기도 후 삼인조를 조직하고 조별로 앉도록 한다.
(3) 삼인조의 조 번호가 나오도록 조별로 사진을 찍는다.
(4) 가능한 한 빨리 인화하여 [# 7]의 사진 부착할 곳에 부착해 준다.
(5) 우리 모두는 예수님의 지상명령을 받았다.
(6) PET훈련은 종족복음화운동인 동시에 세계복음화운동이다.
(7) PET훈련은 계속적으로 확산되어져야 하는 복음화운동이다.
(8) [#7]과 [#10/11]로 전도훈련과 교회개척에 대한 개관을 다음과 같이 설명한다.

① 현지어로 된 복음제시 전문을 설명하고 실내 실습을 실시한다.
② 훈련생들을 삼인조로 전도 현장에 보내서 전도 실습을 실시하며 [# 16/17]에서 전도자들을 '결신', '결신 보류', '복음을 거절', '예신자' 등으로 보고하도록 하며,
③ 전도 현장에서 생긴 반대의견이나 답하기 어려운 문제들을 성경적으로 해석하여 해결하고,
④ 전도 둘째 날에는 삼인조를 임시로 해체하여 한 사람씩 개인전도를 보내서 위와 같이 보고하고,
⑤ 교회개척 그룹을 조직하고, 교회개척 순서와 내용을 실내에서 연습을 통해 잘 습득하게 함
⑥ 넷째 날과 다섯째 날에는 교회 없는 곳에 교회개척 팀을 그룹으로 파송한다. 파송된 교회개척 그룹은 지정된 곳에 가서 전도하고 교회로 사용할 가정을 정하고 개척예배를 드리고 와서 개척보고를 한다.
⑦ 세계복음화전략 시간에는 먼저 각자 받은 은혜를 간증하고, 세계복음

화 전략을 강의하고, 각자가 어떻게 세계복음화에 이바지할 것인가를 서면으로 제출하도록 한다.
⑧ 마지막으로 세계복음화를 위한 파송식을 끝으로 훈련과정을 마친다.

> § PET훈련 후에 삼인조가 해야 할 일
> 1. 복음을 전해서 구원의 확신을 가지고 교회에 다니게 하는 일 [# 1]
> 2. 산을 옮길 만한 믿음의 기도를 알게 하여 세계복음화를 도모하는 일 [# 2]
> 3. 100% 기도응답의 확신을 갖게 하여 매일 기도제목을 기록하고 기도하게 하는 일 [# 4]
> 4. 매년 365명의 불신자의 구원을 기대하게 하는 일 [# 5]
> 5. 세계 200여개 나라의 복음화를 이룰 수 있도록 기도하는 일 [# 3 & # 9]
> 6. 전도한 사람을 효과적으로 양육하는 일 (전도한 사람을 기록하고 기도함으로) [# 16]
> 7. 새 3인조를 조직하여 #1~#9번까지 실천함으로써 성령님과 함께 일하는 법을 알게 하는 일 [참고 41 페이지]
> 8. 전도훈련을 통해서 전도하는 법을 가르쳐 전도할 수 있게 하는 일 [#10, #20]
> 9. 교회 없는 지역에서 전도하여 결신한 사람들을 양육할 (그 지역에서) 가정교회를 개척하는 일 [# 21]

* 3인조가 하는 일 = 매일 점검해 봅시다. (다른 노트에 이 양식을 기록하고 매일 점검하자)

나의 삼인조 활동   (   )년 (   )월

# 1~9중 1종목 이상 시행한 날에 O표 해봅시다.	3인조가 주 1회 이상 모여 시행한 날짜를 기록하기
1 2 3 4 5 6 7 8 9 10 11 12 13 14 15 16 17 18 19 20 21 22 23 24 25 26 27 28 29 30 31	첫째 주 : 둘째 주 : 셋째 주 : 넷째 주 : 다섯째 주 :

[# 8]　　　　　　　**삼인조기도 카드**

　　　　　　　　　　　　　　　　삼인조 번호 (　　　)

삼인조 기도팀	전도대상자(불신자)					
	이름	연락처	성별	나이	생일	비고
모 세 [　　]						
아 론 [　　]						
훌 [　　]						
기도모임	(　)요일, (　)시 (　)분, 장소(　　　　　)					
특기사항						

[# 9] 세계 217개 국가를 어떻게 복음화할 것인가?

> 성령이 너희에게 임하시면 너희가 권능을 받고 예루살렘과 온 유다와
> 사마리아와 땅끝까지 이르러 내 증인이 되리라. (행 1:8)
> 너희는 온 천하에 다니며 만민에게 복음을 전파하라. (막 16:15)
> 내게 구하라 내가 열방을 유업으로 주리니 네 소유가 땅끝까지 이르리로다.
> (시 2:8)

[표 3] 세계복음화 현황   2010년도 기준

대륙별	인구 (100만 명)	전도대상자 (불신자) (100만 명)	기독교인 수(백만 명)		종족 수	
			복음주의 개신교(%)	총 기독 교인 수(%)	전체 종족 수	미전도 종족 수
남미	546	43(8%)	91(17)	476(92)	1,509	105
북미카리브해	394	66(17)	100(25)	306(78)	771	98
아시아	4,166	3,798(91)	147(4)	368(9)	7,272	5,150
아프리카	1,033	529(51)	182(18)	504(49)	3,743	919
오세아니아	36	9(25)	6(17)	27(74)	1,496	26
유럽	731	209(29)	18(3)	522(71)	1,705	382
전 세계	6,906	4,654 (67.4)	544 (7.8)	2,203 (32%)	16,496	6,680 (40.5%)

세계복음화 전략

> **전도를 생활화하여 항상 전도에 힘쓴다.**
>
> ① 삼인조는 1주일에 하루를 전도하는 날로 정하여 전도를 계속한다.
> ② 일 년에 삼인조를 재생산하며 교회에 등록하고 배가를 계속한다.
> ③ 각 개인은 매일 한 명씩 전도하여 교회로 인도한다.
> ④ 전도한 교인의 신앙성장을 위해 중보기도를 계속한다.
> ⑤ 세계복음화를 위해 매일 10분간씩 기도한다.[# 9]
> ⑥ 모든 그리스도인은 각인이 10개국 복음화의 기도 책임을 담당한다.
> ⑦ 매월 첫째 날은 교회개척을 위해 금식하고 식대를 저축한다.
> ⑧ 저축한 것은 교회개척의 기회가 있을 때 교회개척에 사용한다.

[# 9] 세계 선교정보, 기도집 [1]

남아메리카 대륙 (1)   조이선교회, 인구는 2010년 기준

번호 기도책 임자	나라 이름 (수도 이름)	인구 (만 명)	개신교인 수 (교회 수)	개신교 이외 종교 (%)	정치체제	〈2030년까지 교회 개척 목표〉 시급한 문제, 기도제목
1	가이아나 (조지타운)	76만	31만(750)	힌두교(30)	마르크스	〈5백〉 인도계와 아프리카계 종족분쟁 심화, 정치 안정, 경제개발, 인접국인 베네수엘라 및 수리아 영토분쟁, 힌두교도와 무슬림의 개종이 부진함. 성경번역
2	과테말라 (과테말라시티)	1,438만	386만(만삼천)	카톨릭(55)	정당정치	〈8천〉 정당평화협정, 경제개발, 구세력횡포, 마야족 인권신장, 각종사회문제(부랑아, 폭력, 무주택, 문맹) 등의 문제해결. 대부분이 극빈, 마약거래중계,
3	니카라과 (마나과)	582만	78만(4천)	카톨릭(69)	좌익정당	〈2천〉 사회분열치유, 정치발전, 경제발전, 지진 피해, 화산 피해, 허리케인 등 자연재해, 재해로 가장 가난한 나라, 실업률 6%이나 해외노동 다수, 불법 심림훼손
4	멕시코 (멕시코시티)	1억2천	790만(3만)	카톨릭(89)	연방공화국	〈2만〉 카톨릭의 갑질, 복음주의 박해, 빈부격차 해소, 영적지도자 훈련, 언론이 교회를 공격, 특히 남부에서 기독교 팝박, 인디안 선교, 정치와 경찰의 부패
5	베네수엘라 (카라카스)	2,900만	786만(1만천)	카톨릭(71)	사회민주	〈5천〉 포퓰리즘으로 60% 가난슬럼화, 국가 파산위기, 불법과 부정부패 근절, 세속적 물질주의, 전 국민에 심령술 침투, 비성경적 관행, 미전도종족선교
6	벨리즈 (벨모판)	310	84만(562)	카톨릭(27)	민주주의	〈5백〉 바다와 밀림의 생태관광이 국고의 40%, 산호초가 죽어가서 큰일, 석유채굴로 기업가와 환경보호 단체의 갈등, 종교자유, 혼합주의 만연, 에이즈
7	볼리비아 (라파스)	1,020만	129만(7천)	카톨릭(78)	사회민주	〈5천〉 더 많은 종족의 복음화, 35언어로 성경번역, 농업발전, 우상숭배, 미신타파, 가정파탄, 알콜 중독, 폭력, 교회개척 활성화가 필요. 홍수피해, 빈곤
8	브라질 (브라질리아)	2억	3,193만(6만)	카톨릭(73)	다당제민주	〈3만〉 무속신앙퇴치, 제자훈련 필요, 민족제자화운동 성공하도록, 14,000개의 심령술센터, 영적전쟁에서 승리하도록, 173개 미전도종족선교, 북동부 교세 미미 고질적인 부패와 부정실인사 문제를 공격적으로 해결하도록, 총기소지폐지
9	수리남 (파라마리보)	52만	26만(336)	힌두교(23)	민주주의	〈500〉 생태관광이 주요 외화수입, 마약중계, 네델란드어, 힌두교와 이슬람교가 강세, 제자훈련, 교회지도자 훈련 필요, 영적 각성, 마약 밀매, 금 밀수등
10	아르헨티나 (부에노스아이레스)	4,140만	481만(1만)	카톨릭(87)	민주주의	〈8천〉 교회성장이 급속히 추진할 필요성, 세계선교 활성화, 경제파탄 회복하도록, 대학생선교 활성화를 위해, 성경에 근거한 부흥 일어나도록, 주술 퇴치되도록
11	에콰도르 (퀴토)	1,377만	83만(4천)	카톨릭(81)	민주주의	〈2000〉 성경번역 시급 19개 언어의 성경 번역, 정치적 안정(정부의 평균수명 2년),좌파세력 증대 빈부격차 해소, 이단(몰몬과 여호와증인)매우 강하다. 경제개발, 도시 초교파 교회가 생겨나고 있지만 미전도종족을 대상으로 사역단체가 없다

남아메리카 대륙 (2)

번호 기도책 임자	나라 이름 (수도 이름)	인구 (만 명)	개신교인 수 (교회 수)	개신교 이외 종교 (%)	정치체제	〈2030년까지 교회개척 목표〉 시급한 문제, 기도제목
12	엘살바도르 (산살바도르)	620만	170만(4,525)	카톨릭(65)	민주주의	〈4000〉 수세기의 압제와 12년 내전으로 사회심리적 치유가 필요, 지도자 및 전도훈련강화, 330만이 미국에서 노동, 마라스 조직에 행패, 11만 대학생의 양육, 165명의 선교사가 국외에서 사역, 선교 비전이 살아나도록, 교회가 문화 보존하도록.
13	온두라스 (테구치갈파)	760만	150만(8천)	카톨릭(80)	민주주의	〈4000〉 7개 언어의 성경번역, 부패근절, 일자리창출, 범죄와의 전쟁, 가난과 버려진 아이들, 죽음의 조직이라는 마라스의 강력범죄, 교회 증가로 지도자 부족
14	우루과이 (몬테비데오)	340만	40만(1270)	심령술(13)	민주주의	〈3000〉100만의 심령술 추종자 선도, 복음주의연맹의 교회배가운동이 성공하도록, 목회자 공급 시급, 인본주의와 세속주의 타파, 몰몬과 통일교 퇴치할 수 있도록
15	칠 레 (산티아고)	1,713만	360만(1만)	카톨릭(62)	민주주의	〈5000〉 경제가 탄탄, 오순절주의 분열이 극심, 영적 부흥이 필요, 지도자 양성 시급, 상류층이 교회에 충성하도록, 50만 대학생 선교, 성경과 예수님 만나도록, 복음주의자 18%가 토착계층으로 고립되어 있어서 신학의 오류가 심하다.
16	코스타리카 (산호세)	470만	80만(2,200)	카톨릭(73)	다당제민주	〈1000〉 개종자들이 기독교에 정착되도록(카톨릭이나 이단으로 많이 감), 목회자 빈곤, 교회의 토착화, "코스타리카 21세기"선교가 성공하도록, 청년사역,
17	콜롬비아 (산타페데 보고타)	4,630만	350만(8500)	카톨릭(82)	파당정치	〈1만〉 무법천지, 테러, 범죄 등 극심, 사회불안 중에 영적부흥, 폭력, 주술, 사탄의 숭배, 마약조직 퇴치, 지도자 훈련과 협력, 선교사의 안전 문제, 교회 협력, 콜롬비아 복음주의협가 50여 개 교단을 조정하고 있는데 분열의 위험이 있다
18	파나마 (파나마시티)	350만	74만(1,840)	카톨릭(67)	입헌공화국	〈1000〉 12개 언어의 성경 번역, 선교비전으로 영적 관심이 계속되도록, 전도의 영성, 교단충성과 건물에 관심이 많다. 교회지도자 훈련, 도덕적 갱신, 종족선교
19	파라과이 (아순시온)	650만	63만(1,700)	카톨릭(86)	민주주의	〈1천〉16개 언어 성경번역, 교회연합, 정치적 안정, 도덕적 지도력 회복, 신비주의 배격, 카톨릭의 변화가 필요, 명목주의, 1%가 77% 토지를 소유함으로 대부분 가난한 소작농으로 전락, 빈부격차 해소, 카톨릭의 미신전통 주술행이 등으로 자유가 없다.
20	페 루 (리 마)	3천만	320만(16,000)	카톨릭(81)	민주주의	〈5000〉토착어 92개 성경 번역 필요, 부정부패, 인종주의 타파, 법의 불평등, 정치안정 필요, 극빈자 사역, 20만 명이 마약재배, 전쟁피해 복구, 빛나는 길(테러조직)
21	포클랜드제도 (스탠리)	3,050명	800명(5)	카톨릭(20)	영국자치령	〈20〉 영적부흥 필요, 포클랜드 주민과 아르헨티나와 영국이 화해하도록, 포클랜드 주민이 자치정부를 요구함, 섬 주민과 외부인 전도, 주둔 영국군 전도,
22	프랑스령 기아나 (카 옌)	23만	15,000(81)	카톨릭(76)	해외자치령	〈100〉 복음주의 사역이 계속 성장하도록, 아메리카 원주민에게 복음의 문 열리도록, 불법이민 금광 밀매업자 광부들이 자연훼손, 사생아 출산이 많다.

북아메리카, 카리브해 (1)

번호 기도책 임자	나라 이름 (수도 이름)	인구 (만 명)	개신교인 수 (교회 수, 만)	개신교 이외 종교 (%)	정치체제	〈2030년까지 교회개척 목표〉 시급한 문제, 기도제목
23	프랑스령 과들루프 (바스테르)	47만	37,000(150)	카톨릭(85)	해외자치주	〈500〉 청년실업자가 많다 흑백인의 경제 격차, 노예제도의 암영이 가난과 결혼문제 등에 있다. 주술과 마술 성행, 복음전파가 미미하다. 프랑스인 군인 공무원 전도
24	그레나다 (세인트 조지스)	11만	5만(240)	카톨릭(54)	의회민주	〈300〉 교단의 연합 필요. 교회조차도 도덕 가정이 무너짐, 성행위와 십대 임신 많음, 선교의 비전이 없고 전도도 안 함, 건강한 신앙이 자리 잡도록, 여자가정 45%
25	그린랜드 (누 크)	57,000	37,000(80)	종족 종교(2)	자치정부	〈100〉 살기 어려운 환경 성폭행 알코올 중독 정신질환 자살률이 높다. 영적으로 회복 필요, 이누이트족 특유의 세계관과 문화가 그리스도 안에서 온전해지도록,
26	도미니카 공화 (산토도밍 고)	1,020만	92만(4,350)	카톨릭(82)	민주주의	〈1천〉 부정부패, 성매매문제 심각, 종교자유, 빈민 타파, 각종 사회범죄, 유럽과 당밀의 불공정거래로 세계시장을 파괴함. 아이티 인들은 사회적 하위 계층 취급
27	마르티니크 (포르드 프랑스)	41만	45,000(144)	카톨릭(85)	해외령(프)	〈100〉40%가 프랑스 거주, 화산폭발과 주기적 지진으로 살기 어려운 곳, 영적 무관심 타파, 소수백인이 경제권과 토지소유, 사회계층 간 불화, 청년사역자 필요
28	몬트세라트 (브레이즈)	6천	2,200(10)	성공회(27)	영국령	〈100〉 1990년 화산폭발로 거주하기 힘들며 완전회복이 어렵다. 명목상 기독교를 버리고 삶의 중심에 그리스도를 모시도록, 교회와 공동체생활 복음전도가 회복되도록
29	미 국 (워싱턴 DC)	3억 2천	9,300만(29)	무종교(17)	민주주의	〈5만〉 많은 기도 - 네트워크의 활성화, 영성과 선교회복, 세계선교의 능력회복, 인본주의와 동성연애타파, 인종차별, 흑인의 무슬림화 방지, 성소수자 차별금지
30	바베이도스 (브리지 타운)	26만	11만(300개)	안식교(10)	민주주의	〈300〉 교회지도자들 - 간의 불화, 노예제도에 대한 회개 전국적으로 확산되어 치유되도록, 물질주의, 교회출석 저조, 폭력, 범죄로 영적 침체됨, 청년 사역.
31	바하마 (나 소)	35만	24만(440)	종족종교(1)	민주주의	〈200〉 관광산업으로 물질 주의 팽배, 바하마 기독교 위원회가 교회를 이끌어 계속 성장하도록, 도덕기준 향상, 마약 무장 강도, 사생아출산 등 해결을 위해, 청년사역
32	버뮤다 (해밀턴)	6만5천	3만(42개)	정령숭배(6)	민주주의	〈700〉 관광업과 마약 거래 영향력이 큼, 부정부패와 물질주의, 명목상 기독교인 다수, 마약 중독률이 높다. 가정파괴, 교회의 영적부흥과 개인적인 헌신

북아메리카, 카리브 해 (2)

번호 기도책 임자	나라 이름 (수도 이름)	인구 (만 명)	개신교인 수 (교회 수, 만)	개신교 이외 종교 (%)	정치체제	〈2030년까지 교회개척 목표〉 시급한 문제, 기도제목
33	버진아일랜드 (샬럿 아말리에)	11만	4만(75개)	안식교(7)	미국자치	<150> 미국선교사의 - 영성향상, 관광산업으로 도덕성 황폐, 교회 생명력 상실, 하나님의 교회와 침례교회의 부흥, 교회지도자의 비전, 청년 선도 사역.
34	세인트루시아 (캐스트리스)	18만	4만(200)	카톨릭(56)	민주주의	<200> 허울만 있는 종교가 만연, 복음중심교회가 증가하나 분열을 극복하고 협동하도록, CLC의 기독교서점 중심으로 말씀 흥왕하도록, 중고등학교 사역 발전.
35	세인트빈센트 (킹스타운)	11만	8만(215)	힌두교(4)	민주주의	<200> 종교적인 나라이지만 거룩함의 위기 영적 열매 결여 선교에 무관심인데 성경 중심으로 회복하도록, 교회에 성경교사가 필요, 교회가 더 세워지도록 기도 필요
36	아루바 (오랑예스 타트)	11만	9천(47)	카톨릭(74)	자치령(네)	<150>모래섬으로 민물이 없다. 관광업이 주 수입원, 이주민들이 복음화되도록, 동성결혼 법안 폐지, 10대의 마약중독 사생아(60%) 출산 줄어들도록, 교회 연합필요
37	아이티 (포르토 프랭스)	1,000만	200만(3700)	부두교(3)	민주주의	<5000>지진, 가뭄 극심, 토양침식 문제, 잘못된 정치로 정부 불신, 인구과밀, 가난, 범죄, 실업 등으로 자포자기, 카톨릭 70%이나 세속화됨. 정령숭배 증가문제
38	앤티가바부다 (세인트존스)	9만	3만(52)	성공회(54)	입헌군주	<100> 대부분 기독교, 돈 세탁, 마약거래, 폭력, 도박 등 죄의 요새가 견고. 성도의 기도로 정의로운 국가가 세워져 사회가 안정되도록, 교회 연합, 지도자 훈련.
39	자메이카 (킹스턴)	280만	120만(2,700)	심령술(10)	의회민주	<5000> 극빈자들을 형제처럼 사랑하도록, 사회적 경제적 늪에서 탈출, 마리화나 수출금지, 마약, 심령술, 선교 헌신 자 배출, 카리브 교회부흥, 폭력 제거되도록
40	캐나다 (오타와)	3,400만	340만(1.1만)	카톨릭(40)	입헌군주	<10,000> 무종교인구가 급속히 증가, 다원주의와 세속화 강세, 교회의 영적, 도덕적, 신학적 동력을 되찾도록, 복음주의가 쇠퇴, 교회개척이 시급하다. 27개 성경 번역 필요 이민이 가장 많으며 종교도 복잡하다. 전도의 열정과 선교비전이 살아나도록.
41	쿠바 (아바나)	1,100만	80만(1만)	종족종교(18)	공산주의	<5,000> 종교는 자유이나 국가의 혁명적 이상을 강요한다. 민주화가 진척되도록, 국가가 강신술을 후원, 외국인 선교사역의개방, 이교 추종자 300만 명 이상에게 전도
42	트리니다드 토바고(포트 오브스페인)	138만	48만(1,200)	힌두교(22)	의회민주	<500> 경찰력이 약해서 마약, 범죄조직이 증가, 알코올중독, 납치, 무장 강도, 절도 등 난무, 사회정의가 살아나고 교회 영향력이 증가하도록, 제자훈련, 선교영성 고취
43	푸에르토리코 (산 후안)	400만	100만(4,400)	카톨릭(67)	총독자치	<2000> 건전한 제자훈련 성경복귀, 교회개혁 활성화 계속되고, 지도자의 질적 향상, 선교헌신, 경제재건, 빈부격차 해소, 실업률과 불완전고용 문제가 해결되도록

아시아 대륙 (1)

번호 기도 책임자	나라 이름 (수도 이름)	인구 (만 명)	개신교인 수 (교회 수, 만)	개신교 외 종교 (%)	정치체제	〈2030년까지 교회개척 목표〉 시급한 문제, 기도제목
44	그루지아 (드빌리시)	420만	3.4만(182)	정교회(76)	사회독재	<100> 러시아가 영향 큼,
		종교자유 있음, 종족간 분쟁, 마을의 실업률이 높다, 체첸인 피난 촌에 대한 러시아의 박해, 성직자가 영적으로 새로워지도록, 경제개발					
45	네 팔 (카트만두)	2,990만	44만(9천)	힌두교(75)	의회민주	<2천> 정치적 불안,
		힌두교 테러, 왕가 안정, 부정부패, 공직자 부패, 종교자유 확대가 필요, 지도자 훈련, 카스트 및 노예제도 완전폐지 필요, 사회경제 난제					
46	대 만 (타이페이)	2,400만	90만(3,400)	중국교(61)	다당제민주	<2천> 중국본토와의 -
		정치적 안정, 지진피해, 중국종교와 불교의 개종 시급, 불교가 83년 80만에서 95년 490만으로 급증, 조상숭배 문제, 영적각성, 개종이 힘듬					
47	대한민국 (서울)	5천만	1,100만(5만)	불교(28)	민주공화	<2만 개> 평화적 남북 -
		통일, 복음화, 정치발전, 사회적 도덕성 회복, 범국가적 회개운동, 빈부격차 해소, 세계선교 확장, 청소년 문제, 지도자의 도덕성 회복					
48	라오스 (비엔티안)	650만	17만(950)	불교(57)	공산주의	<500>정부가 기독교 반대
		종교 핍박, 오직 하나인 라오복음주의교회가 크게 성장하도록, 교회건축이 허가 되도록, 미전도종족의 복음화, 정치적 민주화, 선교사 입국토록					
49	레바논 (베이루트)	425만	2.5만(100)	이슬람(60)	민주주의	<100>정치적, 종교적으로
		자유를 누리도록, 영적부흥, 종파간의 화해, 지도자 교육, 18개 종교집단이 국정에 참여 서로협력이 잘 이루어지도록, 경제 및 국토재건					
50	말레이시아 (쿠알라룸푸르)	2,800만	94만(3800)	이슬람(62)	입헌군주	<2000> 인종간의 화해,
		선교사 비자, 기독교 핍박, 사역자 부족, 서 말레이시아는 수니파 모슬렘이 공적인 종교, 이슬람 전도가 불법에서 풀려나도록, 청소년사역 필요					
51	몰디브 (말 레)	34만	286명(0)	이슬람(99)	다당제민주	<10개> 기독교의 극심한
		박해와 탄압, 집회는 불법, 모임 장소가 없음, 문서사역도 불법, 기독교인은 직장도 못 가짐, 성경을 읽지 못함, 해수면 상승으로 침몰 중					
52	몽 골 (울란바토르)	300만	9,000(260)	불교(42)	다당제민주	<300> 라마불교가 빨리
		성장한다, 높은 실업률, 가난탈피 문제, 어린이 영양실조, 무술 점성술 이단이 성행, 시골 지역선교 시급, 전통종교와 샤머니즘이 성행한다. 성경적 진리가 몽골문화에 더 알맞게 상황화하도록, 효과적인 훈련 필요					
53	미얀마 (네피도)	5천만	320만(1만)	불교(80)	군사독재	<5천>불교장려 중지토록,
		인권학대, 군사정권 종식 되도록, 아웅 산 수지 여사의 건강과 안전과 재기, 민주화가 성공하도록, 권력을 잡은 미얀마족의 복음화, 신학대학원 설립을 위한 연합체가 잘 이뤄지고, 선교를 위한 선교동원과 사역이 활발하게 이뤄지도록, 에이즈, 마약, 어린이 사역					

아시아 대륙 (2)

번호 기도책 임자	나라 이름 (수도 이름)	인구 (만 명)	개신교인 수 (교회 수, 만)	개신교 이외 종교 (%)	정치체제	〈2030년까지 교회개척 목표〉 시급한 문제, 기도제목
54	바레인 (마나마)	81만	2만(90개)	이슬람(83)	입헌군주	<50> 올바른 민주주의,
	문서선교, 종교자유정착, 미국병원이 선교기지로, 외국인을 통해 전파 되도록, 외국인(노동자의 60%)에게 복음을 전하도록, 교사들의 복음화						
55	방글라데시 (다카)	1억7천	77만(3,800)	이슬람(89)	민주주의	<1000> 이슬람의 박해,
	정치적 불안, 극심한 자연재해로 복음의 문이 열리도록, 문맹 퇴치, 가난과 영양실조, 박해와 교회파괴, 교회부흥 위해, 지도자들 부족						
56	베트남 (하노이)	9,500만	170만(5400)	공산당독재	공산주의	<2000> 기독교 박해가
	심하다, 종교의 자유를 위해, 마약중독, 에이즈, 매춘, 인공 낙태가 신생아의 2배, 투옥된 종교 지도자들을 위해, 조상숭배 퇴치, 교회연합						
57	부탄 (팀푸)	80만	1.4만(64)	불교(75)	불교 독재	<100> 세계에서 복음화
	가 가장 낮음, 현대 교회가 부흥 하도록, 드룩파 족은 강한 불교로 교인은 100여 명 정도임, 인도인과 네팔인 교회가 성장하여 선교하도록.						
58	북한 (평양)	2,400만	비밀신자 32만	주체사상	공산독재	<5천> 비밀 가정교회임,
	경제재건, 기독교 핍박. 10만 이상의 기독교인이 강제 수용소에 있음, 외국 NGO는 자체교회 허가 받음, 체제변화를 위하여, 선교위해						
59	브루나이 (반다르스 리브가완)	44만	2만(40개)	이슬람(65)	절대군주	<50> 정치자유화, 마술,
	물질주의, 무슬림 목표는 2020까지 무슬림국가 건설하는 것, 왕족들의 회심, 교회에 강한 압박 있음, 말레이족은 대개 무슬림						
60	사모아 (아피아)	18만	11만(650)	몰몬교(18)	민주주의	<550> 몰몬교 퇴치,
	교회의 영적각성, 지도자훈련, 복음주의 연맹이 명목적 교인을 각성시키고 선교에 헌신하도록, 전통문화(바하이교)가 변화되도록						
61	사우디아라비아 (리야드)	2,870만	10만(100)	이슬람(92)	절대군주국	<200> 기독교 선교일체
	금지, 가장 적은 복음화율, 사역자 허가 없음, 기독교인은 메카에 못 들어감, 종교와 인권의 자유가 시급, 아라비아인은 회심하면 사형						
62	스리랑카 (콜롬보)	2,100만	32만(1,200)	불교(70)	민주주의	<1000> 교회 쇠퇴 후
	재성장 중, 실론 족과 타밀족의 지독한 내전, 불교 극단주의 타파, 사회 병폐 기아 선별출산 여아 살해, 신학교육 활성화기 필요, 전도 가능						
63	시리아 (다마스커스)	2,400만	3.9만(110)	이슬람(90)	사회주의독재	<300> 정치적 종교적
	자유를 위해, 작은 교회는 허용하나 감시받고 있다. 교회가 미약하다. 중동의 평화 위해 노력하도록, 팔레스타인 60만, 이락 180만 난민 위해, 물 부족 문제 해결되도록						
64	싱가포르 (싱가포르)	500만	36만(240)	무종교(30)	의회민주	<1000> 풍족해지면서
	외국에서 온 노동력에 의존하는데 이들이 공평한 처우를 받도록, 부를 영성이라고 착각한다, 젊은이들이 결혼하면 교회를 떠나는 것을 교회가 잘 지도하도록, 기독교 강세와 신학교와 세계적인 선교훈련원들이 있어 국내, 국제 선교의 전략적 중심이다. 선교사 파송 등으로 세계 선교에 이바지하도록 기도하자. 물질주의에 빠지지 않도록, 각종 사회악의 퇴치						

아시아 대륙 (3)

번호 기도책 임자	나라 이름 (수도 이름)	인구 (만 명)	개신교인수 (교회 수)	개신교 이외 종교 (%)	정치체제	〈2030년까지 교회개척 목표〉 시급한 문제, 기도제목
65	아랍에미리트 (아부다비)	540만	5만(180)	이슬람(68)	연방토후국	<100> 2/3가 외국인 전도가 불법이다. 영어, 아랍어, 우르드어, 필리핀어, 인도어 예배들이 활성화 되도록, 토착 아랍인선교 시작되도록, 이란 파키스탄 소말리아 수단 아프간 벵골족 등 공동체에도 기독교 공동체들이 생기도록, 전도는 불법
66	아르메니아 (예레반)	310만	26만(580)	정교회(85)	민주주의	<500> 토착교회 활성화, 영적성장, 이슬람과 적대적 관계가 복음으로 채워지기를, 복음전파의 역사가 1,700년, 1,000년 동안 "동쪽" "서쪽" 기독교가 화합하도록, 대학생 선교를 정부와 대학당국이 허락하도록, 현대어 신약성경의 보급
67	아제르바이잔 (바 쿠)	950만	2만(55)	이슬람(88)	민주주의	<50> 이슬람 확산방지를 위해, 석유매장량이 많아 러시아와 미국과 이란과 터키와 아르메니아 사이에 분쟁이 잘 조정되도록, 14개 언어로 성경번역이 시급함, 기독교를 서구문화의 착각에서 벗어나 복음화 가속되도록, 정치경제의 안정
68	아프가니스탄 (카 불)	3,500만	1.5만(가정)	이슬람(99)	민주주의	<100> 가정교회가 활성화 되도록, 탈레반의 항복, 이슬람 극단적 테러의 중심, 이슬람 테러가 종식 되도록, 정치적 안정, 경제발전, 종교자유, 샤리아법 폐지
69	예 멘 (소 나)	2,600만	2,000(4)	이슬람(99)	민주주의	<100> 중동에서 가장 가난한 나라, 정치발전, 환각제 카트의 추방, 개종은 불법, 종교의 자유가 속히 이뤄지도록, 가정교회가 부흥하도록, 경제개발, 인권신장
70	오 만 (무스카트)	350만	1.7만(56)	이슬람(92)	절대군국	<100> 청년들이 영적변화 되도록, 토착민 성도가 성장하여 다른 종족을 전도하도록, 진보적으로 개방되도록, 외국인 교회가 부흥하도록, 전문이 사역자 세워지도록, 복음의 문이 열리도록, 기독교인들이 교육 병원 사회사업에서 두각 보임
71	요르단 (암 만)	750만	23,000(80)	이슬람(96)	입헌군주	<200> 이슬람 세력이 상승하고 기독교 감소, 더 이상 이슬람화가 되지 않도록, 팔레스타인 이락 쿠웨이트의 난민 해결을 위해, 선교사 활동 활성화되도록, 평신도 지도자와 전임 사역자 부족, 기독교회가 가장 유력한 나라임, 청년학생 사역시급
72	우즈베키스탄 (타쉬켄트)	3,000만	9만(640)	이슬람(85)	다제공화	<400> 언론과 표현의 자유가없다. 기독교 박압이 심하다. 용수 부족으로 위기감, 교회가 합법적으로 등록되도록, 전도 자유화, 지도자 훈련, 사회 비난 종식을, 우즈벡 신자들이 핍박 중에 성장 계속되도록, 제자훈련, 지도자 훈련
73	이라크 (바그다드)	3,800만	6만(90)	이슬람(97)	민주주의	<200> 독재의 잔재인 사회 타락, 영향력 있는 토착정부, 난민구제, 어린이와 젊은이의 필요가 공급되도록, 영양실조어린이 100만 명, 교회부흥이 일어나도록, 수십 년의 폭정과 전쟁고통이 치유되도록, 200만의 난민 생존, 여성의 강제결혼
74	이 란 (테헤란)	8,000만	12만(41)	이슬람(99)	신정독재	<200> 배교자에 대한 보복과 핍박 극심, 헌법상에는 유대교 조로아스터교 기독교는 권리보장, 감시가 심함, 개종 권유는 불법, 성경보급 확대 필요, 법적권리가 보장되고 종교의 자유를 획득(정부불신이 극에 달함) 획득하도록,

아시아 대륙 (4)

번호 기도책 임자	나라 이름 (수도 이름)	인구 (만 명)	개신교인 수 (교회 수)	개신교 이외 종교 (%)	정치체제	〈2030년까지 교회개척 목표〉 시급한 문제, 기도제목
75	이스라엘 (예루살렘)	800만	3만(250)	유대교(75)	민주주의	〈200〉 국가가 메시야
		예수를 통한 영성을 회복하도록, 거듭난 신자가 증가하도록, 팔레스타인과 아랍국가와의 화해, 효과적인 영적 지도자, 선교의 활성화, 인종갈등 종식					
76	인 도 (델 리)	13.5억	4천만(19만)	힌두교(74)	민주주의	〈10만〉 제자훈련, 지도자
		훈련시급, 힌두교인이 가장 많은 나라, 전도의 자유가 있음을 찬양, 핍박해소, 더 많은 부흥, 카스트제도 타파. 종교의 자유가 허용되도록. 몇몇 주에서 반개종법 타파, 가난 아동노동 노예노동 여아 살해 에이즈 확산 등이 해결되도록, 젊은세대를 위한 선교전략 세워지도록, 성경번역					
77	인도네시아 (자카르타)	2억5천	2,500만(5만)	이슬람(80)	민주주의	〈2만〉 이슬람의 핍박
		지수가 높다. 성경번역(247언어 중 성경은 20개 언어뿐), 성령의 부흥을 경험했음을 찬양, 기도 모임의 배가, 영적전투의 승리, 종교간 화해					
78	일 본 (동 경)	1.26억	90만(9,600)	불교(69)	다당제민주	〈5000〉 신종교인 신도
		이즘이 24%, 영적 전쟁(민족종교 신흥종교는 기독교에 적대적),교인들의 헌신 부족, 전도가 힘들다, 1,733개 마을에 교회가 없다. 도덕성 회복					
79	중 국 (베이징)	14억	1.1억(26만)	중국종교(28)	공산당독재	〈10만〉가정교회의 저변
		확대 위해, 박해가 없어지고 개방이 계속되도록, 공산당원들의 회심, 2,000만의 수감자 출소, 중국 종교 타파되도록, 교회 지도자 교육 시급, 성경에 근거한 신학교육, 소수종족복음화, 세계선교 역할증대, 정치개혁					
80	중 국 (마카오)	58만	10,000(70)	중국종교(62)	독립행정구	〈200〉교회성장계속 위해,
		종교자유 있음, 라스베이거스를 능가하는 도박도시, 맘몬의 성지 카지노는 선망의 직장이며 부수되는 성매매 약물중독 추방되고 자포자기 치유토록					
81	중 국 (홍 콩)	770만	50만(1250)	중국종교(66)	중국자치구	〈1000〉 자유 유지되도록,
		중국종교 개화, 마약, 매춘, 도박, 암거래 등의 암흑가 퇴출, 중국 이민자 복지향상, 선교에 헌신, 영적부흥, 학생운동 선도, 갱신과 부흥					
82	카자흐스탄 (아스타나)	1,650만	15만(590)	이슬람(54)	대통령중심	〈500〉 카작의 주체성과
		언어회복, 이슬람 사원이 9년간 5,000개 증가함, 미전도 소수 종족의 복음화, 지도자 훈련필요, 카작어 성경보급, 알코올과 마약중독에서 해방					
83	카타르 (도 하)	170만	1.5만(60)	이슬람(88)	입헌군주	〈100〉 귀화한 외국인이
		더 많다. 수니파 이슬람이 국교, 개종금지법으로 전도금지, 외국계는 예배 허용, 본토인 교인은 없음, 카타르인이 개방되도록, 빛과 소금 역할					
84	캄보디아 (프놈펜)	1,700만	25만(2,000)	불교(83)	입헌군주제	〈500〉 대량학살의 고통
		에서의 해방, 영적 암흑에서 벗어나도록, 정의를 실현하는 정부, 지도자 및 사역자 훈련, 생존을 위한 투쟁, 어린이 청소년 교회교육,					
85	쿠웨이트 (쿠웨이트 시티)	360만	4만(80)	이슬람(82)	입헌군주제	〈100〉 이슬람 국가, 2개
		언어 성경번역, 물질주의, 외국인이 많다, 백만 이상이 기독교에 열려 있다, 쿠웨이트인과 국가지도자들의 복음화, 여러 이주민과 평화이루도록, 복음차단을 위해 이집트나 아랍 에미리트로만 유학을 다양화하도록					

아시아 대륙 (5)

번호 기도책 임자	나라 이름 (수도 이름)	인구 (만 명)	개신교인 수 (교회 수, 만 명)	개신교 이외 종교 (%)	정치체제	〈2030년까지 교회개척 목표〉 시급한 문제, 기도제목
86	키르키즈스탄 (비쉬켁)	600만	4.5만(300)	이슬람(88)	민주주의	<300> 종교의 자유, 교회 지도자훈련, 전례 없는 영적추수기가 되었다. 이슬람의 개종이 가시화 되도록, 강신술 및 마술퇴치, 경제개발, 정교회-비정교회의 화해 위해
87	타지키스탄 (두샨베)	840만	9천(42)	이슬람94	다당제민주	<100> 내전으로 기독교에 개방적, 구소련국가 중 가장 가난함, 전문인 선교가 계속되도록, 유럽계 기독교인이 이민으로 줄어든다. 무슬림들이 그리스도 발견하도록.
88	태 국 (방 콕)	7,000만	39만(3,800)	불교(85)	입헌군주국	<3000> 60개 언어의 성경 번역필요, 태국인이 영적돌파구를 찾도록, 성매매, 마약, 조직폭력, 생태계 파괴 등이 사라지도록, 교회 지도자가 부족, 에이즈, 교회의 토착화.
89	터 키 (앙카라)	8,300만	2만(130)	이슬람(97)	민주주의	<1000> 개신교단의 공식 인정을 찬양, 가장 큰 미전도종족, 이란 난민의 복음화를, 유럽연합 가입이 기독교에 개방의 길이 열리도록, 쿠르드 족과의 화해, 신분증의 종교난이 폐기 되도록, 기독교국가에 대한 반감 사라지도록, 젊은세대 복음화를
90	투르크 메니스탄 (아쉬크 하바드)	580만	2,000(35)	이슬람(96)	종신대통령	<100> 우즈벡 아제르바이잔 종족교회, 종신대통령이 2006년에 죽고 후계자가 민주정부를 세워나가도록, 복음의 문이 곧 열리도록, 국내에서 종교훈련이 이뤄지도록, 구약성경 번역, 370만에 달하는 디아스포라에게 복음이 전파되도록, 투르크멘인 개종을 위해
91	티모르 레스테 (딜 리)	117만	45000(150)	카톨릭(82)	민주주의	<200>17언어 중 2개 언어 만 성경 번역됨. 75%가 난민으로 극심한 가난 속에 산다, 정치적 안정, 버림받은 아이들과 젊은이들의 상처 치유, 선교사 파송 및 선교활성화
92	파키스탄 (이슬라 마바드)	2억2천	3백만(8,500)	이슬람(96)	민주주의	<3천> 이슬람 공화국, 샤리 아법 적용됨, 기독교에 대한 핍박 심하다, 법률 세금 등 차별화, 부정부패, 군부 독재, 서민 경제발전이 필요, 북부반란군(탈레반)이 점령하여 자치권 행사, 반란군의 여성지위가 비참하다, 소수종교에게 심한 탄압
93	팔레스타인 (예루살렘을 수도로선언)	580만	5천(63)	이슬람(87)	임시정부	<100> 영토문제가 공평하 게 해결되도록, 물자원의 공정한 분배, 팔레스타인의 합법적지도력이 세워지도록, 테러집단 하마스 제거되도록, 그리스도인들의 가정은 팔레스타인과 이스라엘 양쪽에서 박해를 받아 가난과 신앙이 위협 받음. 무슬림이 더욱 강화되는 것은 막아주시도록, 망명한 팔레스타인 보호,
94	필리핀 (마닐라)	1.1억	1,500만(5만)	카톨릭(76)	민주주의	<1만> 161개 언어의 성 경 번역 필요, 일부 민다나오에 이슬람 380만 거주하며 자치권 요구, 정의와 공평한 정부, 토지개혁, 23,000개 지역에 교회가 없다, 교회 분열이 극심하다. 카톨릭이나 개신교나 모두 정령숭배와 마술에 영향을 받는다.
95	한 국 (서 울)	5,000만	1,300만(5만)	무종교(35)	민주공화국	<1만> 성경적 세계선교로 정예화 시급, 물질주의와 교만, 신학교 과잉, 목회자 과잉, 권위적 리더십 제거, 분열, 부패, 뇌물의 관행, 형식주의, 제자훈련, 교회개혁 젊은이 사역, 무속신앙 타파, 허영 과도한 성형수술, 도덕성의 회복 필요.

- 31 -

아프리카 대륙 (1)

번호 기도책 임자	나라 이름 (수도 이름)	인구 (만 명)	개신교인 수 (교회 수)	개신교 이외 종교 (%)	정치체제	〈2030년까지 교회개척 목표〉 시급한 문제, 기도제목
96	가 나 (아크라)	2,800만	천만(3만)	이슬람(24)	민주공화	〈2만〉 종족 간 평화,
		빈곤타파, 인권신장, 성경번역(72언어 중 64언어 성경 필요), 15,000개 마을에 교회가 없다. 종족 선교, 기독교인의 세계관과 가치관의 변화					
97	가 봉 (리브르빌)	170만	50만(2천)	종족종교(8)	민주독재	〈5백〉 영적전투, 종족
		간회해, 구교 영향을 제거, 가난과 심령술 타파, 사역자의 안전, 토착 교회 부흥, 교회부흥 및 성장, 58개 미전도종족 선교, 이슬람 선교,					
98	감비아 (반줄)	220만	2만(70개)	이슬람(89)	민주주의	〈40〉 정치경제적 자립,
		교육개선, 경제개발, 성경번역, 이슬람의 확장 멈추고 개종하도록, 미전도종족에 선교사 파송되도록, 비기독교인이 많은 곳에 사역자 없음,					
99	기 니 (코나크리)	1,300만	3만(780)	이슬람(88)	다당제민주	〈300〉 이슬람횡포, 민
		주 독재, 미전도종족18개, 목회자훈련, 비옥한 토지와 광물자원이 많으나 개발되지 못함, 성경번역 29언어, 명목상교인과 청년들이 교회를 떠나지 않도록, 3지배종족이 무슬림이다. 이들에게 영적돌파가 일어나도록.					
100	기니비사우 (비사우)	200만	2만8천(200)	이슬람(52)	다당제민주	〈100〉 문맹 퇴치, 경
		제 개발, 이슬람과 전통종교가 폐쇄적, 교육개발, 교회지도자훈련 시급, 미전도종족의 선교, 토착교회와 공동으로 성경번역, 문맹퇴치, 제자훈련.					
101	나미비아 (빈트후크)	260만	160만(1700)	종족종교(5)	민주주의	〈5백〉 명목적인, 지도자
		훈련, 사회적 경제적 개발, 조상숭배와 마술로 기독교에 적대적인 종족이 다수, 미전도종족 복음화, 에이즈 많고 사회적 병폐가 많은 나라.					
102	나이지리아 (아부자)	1억9천	6천만(11만)	이슬람(45)	의회민주	〈5만〉 이슬람과 내전
		위협 상존, 부정부패, 사회불안, 성경번역, 북부 이슬람지역에 종교 자유 얻도록, 개종자들의 안전과 생계 마련, 신학 발전, 영적 전쟁이 극심한 나라, 기독교와 이슬람 사이의 석유배분의 평화적 해결 위해					
103	남아공화국 (프리토리아, 케이프타운)	5,200만	2,800만(3만)	종족종교(14)	입헌군주	〈2만〉인종차별과 격차,
		경제성장, 사회 간 불신, 빈민문제, 사회범죄, 강간피해자, 에이즈확산 과 피해방지, 강도, 빈부격차 해소, 흑백인이 그리스도 안에서 화합					
104	니제르 (니아메)	2,300만	3만(265)	이슬람(97)	민주주의	〈200〉 샤리아법이 제정
		되지 않도록, 개방적 이슬람으로 선교자유화를 위해, 정치안정, 강한 이슬람의 박해, 문맹퇴치, 전도를 막는 이슬람과 사탄의 방해가 없도록					
105	라이베리아 (몬로비아)	520만	150만(3,000)	종족종교(43)	민주주의	〈700〉 인종 간 평화, 경
		제 발전, 민심회복, 부정부패, 지도자교육, 전쟁고아 구호, 굶주림해방, 폭력, 무주택, 마약남용, 기독교부패, 정치야합, 성경적 가르침이 부족, 지도자훈련이 시급, 부서진 교회와 학교의 재건, 청소년을 위한 전략.					
106	레소토 (마세루)	220만	50만(2천)	종족종교(10)	민주주의	〈1000〉 절대빈곤, 에
		이즈 만연, 남아공으로부터 정치 간섭이 중단되도록, 교회안의 전통주의 와 명목주의 타파, 24% 에이즈 대책이 가장 큰 문제, 올바른 복음전하기.					

아프리카 대륙 (2)

번호 기도책 임자	나라 이름 (수도 이름)	인구 (만 명)	개신교인 수 (교회 수)	개신교 이외 종교 (%)	정치체제	<2030년까지 교회개척 목표> 시급한 문제, 기도제목
107	레위니 (생드니)	90만	5만(100)	카톨릭(80)	해외령(프)	<200> 가난과 높은 물가, 노예제도에서 벗어나도록, 카톨릭을 개종하도록, 지도자가 부족, 신생교회들이 영적 재정적으로 자립을 할 수 있도록, 기독청년이 지도자로 세워지게
108	르완다 (키갈리)	1,300만	250만(5300)	이슬람(7)	공화국	<1000> 후투족과 투치족 의불화, 최빈국, 경제발전, 가난, 종족간의용서, 콩고와의 전쟁종식, 정치적·사회적 안정과 정의구현, 에이즈 감소 대책, 토지가 해결되도록 (르완다는 아프리카에서 인구밀도가 가장 높다), 카톨릭의 영적쇄신.
109	리비아 (트리폴리)	760만	만명(17개)	이슬람(97)	혁명공화정	<10> 전도가 전혀 불가능함, 개인자유제한, 성경보급 시급, 현지도자가 영원히 살 수 없다. 좋은 지도자가 세워지도록, 토착교인은 극소수, 외국인 지도자 교육을 통해 토착교인을 지도하도록, 문서선교, 비디오 및 테이프 선교 필요
110	마다가스칼 (안타나나리보)	2,500만	750만(24,000)	종족종교(38)	다당제민주	<5000> 미신타파, 많은 사람이 무당과 마술로 병 고치는 악귀의 지배, 성경적 교회관, 미전도종족 선교, 4개 언어 성경번역, 영적 죽은 교회, 조상숭배와 전통신앙문제, 문서선교가 시급, 오디오 성경보급, 유엔보다 더 많은 종족간의 화해와 협력.
111	마요트 (마무추)	25만	300(6)	이슬람(98)	해외령(프)	<50> 원주민의 99.9%가 무슬림이다. 주술과 마술과 혼합된 이슬람, 그리스도 안에서 영적으로 살아나도록, 복음을 받아들이도록, 청년학생은 서구적이라 복음에 열려 있다. 이들이 복음화되도록, 회심자들 제자화, 문명퇴치와 성경번역과 공급.
112	말라위 (릴롱궤)	2,000만	600만(2만)	이슬람(13)	다당제민주	<1만> 종교자유화 됨, 이슬람과 기독교가 공존한다. 계속 화해하도록, 무슬림 전도 진전되도록, 이슬람 활성화에 교회가 분발하도록, 교회지도자 육성, 신학교육 필요, 에이즈, 인구팽창 및 과밀, 농경지 부족, 빈곤문제 등이 심각하다. 교단연합.
113	말 리 (바마코)	1,600만	9만(820)	이슬람(87)	민주주의	<500> 가뭄과 기근이 심각함, 이슬람 확장저지, 교회성장 촉진, 교회지도자 훈련, 성경학교 설립, 선교사가 증파되도록, 가장 가난한 나라, 18개 언어 성경번역, 미전도종족
114	모로코 (라바트)	3,600만	6,000(60)	이슬람(99.9)	행정군주제	<20>국교는 수니파이슬람 복음의 불모지, 신자들 간의 신뢰와 교제, 종교적 핍박과 고립, 전도를 위한 초대는 허용, 외국인 기독교인 모두 추방, 기독교교육기관 폐쇄, 개종 활동은 구속된다, 외국인사역자 탄압, 지도자훈련, 가정교회 세우기.
115	모리셔스 (포트루이스)	130만	14만(300)	힌두교(49)	의회민주	<200>종교 자유 있으나 개종을 경계함, 가정교회 성장하도록, 성경공부, 교회부흥, 학원선교, 선교사비자, 선교활동 규제 완화, 이슬람선교, 중국인 공동체의 헌신, 8,000명의 차고스제도 주민이 복음을 받아들이도록, 성경이 보급되도록.
116	모리타니 (누아코트)	340만	250만(5개)	이슬람(99)	의회독재	<10> 종족 간 화해하도록, 개종 금지법 폐지, 최빈국 탈피, 어린이 영양실조, 굶주리고 가난한 백성구제, 성경 번역

아프리카 대륙 (3)

번호 기도책 임자	나라 이름 (수도 이름)	인구 (만 명)	개신교인 수 (교회 수)	개신교 이외 종교 (%)	정치체제	〈2030년까지 교회개척 목표〉 시급한 문제, 기도제목
117	모잠비크 (마푸투)	2,800만	700만(2만)	종족종교(32)	영연방민주	〈1만〉 최빈국탈피, 문맹 퇴치, 에이즈퇴치, 교회지도자훈련 시급, 미전도종족이 많다. 성경보급 위해, 내전 자연재해 폭력 궁핍 등의 상처 치유를 위해, 종교자유, 지도자훈련이 시급, 문맹인 지도자도 있다. 읽고 쓰고 말하는 능력개발, 선교사.
118	베 냉 (포르토 노보)	1,200만	백만(6,000)	종족종교(36)	다당제민주	〈1000〉대통령이 기독교 장려토록, 미전도종족 선교, 45언어 성경번역, 전통종교를 신봉하는 자가 가장 많다. 영적전쟁 승리하도록, 어린이 학대와 혹사당함, 인신매매 퇴치
119	보츠와나 (가보로네)	220만	80만(2,500)	종족종교(32)	다당제민주	〈500〉종교자유, 선교150년이나 종족종교의 세계관이 지배한다. 에이즈로 황폐화, 에이즈퇴치 (학생의 50%가 양성), 사망률증가, 도덕적 순결, 기독교윤리 회복, 영적각성,
120	부룬디 (부줌부라)	1,000만	170만(7천)	카톨릭(62)	민주주의	〈9000〉 최빈국, 내전으로 황폐함, 종교자유, 투치와 후투족이 화해하도록, 30만 후투족 난민 문제, 문맹 퇴치, 영적갈증 해소, 교회지도자 부족함. 총기가 많아서 무장 강도와 폭력범죄 만연, 므웨야 신학원의 발전, 어린이는 가난과 폭력 희생자.
121	부르키나 파소 (와가두구)	2,100만	140만(9000)	이슬람(52)	민주주의	〈3000〉 정치불안, 경제재건, 자원부족과 저개발로 가난, 교회성장, 10개 미전도종족 선교, 우상과 정령숭배, 이슬람이 강세, 영적부흥, 교회가 서로 통일 협력하도록,
122	상투메 프린시페 (상투메)	20만	2만(80)	이슬람(4)	다당제민주	〈100〉종교자유, 카톨릭 이 정령숭배와 혼합됨, 기독교지도자가 토착민 사역자를 돕고 초교파 훈련센터가 세워지도록, 어업종사자들과 계약노동자들의 복음화를 위해,
123	세네갈 (다카르)	1,600만	7천(480)	이슬람(91)	다당제민주	〈500〉 종교자유, 청년부흥 되도록, 이슬람은 1900년에 45%가 2000년에 92%임. 이슬람은 고도로 조직화됨, 종교적 압제가 무너지고, 가정교회가 많이 세워지도록, 교회부흥
124	소말리아 (모가디슈)	1,200만	5천 명(6)	이슬람(99)	과도정부	〈50〉전쟁발발한 지 20년 이 지났지만 아직도 폭력과 무정부상태가 계속됨, 과도 연방정부도 통치 불가능, 50만이 죽고, 75만이 추방당함, 지하드(과격이슬람단체)가 소말리아로 몰려들었다. 강력한 샤리아법 시행, 남자교인이 대다수를 차지, 종교자유, 밀수, 해적, 노상강도, 테러극심, 강간여성의 생식기 절제로 고통
125	수 단 (하르툼)	5,200만	180만(4천)	이슬람(61)	과도정권	〈2000〉 교회파괴 및 박해가 극심, 이슬람혁명으로 200만 명 죽임, 경제는 황폐됨, 내전과 갈등, 종교자유 및 민주화 위해, 종전과 평화정착, 노예제도 폐지, 기독교 멸절 실패하도록.
126	스와질랜드 (음바바네)	130만	70만(5,300)	전통종교(12)	절대군주제	〈5천〉 에이즈 퇴치, 군주 민주 대립, 마법, 교회의 순결, 조상숭배, 산 제물을 바치는 우상숭배, 일부다처제, 지도자부족, 무슬림의 부흥에 대처, 지도자훈련, 교회의 단결.
127	시에라레온 (프리타운)	700만	50만(2,000)	이슬람(63)	민주주의	〈2000〉 정치안정, 중앙정부 안정, 경제개발과 경제자립, 영적부흥, 교회성장, 지도지훈련, 위생 (말라리아, 에이즈문제), 강력한 제자훈련 등이 필요, 절망과 빈곤문제

아프리카 대륙 (4)

번호 기도 책임	나라 이름 (수도 이름)	인구 (만 명)	개신교인 수 (교회 수)	개신교 이외 종교 (%)	정치체제	(2030년까지 교회개척 목표) 시급한 문제, 기도제목
128	알제리 (알지에)	4,000만	10만(110)	이슬람(97)	민주주의	<100> 선교사 거주가
		가능하도록, 카톨릭과의 연합사역 필요, 비밀 신자관리에 성령충만, 샤리아 법이 제정되지 않도록, 개종이 허락되도록, 박해, 성경번역, 개종자실직문제.				
129	앙골라 (루안다)	2,400만	550만(1만)	카톨릭(64)	민주주의	<3000> 종교자유획득,
		극심한 가난, 경제재건, 석유수출국, 심한핍박 중에 기독교 성장, 성경번역 (42 언어 중 성경12언어 뿐), 청소년사역, (교인의 대다수가 25세 이하임)				
130	에리트레아 (아스마라)	670만	9만(200)	이슬람(50)	대통령중심	<400> 좌파통령이 총선
		미루고 자유탄압, 4개 종교(수니파이슬람, 정교회, 카톨릭, 루터교)만 인정, 이웃나라(특히 에티오피아)와 평화유지, 종교자유, 수감된 지도자들 위해 기도.				
131	에티오피아 (아디스아바바)	1.1억	2600만(2만)	이슬람(34)	민주연방	<1만>기독교 급성장을
		찬양하자, 성경번역(86언어 중 성경은 6언어), 최빈국, 경제개발, 전도 및 교회개척의 계속, 종족간 화해, 범죄와 부패 척결, 고대부터 내려온 교회에 성령이 역사하시도록, 이슬람 세력이 약화되도록, 청년 사역활성화, 신학				
132	우간다 (캄팔라)	4,600만	2,000만(3.5만)	카톨릭(39)	편법민주	<5000> 300만의 에이즈
		환자로 생긴 200만의 고아, 교단 간의 화해, 청년사역, 난민사역, 잔학한 신의 저항군(LRA)이 해체되도록, 추방당한 유랑민이 정착되도록, 영적부흥				
133	이집트 (카이로)	9,800만	50만(3,000)	이슬람(87)	다당제민주	<2000>이슬람교 가국교
		기독교 핍박지수가 높다. 600만의 콥틱 정교회와 개신교는 생명력이 있다. 목회지원자가 적다, 영적갱신, 무슬림 안에 복음의 빛이 비치도록, 목회자와 선교사 훈련이 시급, 신학교 정상화, 이집트 교회가 찬란한 역사를 되찾도록.				
134	잠비아 (루사카)	1,600만	700만(2만)	전통종교(11)	다당제민주	<3000> 가난퇴치, 경제
		개발, 성경번역(41언어 중 15언어 성경 있음), 기독교인인 칠루바 대통령이 기독국가로 선언함, 정치 안정, 두뇌유출 방지, 잠비아 복음주의연합이 에이즈, 빈곤퇴치 사역을 성공적으로 추진하도록, 청소년 사역이 미래를 약속하도록				
135	적도기니 (말라보)	87만	8만(560)	카톨릭(80)	대통령중심	<300> 토착인 지도자가
		많이 나오도록, 미전도종족 선교, 10언어 성경번역, 경제파탄을 재건할 수 있도록, 복음전도 미미하고 영적으로 나약함, 영적부흥과 성경 배포가 필요.				
136	중앙아프리카공화국 (방기)	530만	270만(5,640)	종족종교(9)	민주주의	<3000> 명목주의, 혼합
		주의타파, 콩고 및 수단과의 평화, 종족 간화해, 성경번역, 문맹퇴치, 경제개발, 종족종교 및 이슬람의 개종, 교단간 화해, 지도자훈련, 15개 성경학교의 재정확립				
137	지부티 (지부티)	100만	1,500(15)	이슬람(97)	다당제민주	<50>2개 언어 성경번역
		및 배포, 프랑스군이 안보담당, 종족간 화해, 선교활동강화, 기근, 극심한 실업, 인신매매, 성매매, 약물중독 등 사회문제, 이디오피아 난민 선교시급				
138	짐바브웨 (하라레)	1,500만	천만(2만)	종족종교(19)	독재국가	<2만> 8개언어 성경번역,
		실업률 60%,가뭄 해결, 세계최고의 에이즈 피해, 경제개발, 영양실조, 이슬람 타파, 초 인플레로 경제붕괴, 화폐에서 (0)을16개 떼냈다. 총체적 개선필요				

아프리카 대륙 (5)

번호 기도책 임자	나라 이름 (수도 이름)	인구 (만 명)	개신교인 수 (교회 수)	개신교 이외 종교 (%)	정치체제	(2030년까지 교회개척 목표) 시급한 문제, 기도제목
139	차 드 (은자메나)	1,400만	120만(5천)	이슬람(53)	민주독재	<3000> 복음전도 계속, 이슬람선교, 지도자훈련이 관건, 정직한 정부, 종교자유 유지, 이슬람대학이 문 닫도록, 이슬람권력 퇴진, 108개 언어의 성경번역, 미전도종족 선교.
140	카메룬 (야운데)	2,400만	370만(2만)	이슬람(26)	양원제민주	<1만>회심자들의 양육과 헌신위해, 교단 영적연합과 협력, 126개 언어의 성경 번역이 큰 과제, 선교의 열정 계속되도록, 부정부패 퇴치, 문맹퇴치, 교회의 영적 빈곤, 제자훈련
141	카보베르데 제도 (프라이아)	58만	7만(160)	카톨릭(89)	다당제민주	<100> 심한가뭄으로 경제 파탄, 2개 언어 성경번역, 높은 실업률(22%), 경제적 안정, 이단퇴치, 자원 부족, 타국에 간 이민자들이 동족 지원 계속하도록, 미신과 주물숭배 타파.
142	케 냐 (나이로비)	5,200만	2,300만(6만)	이슬람(8)	1당제정부	<1만>45개 언어의 성경 번역, 아프리카 제일의 선교국이 되도록, 22개 미전도종족 선교, 지도자 훈련 시급, 빈민복지와 악인을 벌하는 나라 되도록, 이슬람의 확산 방지.
143	코모로제도 (모로니)	83만	2,800(12)	이슬람(99)	민주연합	<50>인구전체가 무슬림 모스크는 780개 있으나 공식적 교회는 없다. 기독교 의료인과 수의사가 존경받음, 마술, 저주, 영혼빙의가 성행, 팝밤 중에도 신앙절개를 지키도록
144	코트 디브아르 (야무쓰쿠로)	2,600만	350만(9천)	이슬람(42)	민주주의	<5000>이슬람 침투를 효과적으로 방어, 교단들의 협력, 71개 언어의 성경번역, 교회성장계속 되도록, 카톨릭 안에 복음주의 운동 확산, 이슬람과 기독교의 갈등 해소.
145	콩 고 (브라찌빌레)	460만	96만(4,200)	카톨릭(61)	민주주의	<3000> 내전으로 많은 교회파괴, 55개 언어의 성경번역, 사회불안회복, 교회부흥, 교회지도자 훈련, 청소년사역 열리도록, 대학에서 종교활동 금지됨, 선교사역 활성화
146	콩고민주공화국 (구 자이르) (킨샤사)	8,700만	3,300만(5만)	카톨릭(50)	민주공화	<2만>종교자유 획득함. 194개 언어 성경번역, 정치 안정, 인접국과 전쟁 및 종족 간 내전 없도록, 성경의 권위 회복, 복음의 순수화, 단일국가로 재건되도록, 영적 부흥, 경제 재건, 기독교 단체가 정부기능을 담당하고 있는데 성공적으로 이끌도록
147	탄자니아 (다레스 살람)	6,000만	1,500만(2만)	이슬람(31)	다당제민주	<1만>이슬람 영향력의 약화를, 복음전도와 교회개척의 활성화, 훈련되고 성숙한 지도자 부족, 정부가 사회악인 주술과 미신을 타파하도록, 에이즈가 급속도로 증가, 성경을 모르고 헌신부족으로 출석이 저조하다, 제자훈련이 필요하다, 지도자 훈련시급, 신학훈련이 필요, 35개 종족이 미전도종족, 청소년사역,
148	토 고 (로 메)	840만	180만(4,000)	이슬람(18)	민주주의	<1000> 종교는 자유. 토고 교회의 지도력 개발이 필요, 모든 마을과 가정에 복음을 전하려는 토고 교회에 모든 교단들이 협력하도록, 이슬람이 산유국의 지원을 받아 무역과 교육을 장악하고 세력 키우는 것을 중단하도록, 정령숭배 타파.
149	튀니지 (튀니스)	1,100만	2,000(12)	이슬람(99)	1당독재	<500> 이슬람이 국교다. 몇몇 외국인과 토착기독교인에게만 관대하다. 무슬림의 인권탄압 극심 기독교인은 주로 아프리카인인데 이들이 튀니지인들과 좋은 관계 맺도록 기도하자. 영적성장하고 더 많은 지도자들이 세워지도록, 아랍어 사역자 필요함.

유럽 대륙 (1)

번호 기도 책임자	나라 이름 (수도 이름)	인구 (만 명)	개신교인 수 (교회수, 만)	개신교 이외 종교 (%)	정치체제	〈2030년까지 교회개척 목표〉 시급한 문제, 기도제목
150	그리스 (아테네)	1,120만	9만(400)	정교회(92)	의회민주	〈100〉 정교회의 횡포,
		종교탄압, 선교사 비자발급 쉽도록, 종교자유 확대, 제자화 훈련, 너무 낮은 개신교 비율(0.8%), 신학훈련, 교회 없는 섬이 많다. 정치 안정, 경제 안정					
151	네델란드 (암스테르담)	1,700만	300만(3,600)	무종교(47)	다당제민주	〈3000〉 마약, 매춘,
		동성애문제, 세속적 퇴폐주의, 뉴에이지, 영적부흥, 복음에 헌신, 세계선교에 재 헌신을 위해, 자유방임으로 기독교국가 포기, 국민 65%가 교회와 아무런 관계가 없다고 하며, 교회 출석이 20%임, 새 생명운동과 새 지도자 필요.					
152	노르웨이 (오슬로)	520만	420만(2000)	무종교(6)	의회군주	〈1천〉 영적부흥,
		선교 영성의 부활, 교회출석 저조, 오슬로에 전도역사 일어나도록, 기독교인이 90%이나 교회출석은 5-10%, 교회개척 활성화가 시급, 성경적인 믿음 회복하도록					
153	덴마크 (코펜하겐)	550만	440만(2300)	이슬람(4)	의회민주	〈1천〉 루터교회가 개혁
		과 변화되어 성령의 새바람이 불어야 한다. 신학교 갱신, 포스트모더니즘, 성령의 기름부음이 필요, 기독교인 90%중 1-4%만 교회 출석, 목회자 부족.					
154	독 일 (베를린)	8,000만	2,600만(2.4만)	이슬람(4)	민주공화국	〈5천〉루터교의 갱신,
		영적부흥, 통일후유증 회복, 교회 출석률 8%,기독교 가치관을 가진 강력한 지도자 필요, 복음주의 부흥, 자유주의 신학의 배제, 교회부흥 활성화.					
155	라트비아 (리가)	215만	50만(590)	무종교(38)	다당제민주	〈200〉 빈부 격차, 경
		제 개발, 독립이후 도덕공백, 알코올, 마약, 성매매, 높은 낙태율과 자살률 등 사회 문제해결, 무력해지면서 기독교는 명목만 유지, 교회지도자 훈련, 문서선교, 교회의 영적각성, 라트비아인의 정체성 회복, 청소년사역 시급					
156	러시아 (모스크바)	1억3천	280만(7100)	이슬람(12)	다당제민주	〈2천〉핵의 생태재앙,
		절대 빈곤, 교회지도자 훈련, 신학교육, 마피아 제거, 낙태 아이가 더 많다. 신세대가 희망을, 성경번역, 문서선교 활성화. 알코올중독, 마약 에이즈 자살, 살인 등 문제 해결되도록, 부정부패 척결 등.					
157	루마니아 (부쿠레슈티)	2,000만	150만(7400)	정교회(87)	민주주의	〈2000〉 종교의 자유,
		영적침체, 경제재건, 공산독재의 빈자리를 폭력, 매춘이 성행. 세계에서 기독교인 비율이 가장 높지만 무신론적 사고 명목주의 율법주의 위선이 심함					
158	룩셈부르크 (룩셈부르크)	55만	11,000(35)	카톨릭(80)	의회군주	〈30〉 지도자 육성,
		영적부흥, 카톨릭이 줄면서 이슬람, 여호와증인, 정교회, 동유럽 신비주의 개신교 등 종교의 용광로로 변함. 교회지도자가 매우 부족한 상태이다.					
159	리투아니아 (빌리우스)	300만	8만(230)	카톨릭(73)	다당제민주	〈200〉루터교의 개혁,
		자유와 함께 들어온 물질주의, 쾌락주의, 허무주의, 인신매매, 마약, 자살, 등이 사라지도록, 교단부흥, 영적지도자 양성, 교수선교 확장, 선교사 부족, 종교적 편견으로 기독교도 이단시한다. 교사와 지혜로운 전도자가 필요					
160	리히텐슈타인 (파두츠)	4만	3,000(10)	이슬람(7)	입헌공화	〈50〉대부분 카톨릭임
		개신교는 주로 외국인 교회이며, 무종교나 이슬람이 급속히 늘고 있다. 복음주의 교인이 늘고 있다. 캠퍼스 선교회의 전도모임이 활성화되도록.					

유럽 대륙 (2)

번호 기도책 임자	나라 이름 (수도 이름)	인구 (만 명)	개신교인 수 (교회 수)	개신교 이외 종교 (%)	정치체제	〈2030년까지 교회개척 목표〉 시급한 문제, 기도제목
161	마케도니아 (스코페)	200만	6,000(60)	이슬람(31)	민족적민주	〈100〉 정치 안정 위해, 슬라브, 마케도니아, 보스니아, 세르비아, 알바니아, 로마니 등 여러 종족간의 화해, 이슬람의 복음화, 경제적 안정, 복음전도와 선교, 교회개척을 위해.
162	몰도바 (키시너우)	330만	15만(770)	정교회(62)	다당제공화	〈500〉 정교회 영향 및 선교 저해 극심, 전도와 교회개척 방해, 유럽의 최빈국, 교회 재정 및 장소 훈련교재 등이 부족함, 목회자 훈련과 제자훈련, 집시에게 전도를
163	벨기에 (브뤼셀)	1,100만	13만(600)	여호와증인(1)	입헌군주국	〈1500〉 종교는 자유, 이교도, 신비술 퇴치, 왈론과 플레밍 족의 화해, 여호와증인의 극성을 격퇴, 벨기에인 목사가 부족함, 영적 갈급이 해소 되도록, ARPEE/CACPE의 발전.
164	벨라루스 (민스크)	900만	30만(950)	정교회(49)	민주주의	〈1000〉 정교회의 박해가 중지되도록, 도시에서 교회건축이 허가되도록, 교단간의 불신 해소, 체르노빌 핵사고 후유증 치유, 경제재건, 기독교가 정체성을 회복하도록.
165	보스니아 (사라예보)	360만	5,000(40)	이슬람(54)	민주주의	〈200〉 정치적 안정, 난민정착, 원조로 사는 딱한 나라, 유엔의 효과적 지원, 나토군의 보호, 이슬람이 타 종교를 적대시하여 전도가 어렵다. 세르비아 정교회가 회복되도록.
166	불가리아 (소피아)	700만	40만(1,300)	정교회(78)	민주주의	〈1000〉 기독교 핍박, 민생문제 해결, 영적 공백기를 기독교로 채워지도록, 교회지도자 훈련, 건물구입과 예배의 자유를 위하여, 전도와 교회개척 위해, 선교단체 활력
167	스웨덴 (스톡홀름)	970만	600만(4,700)	무종교(38)	민주주의	〈2000〉 세속화 및 성 개방문제, 재복음화절실, 성경의무오성을인정하도록, 자유주의신학 척결, 동성애 퇴치, 영적 대각성, 전도폭발사역 접목, 학생복음화운동 활성화
168	스위스 (베른)	780만	250만(3,100)	이슬람(6)	민주연방	〈1500〉 자유주의 신학 영성 약화로 많은 사람이 교회를 떠나, 가정교회 및 성경공부 확산 개인전도 활성화, 젊은이 사역이 중요함, 복음주의선교협회의 발전위해, 여러 선교단체가 성경 훈련하여 세계 각지로 파송한다. 이 단체들이 국내외로 선교가 확대되도록, 주립교회가 새로워지고 전역에 부흥이 일어나도록
169	스페인 (마드리드)	4,900만	120만(2,100)	카톨릭(74)	다당제민주	〈2000〉 여호와의 증인 이 큰 문제, 카톨릭에서 이단으로 감, 카톨릭의 종교재판 잔상이 남아 있음, 도덕성과 가치관이 병들고 있다. 영적부흥, 종교차별 사라지도록, 노골적인 박해는 사라졌지만 종교단체의 제한 인허가 문제로 일부 교회가 문닫음, 스페인 복음화협회가 주동이 되어 선교 노력을 조직화하고 계속 발전하도록 기도
170	슬로바키아 (브라티슬라바)	540만	52만(1,000)	카톨릭(79)	다당제공화	〈1000〉 물질주의와 도덕성 타락, 카톨릭과 루터교가 기독교유산을 가지고 있으나 현재 감소하고 있다. 비전으로 모든 지역에 교회가 있으려면 6,000개 교회가 필요하다. 해외 선교를 위해 전도와 교회개척훈련과 인원이 더 필요하다. 로마니(집시)족 9.3% 나 되며 극심한 가난에 허덕인다. 이들에게도 복음이 필요하며 열정적인 전도자가 될 소지가 많다. 청소년사역이 더 활발하도록.

유럽 대륙 (3)

번호 기도책 임자	나라 이름 (수도 이름)	인구 (만 명)	개신교인 수 (교회 수, 만)	개신교 이외 종교 (%)	정치체제	〈2030년까지 교회개척 목표〉 시급한 문제, 기도제목
171	슬로베니아 (류블랴나)	200만	23,000(70)	카톨릭(44)	민주주의	〈500〉3개 언어 성경번역
		3대 기독교(카톨릭, 정교회, 루터교)가 생명력이 없다. 복음주의자는 수도 적고 자금부족하며 분열됨. 영적부흥, 복음주의 서점은 1개, 성경 보급에 주력하고 있다. 기독교서적 부족, 종교개혁 이후 복음증거 했으나 극소수이며 성경학교 2개는 규모가 작아 극소수를 섬길 지도자 훈련도 모자란다. 국민이 성경으로 감동 받도록, 학생사역 활성화가 중요하다.				
172	아이슬란드 (레이캬비크)	37만	27만(320)	카톨릭(3)	의회민주	〈50〉 대다수가 국립 루
		터교임, 복음주의가 미약함으로 활성화 되도록, 복음주의 교회의 단기 선교활성화, 교회개척 운동이 활성화 되도록, 교회가 쇠퇴하고 노화됨				
173	아일랜드 (더블린)	500만	13만(550)	카톨릭(82)	의회공화국	〈1000〉 카톨릭 출석률이
		4%임, 1,500년 전 선교사 파송한 나라, 카톨릭의 퇴조가 복음화로 이어지도록, 치유 화해 용서로 북아일랜드와 화합하도록, 아일랜드가 그리스도에 대한 심오한 신앙의 옛 유산을 재발견. 영적부흥, 교회성장 위하여.				
174	알바니아 (티라나)	330만	3만(180)	이슬람(62)	다당제민주	〈200〉 이슬람국가가 많
		이 지원, 이슬람 카톨릭정교가 각축전을 벌이나 대개 명목교인이므로 통계는 수치일 뿐. 종교 자유가 계속되도록, 지도자훈련, 교회개척 활성화				
175	에스토니아 (탈 린)	130만	22만(400)	무종교(54)	다당제민주	〈400〉 자본주의로 사치
		와 빈곤이 공존, 기독교 유산을 받았지만 진정한 믿음은 찾기 어렵다. 영적부흥, 명목주의가 만연, 러시아 압제로부터 정체성 회복하고 화해하도록.				
176	영 국 (런 던)	6,500만	800만(3만)	이슬람(3)	의회민주	〈5000〉 영적으로 거듭나
		도록, 교회출석 평균 300만(5%). 이슬람은 급성장, 고장 난 영국, 1960년 이후 자유 때문에 황폐하고 영적으로 쇠퇴, 국민이 희망을 갖고 재무장 되도록, 영적부흥, 교회개척 활성화, 다문화 다원주의 문제, 국가적 각성 필요				
177	오스트리아 (비엔나)	850만	38만(440)	이슬람(6)	다당제민주	〈500〉 신자수가 급격히
		감소, 높은 자살률, 알콜중독, 카톨릭문화가 심각하게 쇠퇴한다. 루터교와 개혁교회도 쇠퇴한다. 복음주의 은사주의가 성장, 신비술로 오염, 많은 무슬림 이민자가 높은 출산율로 외국인 혐오 조장, 사이비종교집단 창궐				
178	우크라이나 (키예프)	4,200만	360만(6천)	정교회(61)	다당제민주	〈5000〉 체르노빌 방사능
		피해 극심, 우크라이나의 기독교유산은 강력하다. 130년간 수백만 명이 죽임당한 무자비한 박해를 거쳐 등장한 세력은 더 강하며 수적으로도 많다. 종교의 자유가 개선되었으나 국법에 없다. 공산주의가 박해하던 시기는 끝났지만, 협박과 배신의 상처는 카톨릭 개신교 정교회 모두가 안고 있어 용서와 화해와 치유되도록, 신학 훈련이 필요, 빈곤, 부정부패, 폭력, 가정파탄, 영적 삶의 갱신, 사회적 화해와 신뢰회복 필요, 제자훈련 필요				
179	이탈리아 (로 마)	6,000만	260만(3300)	카톨릭(84)	민주공화	〈1만개〉 인구 5,000명당
		한 개, 대학생 160만 명에 사역자 100명 뿐, 섬지역은 170만 명에 교회 15개뿐, 개신교역사가 800년이나 교회가 작고분파되고 고립이 심하다. 교회가 서로 협동하도록, 10만의 신비술사, 영적각성과 불신 해소가 필요하다.				

유럽 대륙 (4)

번호 기도책 임자	나라 이름 (수도 이름)	인구 (만 명)	개신교인 수 (교회 수, 만)	개신교 이외 종교 (%)	정치체제	〈2030년까지 교회개척 목표〉 시급한 문제, 기도제목
180	체코공화국 (프라하)	1,000만	30만(900)	무종교(71)	다당제민주	〈1000〉민주화를 이루면서 자유는 무질서를 의미하게 되고 교회의 영향력도 급속하락, 공산주의 공백이 도덕적 타락으로 나타남, 범죄, 물질남용, 가정파괴, 성적 부도덕, 약물중독, 우울증, 자살이 많아짐. 영성회복, 전도와 교회개척 필요.
181	크로아티아 (자그레브)	430만	4만(200)	카톨릭(87)	다당제민주	〈1000〉 난민구호에서 사랑을 경험, 기독교가 난민사역에 모범을 보이도록, 크로아티아, 보스니아, 세르비아간의 증오심이 사라지고 화해하도록. 지도자훈련이 시급, 모든 마을에 교회가 개척되도록, 복음으로 하나 되도록, 학생사역 시급.
182	키프로스 (레프코시아)	97만	6천(76)	정교회(67)	민주공화국	〈500〉 터키가 북부 점령에서 철수하도록, 1/3이 난민으로 어려움, 두 공동체(남과 북 키프로스)가 서로 50년간 적대시 해온 것을 화해하도록, 사역자가 절대적으로 부족, 문서 선교 활성화, 정교회가 변화되도록, 두 기독서점이 전도의중심 역할 하도록.
183	포르투갈 (리스본)	1,000만	60만(1,500)	카톨릭(90)	민주주의	〈1000〉 40% 되는 기독교 이단 퇴치, 카톨릭에 성령역사하시도록, 교단분열 중단하고 본질에 집중하도록, 세계복음화에 관심 갖도록, 25% 행정구역에 교회가 없다.
184	폴란드 (바르샤바)	3,700만	30만(1240)	카톨릭(86)	다당제민주	〈1000〉 교회 성장이 지속되도록, 카톨릭 교인들이 성령의 역사로 마리아 빼고 그리스도를 높이도록, 교단의 분열중단, 여호와증인이 줄어들도록, 지방자치 지역 90%에 복음주의 교회가 없다. 젊은이선교 시급, 문서사역의 계속발전.
185	프랑스 (파리)	65,000만	120만(4300)	이슬람(10)	대통령제	〈2000〉 이슬람, 여호와증인이 문제, 복음주의와 영어를 하나로 보는 사고의 변화를, 인본주의와 명목주의 배격, 교회 없는 행정도시가 94%, 이주민과 토착교회가 더 깊이 연합하도록, 개신교가 16세기 25%에서 현재 2%로 줄었다. 종교개혁이 필요함.
186	핀란드 (헬싱키)	540만	440만(2200)	무종교(15)	민주주의	〈2000〉 제자화 교육할 지도자 필요, 타국의 루터교보다 복음적, 인본주의 세속주의 물질주의 자유주의의 영향감소를, 교회구조의 패러다임이 현대적으로 변화야 한다, 매주 예배에 참석하는 루터교인은 3%. 가정교회가 성장하고 있다.
187	헝가리 (부다페스트)	970만	240만(3200)	카톨릭(60)	민주주의	〈2000〉 사회적 불신, 의심 분열해소, 알코올 중독, 자살, 이단에 빠지지 않도록, 복음전도자가 많이 필요, 진정한 정치지도자 필요, 유고 난민 해결, 기독교지도자 부족 신학적 유산이 많으면서도 복음전도가 제약받고 있다. 영적부흥 임하도록.
188	페로제도 (토르셰븐)	53,000	4.4만(110)	무종교(9)	덴마크자치	〈50〉 어업과 석유 산업이 계속 발전하도록, 선교사 파송이 계속 되도록, 세속화 문제, 명목주의, 지도자부족, 제자훈련, 영적부흥을 갈망한다, 가정선교회가 계속 발전하도록
189	모나코 (모나코)	34,000	1,100(2)	카톨릭(81)	입헌군주	〈50〉 조세피난지, 도박 종착지로 유명하다. 국교는 로마카톨릭이나 문화는 물질적 쾌락주의임, 영적인 환경이 조성되도록, 78%에 달하는 160개 외국인 사역을 통해 복음을 역수출하는 전략을 세우도록, 유럽과 아프리카 언어 방송에 영적호응 하도록

유럽 대륙 (5)

번호 / 기도책임자	나라 이름 (수도 이름)	인구 (만 명)	개신교인 수 (교회 수, 만)	개신교 이외 종교 (%)	정치체제	〈2030년까지 교회개혁 목표〉 시급한 문제, 기도제목
190	몬테네그로 (포드고리차)	63만	1,000(5)	정교회(75)	의회민주	<100> 정의로운 나라로 진리 추구하도록, 국민의 75% 이상이 정교회 안에 새로운 영적인 삶이 일어나도록, 복음주의가 0.03%밖에 안 되지만 교단들이 연합하여 풍성한 사역의 열매를 맺도록, 소수종족에 복음이 전해지도록, 집시들에게도 복음 전파
191	몰타 (발레타)	42만	2만(65)	카톨릭(91)	의회공화	<100> 카톨릭의 영적 쇄신 운동에 복음주의자들이 많다. 강한 종교적 전통이 하나님 나라의 통로가 되도록, 14개 가정교회에 500명의 복음주의자들을 위해 기도하자
192	바티칸시국 (바티칸)	785명	100.0% 카톨릭		교황이 국가원수	<10> 올바른 사람이 교황에 오르도록, 로마카톨릭의 어마어마한 영향력이 인류를 구원하는 데 사용되도록. 추문, 교황의 잘못된 교리, 사제와 신부와 수녀의 감소로 카톨릭은 변화에 직면하였는데 성경 신학적으로 변신하도록 기도하자.
193	산마리노 (산마리노)	33,000	발도파9(1)	카톨릭(88)	의회공화	<50> 전통적으로나 문화적으로 카톨릭국가지만 대부분 명목상일 뿐 매우 물질주의적이다. 소수의 여호와증인 바하이교도 발도파가 있다. 산마리노 사람들이 예수그리스도를 만나도록 기도, 목회자를 추방해서 아직 목회자가 없다.
194	세르비아 (베오그라드)	760만	12만(360)	정교회(74)	의회민주	<200> 가난, 헐벗은 나라, 무슬림에 대항하는 기독교신앙 수호자로 자칭, 타 민족종교를 증오, 세르비아 정교회가 종교독재 행세, 교회 안에 새생명이 일어나도록, 복음공동체가 선한일의 촉매가 되도록, 가난으로 사역불능, 대학생사역 강화.
195	안도라 (안도라 라베야)	10만	1,500(10)	카톨릭(80)	공동공국	<50> 국교는 카톨릭, 종교의 자유허용, 물질주의가 너무 강하므로 그 허구가 드러나도록, 영성회복, 주술(무당과 점성술) 퇴치, 그리스도의 헌신된 제자들이 열정과 분별력을 가지고 신앙을 효과적으로 잘 전하도록, 카톨릭의 영적부흥.
196	지브롤터 (지브롤터)	3만 명	1,800(9)	카톨릭(74)	3국 공동	<50> 지브롤터 영국 스페인 3국이 공동통치. 복음주의교회가 더욱 성장하고 주류 교회인 성공회 장로교 감리교들 가운데 부흥이 일어나도록, 지브롤터는 많은 사람들이 드나들므로 교회가 전도의 열정을 갖도록, 교회가 몹시 부족하다
197	연해주(러) (블라디보스톡)	200만	미지수	정교회(64)	다당제민주	<500> 시베리아철도의 종착역, 러시아 함대항구라는 전략적 위치, 거대한 아르메니아인 집단 러시아인 소수종족에 10만이 넘는 무슬림이 산다. 이곳은 중국, 북한과 철도로 연결되어 있다. 북한노동자들이 많아 북한선교의 교두보 역할을 잘하도록, 한국 선교사들의 사역에 많은 열매 맺도록.
198	후베이(중) (우한)	5,800만	270만( )	3자교회(1)	공산주의	<1000> 이미 170만의 가정교회(지하)가 있다. 2019년 우한에서 COVID-19 바이러스발생으로 중국인 8만 명 이상 확진, 3,300명 이상이 사망했다. 우한의 빠른 복구회복

오세아니아 (1)

번호 기도책 임자	나라 이름 (수도 이름)	인구 (만 명)	개신교인 수 (교회 수, 만)	개신교 이외 종교 (%)	정치체제	〈2030년까지 교회개척 목표〉 시급한 문제, 기도제목
199	괌 (아가냐)	20만	3만(80)	카톨릭(76)	미국령	<50> 미크로네시아 중추
		다문화 다인종 국가. 중국 한국 필리핀 공동체에서 교회 성장. 부유해서 도박, 약물남용, 불법 성매매가 성행. 성경적인 정의가 괌 사회와 민생에 영향을 끼치도록. 토착종족인 차모로족이 복음을 받아들여 정령숭배의 세계관이 변하도록, 태평양제도 대학(성경대학)의 토착민 학생들이 잘 쓰임 받도록. 괌 감옥 선교회의 사역을 통해 토착민들에게 복음이 침투하도록					
200	뉴질랜드 (웰링턴)	460만	90만(2,800)	성공회(12)	의회민주	<500> 종교는 자유
		많은 교회가 역동성을 지니고 있다. 인터링크 선교회와 교회는 선교사 3,000명 파송국 비전을 품고 있다. 이 비전이 이뤄지도록, 세속화문제, 무종교인이 1951년 1%에서 2010년 40%로 급증했다. 교회참석은 14%로 점점 감소하고 있다. 모든 교인에게 비신자에게 다가갈 도구와 훈련이 필요하다.					
201	뉴칼레도니아 (누메아)	29만	43,000(350)	카톨릭(51)	지역자치(프)	<50> 종교는 자유이나
		세속화. 토착민 카나크 족이 프랑스 점령 때 소외시켰고 지금은 모든 법적 지위를 얻었으나 아직도 사회적 불평등, 마약, 가정폭력에 시달리고 있다. 이를 치유할 목회자를 위해서. 카나크 족 마을에 교회가 아직도 정령숭배사상이 있음. 성경적 교회 성령충만한 교회가 되도록, 가정교회 활성화.					
202	마셜제도 (마주로)	74,000	60,000(260)	바하이(2)	민주공화	<50> 1979년 자치정부
		수립, 1991년 유엔에 가입하고 한국대사관이 있다. 대부분이 개신교이며, 절반이 복음주의이다. 교회는 사회에 영향을 많이 주었으나 제자화에 실패, 연합그리스도교회가 사실상 국교이나 교인수와 영성을 잃어가고 있다. 경건한 지도자가 세워지고, 몰몬 여호와증인 바하이교에 효과적으로 대처하도록					
203	미크로네시아 연방 (팔리키르)	12만	55,000(235)	카톨릭(52)	자유연합(미)	<100> 90% 이상 미국
		원조. 세 가지 문제: (1)주술의식 마약 사카오 음료가 문화로 간주됨, (2)미국 원조로 물질소비주의 풍조, (3)몰몬교 선교사가 적극적으로 활동.					
204	바누아투 (빌 라)	30만	23만(1100)	성공회(12)	의원내각	<100> "하나님 앞에 서라"
		가 국민의 표어이다. 작고 복잡한 나라가 표어처럼 살도록, 7개 신학교에서 지도자들이 잘 길러지도록, 무교회섬에 교회가 세워지도록.					
205	북마리아나 제도 (사이판)	10만	17,000(14)	카톨릭(57)	자치령(미)	<100> 주로의류 제조업.
		일본인대상 관광업, 의류제조, 미국원조가 주 수입원. 정령숭배 세계관, 20개가 넘는 아시아인 교회가 있다. 중국인 노동자 전도가 활발하다.					
206	사모아 (아피아)	18만	11만(245)	몰몬교(12)	민주주의	<50> 몰몬교가 강하다.
		교회의 영적각성, 지도자훈련, 복음주 연맹이 명목적 교인을 각성시키고 선교에 헌신하도록, 전통문화가 변화되도록, 허위적 몰몬의 퇴치.					
207	솔로몬제도 (과달카날)	66만	23만(1025)	성공회(34)	의회민주	<200> 각파의 이해관계
		가 복잡, 서로 용서와 회해하도록, 진실화해위원회와 공정한 선거와 정치 발전을 위한 운동, 평화추구 여성운동이 지속적인 효과를 거두도록 기도하자.					

오세아니아 (2)

번호 기도책 임자	나라 이름 (수도 이름)	인구 (만 명)	개신교인 수 (교회 수, 만)	개신교 이외 종교 (%)	정치체제	〈2030년까지 교회개척 목표〉 시급한 문제, 기도제목
208	쿡 제도 (아바루아)	21,000	12,000(93)	몰몬교(6)	의회민주	<50> 15세 이하가 30%. 기독교가 강세이나 이단인 유사기독교도 만만치 않다. 바하이교, 몰몬교, 안식교, 여호와증인 등이 각축을 벌이고 있다. 올바른 신앙을 갖도록.
209	크리스마스 섬 ( )	1,800	320( )	이슬람(25)	호주속령	<10> 중국인이 70%이다. 인산염 채굴 광산을 폐쇄하고 사업용 우주기지 착공예정. 공용어는 영어이나 중국어가 더 많이 사용된다. 불교인구가 36%나 된다. 전도의 영성을 위해
210	키리바시 (타라와)	12만	42,000(153)	카톨릭(55)	민주공화	<50> 명목주의, 전통적 정령숭배와 혼합주의가 꽤 흔하다. 한때 우세하던 키리바시 개신교는 천천히 쇠퇴하고 있다. 성경대학의 발전, 청소년 사이에 부흥이 일어나도록.
211	통 가 (누쿠알로파)	11만	56,000(320)	유사기독교(52)	내각책임	<50> 풍부한 기독교 유산은 축복이지만 과포화 상태다. 신생교단이 교인 빼앗기에 혈안이 됨. 자신에게 이득이 되는 교회보다는 헌신할 교회를 찾도록, 연합의 영이 함께 하기를
212	투발루 (푸나푸티)	10,000	9,000(23)	바하이교(1)	의회군주	<20> 제한된 자원, 해수면 상승 위험, 전통문화는 환경적으로나 사회적으로 약해지고 있다. 문화가 보존되고 오랜 교회가 영역에서 역할을 다 하도록, 기독교인의 믿음회복
213	파푸아뉴기니 (포트모르즈비)	840만	400만(15,800)	카톨릭(26)	의회민주	<200> 국민의 대부분이 기독교 배경이나 정령숭배 뿌리가 있다. 기독교 백화점처럼 150종파가 있다. 종족이 다양하고 부정부패가 심하다. 에이즈가 유행, 마약, 마술 등
214	팔라우 (은게롤무드)	22,000	6,000(30)	카톨릭(42)	자유협정(미)	<50>명목주의 팽배. 리벤첼 선교회의 사역으로 코로르 복음주의 교회가 부흥하도록, 폐쇄된 문화와 강한 전통주의 때문에 복음전도가 어렵다. YWAM의 대학캠퍼스 사역을,
215	프랑스령 폴리네시아 (파페에테)	30만	116,000(110)	유사기독교(13)	프랑스령	<50> 가장 큰 섬인 타히티는 실낙원이다. 태평양전역에 선교사 파송하던 강력한 기독교국가였지만, 부도덕과 악덕이 성행한다. 생명력을 가진 경건한 신앙인이 없다.
216	피 지 (수 바)	88만	48만(2,200)	유사기독(4)	민주주의	<100> 감리교가 정치에 큰 영향을 줌. 영국인과 피지인에게 부당한 대우를 받던 인도인은 복음도 불신한다. 회개의 영이 임하여 자유평등 사회가 되도록, 선교 비전을 회복하도록.
217	호 주 (캔버라)	2,300만	280만(7200)	카톨릭(25)	의회군주국	<1000> 선교단체와 교회가 기독교 쇠퇴에도 불구하고 복음전파에 노력하고 있다. 기독교윤리 덕분에 원주민 학대를 사과하는 분위기가 무르익고 있다. 다원주의와 세속화가 급속히 진행, 인구의 70% 정도가 기독교인이라고 생각하지만 교회 출석률은 10%에 불과, 거의 모든 교단에서 교인이 감소하고 있다. 교회의 부흥과 전도운동이 일어나도록, 이슬람의 전진이 멈추도록, 소외된 원주민이 복음에 반응하도록, 학생과 어린이 사역이 역동적으로 일어나도록, 부흥이 일어나도록.

[# 10] 초신자도 쉽게 전도할 수 있다

① 삼인조운동의 PET훈련을 실시한다.
② 전도훈련 진행 내용

1. 삼인조를 조직한다.(성령의 인도하심을 따라 조직하고 리더 1명을 정한다)
2. 현지 언어로 된 복음제시 암기개요를 암기한다.
3. 복음제시 방법을 실내에서 실습한다.
4. 성령님의 인도하심에 따라 현장 전도 실습을 실시한다.
5. 전도한 결과를 기록하고 보고한다.
6. 전도훈련을 받은 후 매일 한 명에게 전도하도록 한다.
7. 매주 하루를 기도와 전도하는 날로 정하고 전도 후 결과보고 한다.
8. 3인조 1개조가 매년 1개 교회를 개척한다.
9. 각자가 별도로 3인조를 조직하여 훈련시킴으로 3인조 운동을 확산시킨다.

[# 11] 누구든지 할 수 있는 교회개척 방법

1. [# 21, 22]에 의하여 3인조 3-5개조를 교회 없는 지역에 파송하여 전도하고 결신한 사람들을 양육하기 위해 그들의 집이나 공공장소에서 개척예배를 드리고 교회가 설립된 것을 선포한다.
2. 가정교회가 마련된 집 주인을 임시집사로 세우고 3인조 1개조가 그 교회를 계속 섬기며 전도를 계속하여 부흥시킨다.
3. 가정교회는 모교회의 지도를 받으며 지교회로서의 역할을 한다. 모교회는 관리자를 선임하여 필요한 것을 협의 공급한다. (단 이 교회는 삼자(三自) 교회이므로 경제적인 지원은 하지 않는다.)
4. 가정교회 교인이 20명 이상 되면 다른 가정교회를 개척한다.

[# 12] 간증의 효과적인 사용

　여기서는 전도를 돕기 위한 개인 간증의 기본적 고려 사항들을 알아보고자 한다.

　① 간증은 효과적인 전도에서 첫째가는 도구이다. 간증은 대상자로 하여금 복음을 듣고자 하는 욕망을 불러일으키도록 한다. 만일 당신에게 간증할 것이 없다면 당신은 먼저 전도를 받아야 할 사람이라고 말할 수 있다. 속담에 "말을 물가로 끌고 갈 수는 있어도 물을 먹일 수는 없다"는 말이 있다. 그러나 능력있는 전도자는 말에게 물을 먹일 수 있어야 한다. 물을 안 먹으려는 말에게 어떻게 하면 물을 먹일 수 있을까? 말에게 소금을 한 줌 먹이기만 하면 어떤 말에게도 물을 먹일 수 있다. 간증은 대상자에게 바로 소금과 같은 것이다.

　② 복음을 효과적으로 전하기 위한 첫 번째 도구로서 명확하고 강력한 개인 간증이 필요한데, 잘 준비된 간증은 성공적인 전도의 60%는 달성했다고 할 만큼 아주 중요한 것이다. 간증의 이야기는 전도대상자가 모르는 사이에 세속적인 세계에서 영적인 세계로 넘어가기 때문에 대상자들은 그들의 마음을 열고 복음에 대해 수용성이 크게 증가하게 된다.

　③ 간증은 영생에 대한 어떤 개인의 주관적인 체험이다. 즉 간증은 하나님께서 오늘날에도 일하고 계신다는 것을 보여주는 것이며, 추상적이면서도 논리적인 증명이다. PET 훈련에서는 영생이라든가, 예수를 영접한다든가, 그리스도를 받아들인다든가, 기독교인이 된다거나, 천국에 간다든가 하는 말은 다 같은 뜻으로 사용한다.

　④ 간증은 300단어 이내로, 시간은 3분 이내로 마칠 수 있는 분량이다.

　⑤ 영생 얻은 것을 보여주기 위해서 "예" 간증이라는 것도 매우 효과적으로 사용하고 있는데, 이것은 대상자에게 다른 사람들은 다 가지고 있는 영생을 나만 안 가지고 있다는 인상을 주기 위함이다. 간증이 끝나면 전도자가 동행인 (훈련생 또는 안내인)을 향해서 "당신도 영생을 가지고 있지요?" 하고 물으면 동행인은 웃으면서 확신을 가지고, 그리고 정확한 시간에 "예"라고

명랑하게 대답하는 것을 말한다.

⑥ 개인 간증의 주된 초점은 인간의 죄성에 맞추지 말고 하나님의 신성에 맞추라.

⑦ 간증문 작성을 돕기 위한 몇 가지 삶의 개념들. 괄호 안은 반대 개념들이다.

외로움 (우정), 다툼이나 미워함 (사랑, 우애), 죄책감(자유함), 죽음에 대한 두려움 (평안함, 또는 담대함), 허무함(목적의식 또는 의미 있음), 슬픔으로 가득찬 삶(기쁨이 넘치는 삶), 무기력함(활력이 넘치는 삶), 버림받은 느낌(모두 자기를 반기는 느낌), 실패에 대한 두러움(자신감, 성취감), 좌절감(희망에 찬 삶), 불안함(평안함, 안정감).

⑧ **간증문 점검표**

번호	해야 할 것	하지 말아야 할 것
1	기독교의 상투적인 용어는 피하라.	설교하듯 하지 말라.
2	영생 얻은 이후의 긍정적인 유익을 중점적으로 표현하라.	너무나 막연해서 의미를 별로 주지 못하는 일반적인 이야기를 피하라.
3	흥미 있는 인용문을 사용하라.	복음에 대해 경박한 표현을 피하라.
4	전도대상자와 일치시켜라.	쓸데없는 여행담을 피하라.
5	건설적인 유머를 사용하라.	"만일 선생님께서 오늘 이 세상을 떠나 하나님 앞에 섰는데 하나님께서 "내가 너를 나의 천국에 들어오게 할 이유가 무엇이냐고 물으신다면 무엇이라고 대답하시겠습니까? 라는 질문에 대한 답을 누설하지 말라.
6	실제의 장면을 보듯이 생생하게 묘사 하라.	
7	하나님의 신성에 대한 체험을 제시하라.	
8	개인적인 체험에서 구체적으로 예증하라.	
9	현재 영생의 확신을 갖고 있다는 사실을 밝혀라.	영적인 일들을 제쳐 두고 표면적인 이야기만 하지 말라.

[#13-1]

개인 간증문 작성표
(어른이 되어서 영생을 얻은 경우)

1. 영생을 얻기 이전의 나는.....

가) 영생 얻기 이전의 어두웠던 삶의 개념 하나를 선정하십시오.
(예: 죽음에 대한 두려움, 불안, 죄책감, 외로움, 허무함, 무기력함 등)

나) 당신 자신의 개인적인 경험에서 어두웠던 삶을 실감나게 예증하라.

2. 그러다가 나는 영생을 얻었습니다.

3. 영생을 얻은 후에 나는.....

가) 위에서 제시한 영생 얻기 이전의 어두웠던 삶의 개념에 반대되는 밝은 개념에 대해 이야기하십시오.

나) 당신 자신의 경험에서 그 밝은 개념의 삶을 예증하십시오. (실감나게)

다) 당신 자신이 영생의 확신을 갖고 있으며, 언제 어디서 이 세상을 떠난다 해도 천국에 들어갈 것을 알고 있기 때문에 항상 즐겁고 기쁘다는 말을 포함하십시오.

라) 훈련생에게 "예" 간증을 하십시오.
(제안): 최종적으로 정리한 당신의 개인 간증문을 2장 복사하여 하나는 당신의 훈련교재에 보관하고 다른 하나는 훈련자에게 제출하십시오.

[#13-2]

개인 간증문 작성표
(어려서 영생을 얻은 경우)

1. 나는 영생을 얻은 것이 매우 기뻐요. 왜냐하면.....
   가) 밝고 긍정적인 삶의 개념 하나를 선정하십시오.
   (예: 죽음에 대한 두려움으로부터의 자유, 불안으로부터의 해방, 홀로 있어도 외롭지 않음, 삶의 분명한 목적 등)

   나) 당신 자신의 경험에서 어려운 일이 있었음에도 불구하고 밝고 즐거운 삶을 살 수 있었던 사실을 예증하십시오.(실감나게)

   다) 당신 자신이 영생의 확신을 갖고 있으며, 언제 어디서 이 세상을 떠나도 천국에 들어갈 것을 알고 있기 때문에 항상 즐겁고 기쁘다는 말을 포함하십시오.

라) "예" 간증을 하십시오.

마) [주제전환] "질문을 하나 드려도 되겠습니까?"

(제안): 최종적으로 정리한 당신의 개인 간증문을 2장 복사하여 하나는 당신의 훈련교재에 보관하고 다른 하나는 훈련자에게 제출하십시오.

[#14]

간추린 복음제시

【1 서론】

① 인사소개　　② 일반대화　　③ 종교배경
④ 도입질문　　⑤ 개인 간증　　⑥ 진단질문

[도입질문]
이 짧은 인생을 사는 것이 왜 그렇게 중요한지 아십니까? 우리가 죽으면 그것으로 모든 것이 끝나는 것이 아니라, 천국 아니면 지옥에서 영원히 살게 될 것이라고 성경은 분명히 말씀하고 있는데, 우리가 사는 동안에 어디로 갈 것인지 결정되기 때문에 삶이 중요한 것입니다.

〈개인 간증 및 진단질문〉

[질문 1] 만일 오늘밤이라도 이 세상을 떠나신다면, 천국에 들어갈 것을 확신하고 계십니까? 성경이 기록된 목적은 "우리로 하여금 우리에게 영생이 있음을 알게 하려 함이라"(요일 5:13)고 말씀하고 있습니다.

[질문 2] 만일 당신이 오늘 이 세상을 떠나 천국문 앞에 섰는데 하나님께서 "내가 너를 나의 천국에 들어오게 할 이유가 무엇이냐?"고 물으신다면 어떻게 대답하시겠습니까?

[주제전환] 제가 영생 얻은 것을 어떻게 알게 되었는지, 또 당신이 어떻게 하면 영생을 얻을 수 있는지 말씀드려도 될까요? 당신의 대답을 듣고 보니 지금까지 들어보지 못했던 가장 큰 기쁜 소식을 전해드릴 수 있을 것 같습니다. 이 기쁜 소식이라는 것은;

【2 복음】

① 은혜, ② 인간, ③ 하나님, ④ 예수 그리스도, ⑤ 믿음

1. 은혜	천국의 영생은 값없이 주시는 하나님의 선물입니다.(롬 6:23). "하나님의 선물은 그리스도 예수 우리 주 안에 있는 영생이니라."
	그것은 돈이나 선행이나 자격으로 얻는 것이 아닙니다.(엡 2:8-9). "너희가 그 은혜를 인하여 믿음으로 말미암아 구원을 얻었나니 이것이 너희에게서 난 것이 아니요 하나님의 선물이라 행위에서 난 것이 아니니 이는 누구든지 자랑치 못하게 함이니라."

그런데 이 영생을 왜 꼭 선물로만 받아야 할까요? 그것은 성경이 인간에 대해 말씀하는 것을 이해하면 쉽게 알 수 있습니다.

2. 인간	인간은 모두 죄인입니다.(롬 3:23). "모든 사람이 죄를 범하였으매 하나님의 영광에 이르지 못하더니" 〈죄의 정의〉
	죄인은 자기 자신을 구원할 수 없습니다.(마 5:48). "하늘에 계신 너희 아버지의 온전하심과 같이 너희도 온전하라."

죄의 정의	① 행동으로 짓는 죄	강도, 폭행, 살인, 간음, 도적질 등 하지 말아야 할 것을 하는 것
	② 말로 짓는 죄	더러운 말, 욕 같은 악한 말, 남의 마음을 아프게 하는 말 등
	③ 생각으로 짓는 죄	교만, 정욕, 미움, 탐심, 시기, 질투 등 악한 생각으로 짓는 죄
	④ 해야 할 것을 하지 않는 죄	부모를 공경하지 않거나 이웃을 사랑하지 않는 것 등
	⑤ 하나님을 섬기지 않는 죄	하나님을 섬기지 않는 것이 가장 큰 죄이다.

천국의 영생에 대해서는, 성경이 하나님에 대해 말씀하는 것을 이해하면 확실하게 알 수 있습니다.

3. 하나님	하나님은 천지만물을 창조하신 창조주 하나님이십니다. "태초에 하나님이 천지를 창조하시니라."(창 1:1) 아래 창조론 참고
	하나님은 자비로우셔서 우리를 벌하는 것을 원치 않으십니다. "하나님은 사랑이시라."(요한일서 4:8)
	하나님은 또한 의로우셔서 우리의 죄는 반드시 벌 하셔야만 합니다. "죄 지은 자를 용서치 아니하고 반드시 보응하리라."(출 34:7)

창조론 : 우리 인간이 이 세상에 어떻게 생겨났는가 하는 것을 밝히는데 두 가지 학설이 있습니다. 즉 창조론과 진화론입니다. 진화론은 원숭이가 차츰 차츰 진화해서 사람이 되었다는 것인데, 원숭이가 하루아침에 일어나보니 사람이 되었다는 것은 진화론이 아니고, 눈에 안 보이게 조금씩 수백만 년을 진화해서 사람이 되었다는 것이 진화론입니다. 그런데 사람과 원숭이는 있는데 중간체는 화석이나 이 세상 어디에서도 찾아볼 수가 없습니다. 그러므로 창조론을 믿을 수밖에 없는 것입니다.

우리를 사랑하시지만 우리의 죄는 반드시 벌하셔야만 하는 이 어려운 문제를 하나님께서는 그의 아들 예수 그리스도를 이 땅에 보내서 해결하셨습니다.

4. 그리스도	예수 그리스도는 무한하신 하나님이신 동시에 참 인간이십니다. (요 1:1,14)
	그는 우리의 죗값을 치르기 위해 십자가에 죽으시고, 우리에게 영생을 선물로 주시기 위해 부활·승천하셨습니다. (이사야 53:6) 〈죄를 기록한 책〉

[주제전환] 이 영생의 선물은 믿음으로만 받을 수 있습니다.

5. 믿음	지식적 믿음이나 일시적/현세적 믿음으로는 구원을 얻지 못합니다.
	구원을 얻는 믿음은 우리의 구원을 위해서 오직 예수 그리스도만을 신뢰하고 그분만을 의지해야 합니다. (행 16:31) 〈의자 예화〉

【 3. 결 신 】

지금까지 말씀드린 것에 대해 이해가 되십니까? **〈영생의 선물 받기〉**

① 하나님은 전지전능하시고 어디든지 계시기 때문에 그분은 지금 이곳에도 계십니다. 당신과 저의 마음속에도 계셔서 우리가 하는 말과 우리의 생각도 다 알고 계십니다.

② 예수님께서는 영생의 선물을 24시간 늘 준비하고 계십니다. 당신이 받아들이기로 마음에 작정할 때, 순간적으로 죄를 용서하시고 영생을 받아서 천국에 들어 갈 수 있게 되는 것입니다. (계 3:20, 롬 10:10)

③ 당신의 죄를 대신해서 죽으셨던 예수님께서 지금 당신에게 "이 영생의 선물을 받겠느냐"라고 물으신다면 어떻게 하시겠습니까? 받으셔야겠지요?

3-1. 결신 설명 : 이 결정은 당신의 인생에서 가장 중요한 결정이기 때문에, 영생의 선물을 받는다는 것이 무엇을 의미하는지 제가 간단히 설명해 드리겠습니다.

① 그간 지은 모든 죄를 회개하겠다는 뜻입니다.
② 지금도 살아계신 예수 그리스도를 당신의 구세주와 주님으로 모셔 들인다는 뜻입니다.
③ 천국에 들어가기 위해서는 예수님만 의지하시겠다는 것입니다.
④ 당신의 결정을 하나님께 기도로 말씀 드려야 합니다.
　이것은 제가 도와 드리겠습니다.

3-2. 결신 기도 : 제가 기도하는 것을 도와드리겠습니다. 한 마디씩 저를 따라 해주세요.

주 예수님 / 저는 죄인입니다 / 지금까지 제 자신을 믿고 살아왔습니다. / 저의 죄를 회개하오니 / 저의 죄를 용서해 주세요. /예수님께서 저의 죄를 위해 / 십자가에 죽으신 것과 / 또한 부활하신 것을 믿습니다. / 지금 이 시간 제 마음을 엽니다. / 제 마음에 들어오셔서 / 저의 구주와 주님이 되어 주세요 / 제가 영생의 선물을 받겠습니다. / 이제부터 하나님 앞에 설 때까지 / 저의 삶을 인도해 주세요. / 예수님의 이름으로 기도합니다. / 아멘.

3-3. 구원의 확신 : 요 6:47절에 "진실로 진실로 너희에게 이르노니 믿는 자는 구원을 가졌나니"라고 말씀합니다. 이 말씀에 의해서 다시 한 번 질문을 드려보겠습니다. (두 가지 진단질문 했을 때 확신이 없으면 다시 복음제시를 간단히 해야 합니다.)

【 4. 즉석 양육 】

축하합니다. 오늘은 당신이 하나님의 자녀로 새로 태어난 영적 생일입니다. 어린 아이가 태어나면 점점 자라서 어른이 되는 것처럼 영적인 생명도 자라서 영적인 성년이 되어야 합니다. 다음 다섯 가지는 영적인 생명이 자라는 방법입니다.

① 성경 : 성경은 영혼의 양식입니다. 요한복음을 하루에 한 장씩 읽으십시오.

② 기도 : 기도는 영혼의 호흡이라고 합니다. 하나님의 자녀들은 기도를 통해 하나님과 교제할 수 있습니다. 매일 하나님께 기도를 드리십시오.

③ 예배 : 성경을 바르게 가르치는 교회에 정기적으로 출석하여 예배를 드리셔야 합니다.

④ 교제 : 믿음 안에서 성장하도록 도와줄 교인들과 성경공부도 함께 하시고 교제를 나누십시오.

⑤ 전도 : 전도를 해야 영적 아이가 잘 자랍니다. 전도는 예수 그리스도가 누구이시며 내가 받은 구원의 기쁨이 무엇인지를 다른 사람들에게 전하는 것입니다.

※ 주일예배 참석을 약속하고 마침기도로 끝낸다.

[# 15]

결신 기술

(1) 두 가지 진단질문의 해석 및 활용

조합	진단질문 1	진단질문 2	보여주는 영적 상태
1	O	O	그리스도를 신뢰하는 신실한 교인
2	O	X	선행을 신뢰하는 성숙하지 못한 교인
3	X	O	믿음을 가졌으나 확신이 없는 교인
4	X	X	믿음이 없는 불신자 또는 초신자

조합	경우	해석	확인	처방
1	A	믿음이 좋은 이미 신자	1. 언제 구원을 받는가? 2. 언제 어떻게 구원의 확신을 갖게 되었는가? 3. 지식적인 믿음이란? 4. 왜 그리스도를 통해서만 구원을 얻을 수 있는가? 5. 간증을 들려줄 수 있는가?	확신부분을 제시한다.
1	B	구원의 확신이 없는 머리 신자		믿음과 확신 부분을 제시한다.
2	-	1. 나팔 신자 2. 얻어 듣고 대답하는 사람	1. 성경적 근거 없이 막연히 구원을 기대함 2. 자기의 의를 주장하는 "바리새인"의 특징을 가짐 3. 천국에 들어가려면 얼마나 선해야 할까? 4. 선행으로 천국에 들어가려면 하나님처럼 온전해야 함	1. 그가 믿는 자아를 철저히 분쇄해야 함 2. 전체복음을 제시한다.
3	A	구원의 확신이 없음	1. 왜 구원을 못 받는가? 2. 구원의 조건은 무엇인가? 3. 구원에 대해 성경은 무엇이라고 말하고 있는가?	이런 사람들에게는 전체 복음제시 하되 믿음과 확신을 강조한다
3	B	구원에 대한 지식적 믿음을 가지고 있음		
4	-	분명한 비신자	행위, 불확실, 대답기피, 또는 무식을 분명히 진단할 것	전체복음제시

(2) 개인 간증의 효과적 활용

효과적인 전도를 위해서 간증은 매우 중요하다. 이것은 세상적인 생각으로부터 영적인 세계로 물 흐르듯이 넘어가는 것이므로 감동적일 필요가 있다. 또 효과적인 간증을 위해서는 모든 간증이 꼭 자기가 체험한 것만을 고집할 필요는 없다. 왜냐하면 한 개인이 모든 것을 다 체험할 수는 없는 것이기 때문이다. 예수님께서도 많은 비유로 말씀하셨다. 대상자와 일치시키기 위해서는 신빙성 있고 잘 정선된 타인의 간증을 준비해 두는 것도 좋다. 이때 인용하는 간증의 주인공이 대상자도 알 만한 사람이면 그 신뢰도를 높이는 뜻에서 이름을 밝혀도 좋을 것이다. 타인의 간증이 타종교에 관계될 때에는 그 종교의 교리에 어긋남이 없어야 하므로 조심해야 한다. 전도대상자는 대개 영적으로 무지하기 때문에 갑자기 영적인 이야기를 하면 반감을 갖기 쉬우나 세상적인 이야기를 하다가 영적인 이야기로 들어가면 자기도 모르게 영적인 세계에 들어와 있기 때문에 영적인 반감을 훨씬 줄이게 된다.

(3) 주제전환 및 어휘의 적절한 사용

① 당신의 대답을 듣고 보니 이제까지 당신이 들어보지 못했던 "<u>가장 기쁜 소식</u>을 전해 드릴 수 있을 것 같습니다"에서 줄친 부분을 강조할 것
② 저도 한때는 당신과 같이 생각했었어요. 그런데 어느 날 갑자기 깜짝 놀랄 사실을 발견했어요. "천국은 값없이 주시는 선물"이라는 것이었습니다.
③ 위의 말들은 열정적으로 말하면 대상자의 마음을 여는 데 큰 도움이 될 것이며, 또 흥미를 불러 올 것이다.
④ 상대방을 무시하는 말투 "이것 보세요." "이제 아시겠어요?" "그런 것이 아닙니다." "그것은 모르시는 말씀이에요." 등을 절대로 써서는 안 된다.

⑤ 주제전환은 대상자에게 확실한 근거를 주어 무리 없이 당신의 증거를 신뢰하게 하며 문장의 연결을 자연스럽게 해 준다.

(4) 복음 설명 (설교하듯 하지 말고 동화나 이야기하듯 하라)

① 천국은 값없이 주시는 하나님의 선물이라는 것은 매우 충격적인 사실이다. 대부분의 사람들은 자기의 구원을 위해서 무엇인가 선을 행해야만 구원을 얻을 수 있다고 생각한다. 자기의 구원을 위해서 인간이 할 수 있는 것은 아무것도 없다는 것을 오히려 의아하게 생각한다. 이것을 잘 설명하는 것이 무엇보다 중요하다. 불교, 천주교, 힌두교, 이슬람교 등 세계의 다른 종교들은 모두 자기가 선행을 많이 해서 선해지는 것이 구원의 조건이라고 말한다. 따라서 죄 문제는 매우 중요하다.

② 인간 : 5가지 종류의 죄로 대상자가 죄인임을 확실히 고백하게 해야 한다.

③ 하나님 : 하나님께서 우리의 죄를 벌하시면 우리는 모두 지옥에 가야만 하는데, 우리를 사랑하시며 동시에 우리의 죄는 반드시 벌해야만 하는 어려움을 크게 부각시켜 설명할 것. "죄를 기록한 책" 예화 등에서 죄로 가정하는 작은 수첩을 사용하되 성경은 사용하지 말 것.

④ 예수 그리스도 :
1. 왜 예수 그리스도는 하나님이신 동시에 참 인간이셔야 하는가?
2. 하나님인 동시에 인간인 분은 이 세상에 예수 그리스도 외에는 없다.
3. 예수 그리스도는 왜 죽으셔야만 했는가? 죄 없는 인간만이 우리 죄를 대신할 수 있다.
4. 우리는 모두 죄인이기 때문에 우리의 죗값을 치를 수도 없다. 그런데 죄 없으신 예수 그리스도께서 우리 죄를 대신해서 죽어 주심으로 우리는 죗값을 치를 필요가 없다.
5. 왜 믿음으로만 구원을 얻을 수 있는가? 그것은 우리가 구원 얻을 길이 없기 때문에 하나님께서 구원 얻는 길을 만들어 주셨기 때문이다.

⑤ 믿음 부분 :
1. 그리스도인에게는 자세하게 강조해서 설명하라.
2. 비신자에게는 부담을 갖지 않도록 간단히 설명하라.

(5) 결신

① 영생의 선물을 보여주라. (139쪽을 참고하십시오.)
② 당신과 나의 죄 때문에 십자가에서 죽으셨고 또 부활하여 지금 살아 계신 예수 그리스도께서 지금 "네가 이 영생의 선물을 받겠느냐?"라고 물으신다면 어떻게 하시겠습니까?라고 질문을 한 다음 상황을 보아서 "받으셔야 하겠지요?"라고 부드러우면서도 조금은 다급하게 결단을 촉구하라.

(6) 결신설명은 대상자에 따라 강도를 다르게 하라.

훈련대상자	신실한 교인들에게	명목상의 교인들에게	처음 결신한 사람들에게
설명의 강약	ooooo	oooo	oo

(7) 하나님이 창조하신 우주(물질의 세계와 영의 세계)

네팔에서의 PET훈련 사례에서 사용한 [# 20]의 [그림 1]을 사용한다. 어떤 의미에서는 이 그림이 시각적으로 이해를 돕기 때문에 복음제시보다도 더 전도하는 데 유용할 수도 있다.

(8) 반대의견 처리

전도를 하다보면 핍박을 하거나 반대의견을 제시하는 사람들을 만나게 된다. 예수님과 사도 바울도 많은 반대에 부딪치셨던 것을 기억하라. 전도자가 갖는 두려움도 바로 이런 것 때문이기도 하다. 이런 것들은 분명히 사탄의 궤계인 것을 명심하십시오. "그중에 이 세상 신이 믿지 아니하는 자들의 마음을 혼미케 하여 그리스도의 영광의 복음의 광채가 비치지 못하게 함이니 그리스도는 하나님의 형상이니라."(고후 4:4). 또 "너희 속에 있는 소망에 관한 이유를 묻는 자에게는 대답할 것을 항상 예비하되 온유와 두려움으로 하라"(벧전

3:15). 반대의견들의 80-90%는 반대를 위한 반대이며 몰라서 또는 정말로 알고 싶어서 묻는 것은 불과 10-20%밖에 안 된다. 그런데도 그 질문들을 잘 처리해야만 성공적으로 전도할 수 있기 때문에 충분히 이에 대비해 두어야 한다. 절대로 짜증을 내어서는 안 되며 "이것이 정말 영적 전투로구나" 하는 긴장과 함께 지혜롭게 대처해야 한다.

1. 반대의견에 대한 기본 전략

① 미리 막으라. 질문에 대한 허락을 받음으로써 질문을 미리 막는다.
② 침착하고 마음속으로 먼저 기도하라.
③ 몰라서 묻는 것인지, 반대를 위한 질문인가를 먼저 파악하라.
④ 적절하게 칭찬하며 진실한 마음으로 경의를 표하고 논쟁을 피하라.
⑤ 일반적인 지혜를 사용하여 빨리 간단하게 답하라.
⑥ 다음에 설명하겠다고 뒤로 미루고 복음으로 돌아가라.
⑦ 어려운 문제는 다음에 알아올 것을 약속하고 복음으로 돌아가라.

2. 반대의견의 예들 :

신자들의 도덕성과 비리, 제사문제, 나는 성경을 믿지 않는다. 누가 천국에 가 보았느냐? 하나님이 어디 있느냐? 하나님을 본 사람도 없지 않으냐? 죽으면 그만이지 그 뒤에 무엇이 있는지 어떻게 아는가? 모든 종교는 다 똑같다. 나는 죄 지은 적이 없다. 교회에는 왜 그렇게 종파가 많은가? 어떤 종파가 옳고 그른지 어떻게 알 수 있느냐? 종교를 바꾸면 화가 온다고 하는데. 내 이름을 어렸을 적에 절에 모셔 놨다. 그것을 어떻게 빼오나? 나중에 믿겠다. 시어머니나 남편의 반대 때문에 교회에 못 나간다. 왜 꼭 기독교만 믿어야 구원 얻나? 기독교는 너무 독선적이다. 술, 담배 때문에 못 나가겠다. 복음을 듣지 못하고 이전에 죽은 사람들은 어떻게 되나? 등등 수도 없이 많은 반대질문들이 있을 수 있다. 그러나 이런 질문이 항상 나오는 것이 아니며 나와도 하나나 둘 정도 나오는 것이 보통이므로 미리 겁을 먹지 말 것이다.

[# 16] 전도 현장 기록표

팀 번호	모 세	아 론	훌

전도결과※ 결과는 "○" 으로 표시하십시오.

번호	이 름	성	나이	종교	결신	보류	거절	교인	주 소
1									
2									
3									
4									
5									
6									
7									
8									
9									
10									
11									
12									

특기사항	특기사항(영문)

[# 17] 전도 보고서

날짜   년   월   일

1. 제 (   )조 방문보고 드리겠습니다.
2. 저희 조의 리더는 (   )이고 조원은 (   ) (   )입니다.
3. 저희 팀은 (   )명에게 복음을 제시해서 결신(   )명, 보류(   )명, 거절(   )명, 이미 신자가(   )명이었습니다.

| 4번부터는 전도한 사람들 중에서 대표적인 한 사람에 대해서만 보고한다. |

4. 저희들은 (   )에 사시는 (   )씨 성을 가진 (   )세 되신 (기혼, 미혼)의 (남자, 여자) 분을 만났습니다.
5. 그분의 종교배경은 (   )이었고, 직업은 (   ) 이었습니다.
6. 천국 갈 확신은 (없었고, 있었고), 하나님의 이유에 대한 대답은 (믿음 / 행위 / 불확실 / 대답 안 함) 이었습니다.
7. 복음제시를 (했고, 못했고), 결과는 (결신 / 보류 / 거절 / 확신)했습니다.
8. 즉석양육은 (했고, 안했고) 7일 후 재방문 약속을 (했습니다, 안 했습니다.)
9. 예배참석 약속을 (했습니다, 안 했습니다) 안 한 이유는 (   )
10. 현장전도에서 느낀 점은
    ◆ 현장에서의 특별한 경험(교훈)은 ?
    _____
    _____

    ◆ 성령께서 어떻게 인도하셨는가?
    _____
    _____

    ◆ 문제점 :
    _____

    ◆ 기도 제목은 :
    _____
    _____

[# 18] 전도한 사람에 대한 양육관리

* 결신한 사람 = 인적사항을 기록한다. 믿음이 자라도록, 성경읽기, 기도, 예배, 교제하고 전도하도록 독려한다.
* 보류한 사람 = 인적사항을 기록한다. 마음문을 열고 영접하도록, 적절한 기회에 다시 방문하도록
* 거절한 사람 = [# 5]에 기록하고 매일 기도한다. 빠른 시일 내에 영접하도록

번호	날짜	전도한 사람이름	전도결과				성별	나이	관계	전화	주소	교회 등록 여부
			결신	보류	거절	신자						
1												
2												
3												
4												
5												
6												
7												
8												
9												
10												
11												
12												
13												
14												
15												
16												
17												
18												
19												
20												

[# 19] 전도자가 지켜야 할 수칙

1. 미리 약속해 둘 것 (그러나 항상 약속할 수 있는 것은 아니다)
2. 목적지를 향해 가는 도중에 잡담을 하지 말라. 조용히 가면서 기도하고 전도대상자에 대해서 아는 것을 전도할 사람에게 알려준다. 그의 종교 배경, 가정환경, 직업, 취미, 성격, 칭찬이나 축하할 일 등.
3. 전도하러 왔다고 하지 말라. "좋은 소식을 가지고 온 분이 있는데 이야기 좀 들어보라"고 말한다.
4. 개인전도 때에는 부부간일지라도 따로따로 실시하라. 불가피한 경우이거나 같이 하는 것이 효과적이라고 판단될 때에만 같이 하라. 부인이 남편 하는 대로 따라서 모든 것을 하는 순종형일 때는 함께 해도 좋다.
5. 방에 들어갈 경우에 주인보다 먼저 앉지 말라. 대상자를 가장 좋고 편안한 자리에 앉게 하고 전도자는 그의 왼편에 비스듬히 앉는다. 대원들은 전도자를 향해 나란히 앉되 너무 멀리 앉지 말고 전도 대상자와 함께 전도자의 말을 경청하라.
6. 기도는 눈을 뜨고 한다.
   ① 성령께서 역사하셔서 전도자가 복음을 잘 전할 수 있도록
   ② 성령께서 역사하셔서 불신자가 마음을 열고 복음을 받아들이도록
   ③ 성령께서 역사하셔서 사탄 마귀가 방해하지 못하도록
7. 방해가 되는 일은 대원이 즉시 처리하라. 잡상인이나 친구가 왔을 때, 전화, 어린아이, 짖는 개 등의 방해가 있을 때 대원 중의 한 사람이 즉시 처리하라.
8. 진단질문이 시작된 후로는 오직 전도자만 말하게 하라. 대원이 중간에 끼어들면 절대 안 된다.
9. "예" 간증은 빠르고 확실하게 하라. 전도자가 "나는 영생을 가지고 있습니다. 집사님도 가지고 계시지요?"하고 물으면 큰 소리로 즉시 "예"라고 대답해야 한다.
10. 전도자의 말이 끝날 때까지 대원들은 절대로 움직이지 말라.
11. 싫증을 느끼는 것은 기도하지 못하게 하는 사탄의 역사이다. 눈을 뜨고

계속 기도하라.
12. 대원들은 모두 내가 전도한다는 자부심과 열정을 가져야 한다.
13. 양육 책임은 대원이나 안내자에게 있다.
14. 복장 및 휴대품 : 복장은 간편하고 정숙한 것이라야 하며 성경이나 찬송가는 가지고 다니지 않는다.

[# 20] 물질의 세계와 영의 세계(하나님이 창조하신 우주)

(1) 우리가 사는 우주의 모든 것은 이 그림 안에 전부 표시할 수 있으며, 우주는 물질의 세계와 영의 세계로 나눌 수 있습니다.

(2) 영의 세계는 눈에 보이지 않으며 우리의 오관으로는 느낄 수도 없다. 영의 세계의 맨 위에는 삼위일체 하나님이 계시고 그 아래는 하나님을 보좌하는 천사들이 있고, 처음에는 천사들이었으나 하나님처럼 신이 되려고 하나님을 배반했다가 저주를 받아 지옥을 지배하고 있는 사탄이 있습니다.

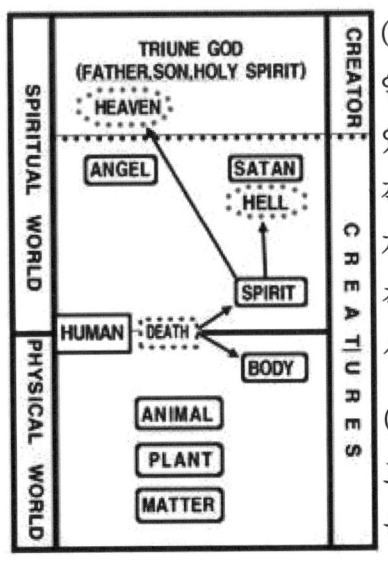

(3) 물질세계의 가장 높은 위치에는 인간이 있는데 인간은 물질의 세계에 있으면서 영을 가지고 있기 때문에 중간에 위치하고 있고, 그 아래에는 영을 가지고 있지 않은 동물, 그 밑에는 움직이지 못하는 식물, 또 그 밑에는 무생물이 있습니다.

(4) 사탄은 영물(靈物)이기 때문에 인간보다 월등한 능력을 가지고 있어서 인간을 지배하려고만 하면 언제든지 인간의 몸속에 들어와 인간을 지배할 수 있습니다.

(5) 그런데 우리가 하나님을 믿으면 하나님께서 성령을 우리에게 보내주셔서 성령께서 우리 안에 계시면 사탄이 마음대로 들어올 수가 없습니다.

(6) 인간이 죽는다는 것은 몸이 영과 육으로 분리되는 현상인데, 육은 물질의 세계로 들어가 흙으로 돌아가지만, 영은 물질이 아니므로 영원히 존재하게 되며 죽은 후에 영이 갈 곳은 두 곳, 즉 천국 아니면 지옥밖에 없습니다.

(7) 인간 안에 사탄이 들어와서 그의 지배를 받으면 죽어서 그 영은 사탄이 지배하는 지옥으로 가게 되며, 하나님을 믿으면 성령의 인도를 받아 천국으로 가게 됩니다. 우리가 하나님을 믿어야 할 이유가 여기에 있는 것입니다.

(8) 인간은 물질세계에서 가장 뛰어난 존재인데 인간의 아래에 있는 동물이나 식물 또는 무생물을 섬긴다는 것은 좀 모자라는 행위가 아닐까요. 영어로는 "난센스"라고 할 수 있습니다. 이 세상에 존재하는 많은 종교들이 이런 우를 범하고 있습니다. "하나님을 보았느냐?" 또는 "보이지도 않는 하나님을 어떻게 믿느냐?"라고 하는 사람들이 있는데 보이는 것은 물질의 세계이며 물질은 영원히 존재하지 않습니다. 성경말씀에 보이는 것은 잠깐이요 보이지 않는 것은 영원하다(고후 4:18)는 말씀이 있듯이 보이지 않는 인간의 영은 영원한 존재입니다. 물질계의 가장 영특한 존재가 인간인데 인간이 보이는 것을 믿는다는 것은 바로 이런 어리석음을 범하는 것입니다.

(9) 힌두교에서는 신이 3억 3천만 개라고 하는데 힌두교도들은 어려서부터 모든 물건에는 신이 있다고 생각합니다. 이들 모든 신들은 사탄이라는 사각형 안에 모두 넣을 수 있습니다.

[# 21] 교회개척 프로그램
【1】 서 론

　　교회개척은 PET훈련의 독특한 프로그램입니다. 또한 PET 운동의 가장 중요한 목적 중의 하나이기도 합니다. 교회개척은 교회 사역 중에서 가장 어렵고 힘든 일로 생각되어 온 것도 사실입니다. 그래서 목사나 선교사들은 교회개척을 그들 사역의 마지막 목표로 삼아왔습니다. 그러나 묘하게도 성령께서 인도하시는 이 PET훈련에서는 그렇지 않습니다. PET훈련에서는 전도가 쉬운 것처럼 교회개척도 매우 쉽습니다. 강사들은 교회개척 방법을 가르치고 연습까지만 참여하고 교회개척 하는 데 훈련생들과 함께 나가지도 않습니다. 왜냐하면 예수 그리스도께서 그의 교회를 세우시기 때문입니다. 예수님께서는 교회개척에 매우 큰 관심을 가지고 계십니다. 목사나 선교사가 교회개척에 어려움을 겪는 것은 예수님의 교회가 아니라 목사나 선교사의 교회를 세우는 것처럼 보이기 때문입니다.

　　예수님께서 하루는 우상숭배가 극심했던 가이사랴 빌립보 지방을 지나가고 계셨습니다. 예수님께서는 그에게 마지막 날이 다가옴을 아셨습니다. 그에게 성경에서 가장 중요한 예언이 이루어지는 결정적인 시간이 다가오고 있었습니다. 예수님께서는 이제 자기가 누구인 것과 십자가에 달려 돌아가실 것을 말할 시간이 다가옴을 아셨습니다. 이 중요한 시간에 예수님께서는 교회를 세우실 것을 말씀하신 것입니다. 이 말씀은 마태복음 16장 16-28절에 있습니다. 이 말씀은 제자들의 때로부터 예수님께서 다시 오실 세상 끝날까지에 있을 비전을 보여주신 말씀입니다. 그의 말씀은 교회 설립의 근거가 되는 말씀입니다. 교회개척 사역은 다음 3가지 중요한 명제와 관계가 있습니다.

　　　① 정체성의 문제 (나는 누구인가?)
　　　② 하나님의 부르심 (나는 무엇을 위해 부름을 받았는가?)
　　　③ 기독교인의 사명 (나는 무엇을 해야 할 것인가?)

(1) 정체성의 문제 : 마태복음 16장 18절에 이런 말씀이 있습니다. "또 내가 이르노니 너는 베드로라 내가 이 반석 위에 내 교회를 세우리니 음부의 권세가 이기지 못하리라." 예수님께서는 시몬의 이름을 베드로라고 고쳐주셨습니다. 요나의 아들 시몬이 아니라 반석의 뜻을 가진 베드로라고 부르셨습니다. 죽음의 아들에서 산 자의 아들로 이름을 바꾸셨습니다. 사람의 아들에서 하나님의 아들로 바꾸셨습니다. 그런 다음에 예수님께서는 그 반석 위에 "내 교회"를 세우시겠다고 하셨습니다. "반석"은 무엇을 의미합니까? 반석은 베드로가 고백했던 그 "믿음"을 의미합니다. "주는 그리스도시요 살아계신 하나님의 아들이십니다."라고 하는 그 믿음이 교회의 기초입니다. 여러분의 이름도 세상의 아들로부터 하나님의 아들로 고쳐졌습니다. 예수를 믿는 우리들의 그 믿음이 교회의 기초가 됩니다. 사도 베드로가 우리들의 정체성을 잘 표현했습니다. 베드로전서 2장 9절 말씀입니다. "오직 너희는 택하신 족속이요, 왕 같은 제사장이요, 거룩한 나라요, 그의 소유된 백성이니, 이는 너희를 어두운 데서 불러내어 그의 기이한 빛에 들어가게 하신 자의 아름다운 덕을 선전하게 하려 하심이라"(벧전 2:9).

교회란 무엇입니까? (부록이 아닌 원본의 페이지 73 참조). 교회는 예배드리기 위해 지어놓은 건물이 아닙니다. 교회는 목사나 선교사나 사람들이 만든 어떤 조직도 아닙니다. 교회는 하나님을 찬양하고 서로 교제를 나누는 믿는 사람들의 공동체입니다. 다시 말하면, 교회는 죽음과 죄의 올무에서 구원받은 사람들이 교제를 나누는 유기적 공동체입니다. 다음 성경 말씀은 초대교회의 모습을 잘 보여주고 있습니다. "날마다 음식을 같이하여 성전에 모이기를 힘쓰고 집에서 떡을 떼며 기쁨과 순전한 마음으로 음식을 먹고, 하나님을 찬미하며 또 온 백성에게 칭송을 받으니 주께서 구원받는 사람을 날마다 더하게 하시니라"(행 2:46-47).

새로운 교회를 설립하는 것은 누구의 책임입니까? 목사입니까? 선교사입니까? 예, 그들도 물론 교회설립의 책임이 있습니다. 그러나 기독교인 모두에게 똑같이 그 책임이 있습니다. 오직 예수 그리스도만을 신뢰하는 믿음이 교회의 기초가 되기 때문입니다.

(2) 하나님의 부르심 : 모든 기독교인은 선교를 위해 부름을 받았습니다. 부활하신 후에 그의 제자들을 불러 앞에 앉혀 놓으시고 다음과 같은 말씀을 하시지 않았습니까? "하늘과 땅의 모든 권세를 내게 주셨으니, 그러므로 너희는 가서 모든 족속으로 제자를 삼으라.(마 28:18-19)"고 말씀하셨습니다. 그리고 또 말씀하시기를 "오직 성령이 너희에게 임하시면 너희가 권능을 받고 예루살렘과 온 유대와 사마리아와 땅끝까지 이르러 내 증인이 되리라" (행 1:8). 우리는 이 말씀이 당시의 제자들에게만 하신 말씀이 아니고 지금 우리 모두에게 하신 말씀이라는 것을 잘 알고 있습니다. 여러분 모두는 전도와 새 교회개척을 위해서 하나님의 부르심을 받은 것입니다. 만일 우리가 이 부르심에 응하지 않는다면 우리는 예수 그리스도와 아무런 상관이 없는 사람이 되는 것입니다.

(3) 기독교인의 사명 : 우리가 할 일은 전도와 교회개척을 계속하는 것입니다. 다시 말하면 세계복음화는 우리의 책임입니다. 하나님께서는 우리 모두가 전문적인 선교사가 되기를 원하십니까? 아닙니다. 하나님께서는 우리의 각자 처해 있는 생활현장에서 선교의 일을 담당하기를 원하십니다. 왜냐하면 전도와 교회개척만을 위해서 우리의 일상생활을 포기하는 것을 원치 않으시기 때문입니다. 정확하게 말씀드리면 이 사역은 예수 그리스도의 일입니다. 그러나 그는 사람을 통해서 일하십니다. 그래서 우리는 여기 전도와 교회개척을 배우기 위해 모인 것입니다.

어떤 종류의 교회를 개척합니까? 우리는 예수 그리스도의 교회를 개척

합니다. 분명히 주님께서는 베드로라는 반석 위에 '내 교회'를 세우겠다고 하셨습니다. 다시 말해서, 우리는 그리스도의 용병입니다. 용병은 대가를 받고 싸우거나 일을 합니다. 여러분은 대가를 받았습니까? 우리는 그리스도로부터 이미 충분한 대가를 미리 받았습니다. 우리가 오늘 세우게 될 교회는 다음과 같은 특징을 가진 교회입니다.

첫째, 오늘 우리가 세울 교회는 하나님의 교회이며 동시에 우리들의 교회입니다. 우리는 그 교회를 통해서 대대손손이 축복을 받으며 서로 교제를 나누며 협력하는 교회입니다.
둘째, 오늘 우리가 세울 교회는 성령충만한 교회입니다.
셋째, 오늘 우리가 세울 교회는 영원한 교회입니다. 음부의 권세가 이길 수 없는 그런 교회입니다.
넷째, 오늘 우리가 세울 교회는 세계복음화를 위해 계속 성장하는 교회입니다.

【2】 교회개척 순서

1. PET 훈련의 삼인조를 조직한다.
2. 교회가 없는 지역 중에서 교회개척 할 장소를 선정한다.
3. 다섯 개의 삼인조로 하나의 그룹을 조직하고 그룹장, 총무, 서기를 정한다.
4. 파송예배 때에 그룹장에게 교회개척을 위해 안수한다.
5. 각 그룹의 단체와 그룹장의 독사진을 찍는다.
6. 그룹별로 교회개척을 위해 원으로 모여 기도한다.
7. 각기 선정된 교회개척 장소로 이동하여 전도 후 모일 장소를 정한다.
8. 길 옆 한 자리에 모여서 기도하고 2-4시간 동안 가능한 한 많은 사람에게 전도(팀 전도 또는 개인전도)를 실시한다.

9. 대원들이 전도하는 동안 그룹장은 예배 처소로 쓸 장소를 물색한다.
10. 교회로 생각한 집에서 가까운 곳에서 다 같이 점심을 먹는다.
11. 새 교회에서의 교제를 위해 약간의 과자나 과일을 준비한다.
12. 되도록 많은 동네 사람들을 초청한다.(결신한 사람이건 하지 않은 사람이건 상관없이 가능한 한 많은 사람들을 초청한다.)
13. 다 모인 중에 교회란 건물이 아니고, 믿는 사람들의 공동체라는 것을 설명하고, 예수 그리스도의 새 교회가 설립된 것을 선포한다. 이 절차는 개척예배 순서에 따라 진행하고 총무는 다음과 같은 사진을 찍는다.

① 떠나기 전 기도하는 모습
② 교회 개척하러 떠나는 모습
③ 길에서 기념될 만한 사진들 2-3장
④ 현지에 도착하여 전도하기 전 기도하는 모습
⑤ 대원들이 전도하는 모습
⑥ 그룹장이 교회설립 선포하는 사진
⑦ 예배드리는 모습
⑧ 새 신자들이 그들의 오른손을 들고 있을 때의 사진
⑨ 새 신자들의 전체 사진
⑩ 교제를 나누는 모습
⑪ 지역 지도자 (임시 집사)의 독사진
⑫ 모임 전체 사진
⑬ 예배 처소로 쓰일 집의 밖에서의 전경
⑭ 전도대원들 전체 기념사진
⑮ 기타 기념될 사진들

【3】 교회 개척예배 순서

1) 그룹장이 개회 기도를 한다.
2) 예배에 참석해 준 것을 감사하고 이 개척예배에 참석한 것은 여러분의 인생에 있어서 가장 중요한 순간이라는 것, 그들과 그들의 가정이 구원을 얻고 축복을 받는 근원이 된다는 것, 오늘 누구든지 이 세상을 창조하신 창조주 하나님의 가족이 될 수 있는 기회라는 것 등을 설명한다.
3) 전도대원들을 앞에 정렬시키고 한 사람씩 소개한다.
4) 대원중에서 한 사람이 함께 선 자리에서 간단히 간증을 한다.
5) 대원 전원이 기쁜 얼굴로 즐겁게 찬양한다.("예수님 찬양")
6) 같은 찬양을 모든 사람이 함께 찬양한다.(악보를 미리 준비)
7) 그룹장이나 목사가 설교한다. 내용은 다음과 같다.
　　7-1) 개인 간증(간단히)
　　7-2) 삼위일체 하나님, 천지창조, 인간의 타락, 죄로 인해 죽음이 왔고 모두 지옥에 갈 수밖에 없는 처지가 되었다.
　　7-3) 예수 그리스도를 소개하고, 그가 하신 일을 설명하고 믿음으로 구원을 얻는다는 것을 이야기한다.

"주 예수를 믿으라, 그리하면 너와 네 집이 구원을 얻으리라."(행 16:31).
"하나님이 세상을 이처럼 사랑하사 독생자를 주셨으니 이는 저를 믿는 자마다 다 멸망치 않고 영생을 얻게 하려 하심이니라."(요 3:16)
"예수를 영접하는 자 곧 그 이름을 믿는 자들에게는 하나님의 아들이 되는 권세를 주셨으니, 이는 혈통으로나 육정으로나 사람의 뜻으로 나지 아니 하고 오직 하나님께로부터 난 자들이니라."(요 1:12-13)

8) 예수님을 영접하기 원하는 사람들은 오른손을 들어 보이도록 한다. (이때 사진을 촬영함)

9) 결신기도를 결신자들과 같이 하고 난 다음, 그들의 확신과 그 가족을 위한 축복기도로 마무리한다.
10) 서기는 새 신자들의 이름을 기록하고 새신자 단체 사진을 그 자리에서 찍는다.
11) 성경은 무엇이며 어떻게 사용하는 것인지 설명한다. 성경을 기증하고 요한복음을 매일 1장씩 읽도록 한다.
12) 기도하는 법을 가르치고 기도의 효력에 대해 설명한다.(손가락 기도방법 148 페이지 참조)

"구하라 그러면 너희에게 주실 것이요 찾으라, 그러면 찾을 것이요 문을 두드리라 그러면 너희에게 열릴 것이니라." (마 7:7)

"너희 중에 누가 아들이 떡을 달라하면 돌을 주며 생선을 달라하면 뱀을 줄 사람이 있겠느냐. 너희가 악한 자라도 자식에게 좋은 것으로 줄줄 알거든 하물며 하늘에 계신 너희 아버지께서 구하는 자에게 좋은 것으로 주시지 않겠느냐?" (마 7:8-11)

13) 정규 예배시간 또는 다음 모임 시간과 장소를 협의하여 결정한다.
14) 아이들을 포함하여 준비한 간식으로 간단한 교제 시간을 갖는다.
15) 다음 시간에 올 때는 한 사람이 한 사람씩 데려오도록 부탁한다.
16) 사회자의 선창에 따라 오른손을 위로 힘 있게 뻗으면서 "예수 그리스도"를 3번씩 외친다.

	사회자	다 같이	반복 횟수
16-1)	"나의 영원한 구원자"	"예수 그리스도"	3번
16-2)	"나의 영원한 생명"	"예수 그리스도"	3번
16-3)	"나의 영원한 주님"	"예수 그리스도"	3번

17) "예수 이름으로" 찬송이나 적당한 찬송을 신나게 합창한다.
18) 그룹장이 다음을 선포한다.
    18-1) 그 집에 교회가 설립된 것을 성부, 성자, 성령의 이름으로 선포한다.
    18-2) 교회란 건물이 아니고 예수 믿고 구원받은 사람들의 공동체이며 새로 믿은 사람들이 그 교회의 주인임을 선포한다.
    18-3) 교회 이름을 정한다.
    18-4) 예수 그리스도를 영접한 사람은 모두 영생을 가지게 되었다.
19) 새로 설립된 교회를 위하여 감사기도를 드리고, 새 신자들과 지역과 그 마을에 하나님의 축복이 임하시기를 위해 기도한다.
20) 지역 책임자를 임명하고 "임시 집사"로 임명한다. 배지를 달아주고, 그를 위해 다 같이 기도한다.
21) 삼인조 한 팀을 정하여 그 교회를 돕도록 임명하고, 이 삼인조와 지역 책임자와 그룹리더가 함께 사진을 찍는다.
22) 다음 모이는 시간을 다시 한번 더 광고한다.
23) 기념사진(전체, 지역책임자 가족, 교회 건물주인 가족 등)을 촬영하고 훈련본부로 돌아온다.

【4】 새 교회의 양육

❶ 2-3주째 예배 및 교육

① 성경에 대한 교육 : 예배와 함께 기초교육을 실시한다.
  1-1) 성경이란 무엇인가? (딤전 3:16)
  1-2) 성경의 사용법
  1-3) 성경의 개관을 10-20분간 설명한다. 천지만물의 창조, 인간의 타락, 아브라함과 이스라엘 백성의 선택, 예수의 성육신, 인간은 자신을 구원하지 못함, 예수를 통한 구원, 은혜 시대, 성령충만, 예수의 재림, 세상의 심판 등등. 이런 모든 사실이 성경에 있음.

② 기도 :
  2-1) 기도는 하나님과의 대화, 영적인 호흡으로 기도하지 않으면 영적으로 죽게 된다. 또한, 기도 없이는 영적으로 자랄 수 없으며 성령충만도 기도를 통해 받는다.
  2-2) 하나님은 기도하는 자를 사랑하시며 모든 기도를 들어주심.
  2-3) 평상시 기도하는 순서 (다섯 손가락으로 시범)
  2-4) 주기도문과 사도신경을 외우도록

③ 예배란 무엇인가?
  3-1) 교회란 무엇인가? 교회는 예수를 믿어 구원받은 사람들의 모임이 교회이므로 이곳에 훌륭한 교회가 세워졌다. 하나님께서는 교회를 통해 일을 하시며 계속해서 확장되기를 원하신다. 또 그렇게 되도록 성령님을 통해 도우신다.
    (1) 성령의 도우심으로 하나님을 찬양하고 예배를 드린다.
    (2) 영적으로 자라기 위하여 성도들이 성령 안에서 교제하며, 교회의 모든 일은 서로 협력하여 하고 계속 교회를 성장시킨다.
    (3) 예수 그리스도의 명령을 수행하기 위해 전도하며 믿지 않는 사람들의 영혼을 위해 기도하고 구원하도록 노력한다.
    (4) 이웃을 돕고 사회적으로 좋은 일을 찾아서 한다.

(5) 때가 되면 성례를 베풀고 세례를 준다.

④ 교회 안에서의 교제 : 서로 돕고 서로 위해 기도하며 성경공부나 제자훈련 등을 같이 하며 함께 봉사한다. 이런 일을 통해서 신앙이 성숙한다.
⑤ 전도 : 전도하는 것보다 신앙을 빨리 자라게 하는 것은 없다. 전도는 예수 그리스도가 내게 어떤 분인가 하는 것을 다른 사람에게 전하는 것이다.
⑥ 찬양 : 우리 인간은 하나님께 찬양을 통해 영광 돌리는 것이 가장 중요한 존재의 이유이기도 하다. 여러 가지 찬양을 배우고 또 자주 불러야 한다. 찬양은 사탄을 물리치는 강력한 도구이다.
⑦ 모든 예배는 축도나 주기도문으로 끝마친다.

❷ 새 교회의 관리 원칙
① 제1조 : 사도 바울이 세웠던 교회는 3-S 교회이다. 3-S 교회는 자립, 자치, 자전(Self-supporting, Self-governing, Self-Propagating) 하는 교회이다. 처음부터 자립교회로 세우며 자립한다는 것은 쉽지 않은 일이지만 우리 한 사람 한 사람은 제사장이며 하나님 앞에 홀로 나아갈 수 있는 것을 잘 설명하라. 예수님께서 십자가에 달려 돌아가실 때, 우리의 모든 죗값이 치러지는 순간에 예루살렘 성전에 있는 지성소의 휘장이 갈라졌다. 그러므로 구원을 위해서 하나님과 우리 사이에 어떤 제사장이나 누구도 필요 없게 되었다. 교회는 우리들의 교회이며 교인 모두가 서로 협력하여 관리하고 성장시켜야 한다.
② 제2조 : 모교회의 역할은 설교자의 파송, 양육, 상담의 역할만을 담당한다. 모교회의 담당교역자는 정기적으로 방문하여 교인을 양육한다. 현지에서 또는 소집하여 성경 공부반을 운영하며, 설교자 파송 때에는 그날의 설교문을 복사해서 준다.
③ 제3조 : 일 년에 1-2회 모교회와 자교회가 모두 합쳐서 공동예배를 드린다. (야외예배도 좋다.)

[# 22]　　　　　　　**교회개척 보고서**

그룹 번호 _____　　　날짜 _____년 ____월 ____일

팀 번호	팀 리더	전도 수	결신	보류	거절	비 고
총계						

1. 우리 그룹의 그룹번호는 (　　　) 이고, 그룹장은 (　　　　　), 총무는(　　　　　) 서기는 (　　　　　)입니다.

2. 저희는 여기서 (　　　) km 떨어진 (　　　　　)(마을, 동, 도시)으로 갔습니다. 우리는 (　　　)명을 전도하여 결신(　　　)명, 보류(　　　)명, 거절(　　　), 이미 신자(　　　)명이었습니다.

3. 우리는 (　　　　　)의 집을 가정교회로 정하고 (　　:　　)에 개척 예배를 드렸으며 참석자는 : 새신자(　　　)명, 총 참석 인원은 (　　　)이었습니다.

4. 개척예배에서 사회는 (　　　　), 설교는 (　　　　)가 했습니다. 새 교회의 지도자는 (　　　　)를 임명하였고, 팀 번호 (　　　)의 삼인조가 계속 돕기로 했습니다.

5. 정규 예배는 매주 (　　　)요일, (　　시　　분)에 드리기로 하였고, 특별 모임을 (　　　)요일, (　　시　　분)에 갖기로 하였습니다.

6. 모교회는 (　　　　)교회이며, 성장할 때까지(　　　　)가 양육을 담당하기로 하였습니다.

7. 교회개척에서 있었던 중요한 일들은:
1) 오늘 아침에 교회개척을 위해 훈련센터를 떠날 때 어떤 느낌이었는가?

2) 교회개척 하는 동안에 성령님께서 어떻게 도우셨는가?

3) 교회개척 예배를 어떻게 평가할 수 있으며 예배드리는 동안 어떤 느낌이었는가?

4) 교회개척을 마친 후에 당신의 소감은 어떠했는가?

5) 새로 세운 교회에 대하여 앞으로 어떤 비전을 가질 수 있겠는가?

6) 기타 특기 사항

[# 23]

세계복음화 전략
【1】 예수님의 선교전략

여기 이 두 성경말씀, 즉 사도행전 1:8절 말씀을 <u>집중의 원리</u>, 마태복음 28:18-20절 말씀을 <u>제자 재생산의 원리</u>를 예수님의 선교전략을 대표하는 말씀으로 일반적으로 받아들여지고 있다.

(1) 집중의 원리 : 사도행전 1장 8절 말씀은 순차적인 것이 아니고 세상 모두를 가리키는 동시적인 말씀이지만 복음전달의 특성상 핵심적인 부분에서 주변으로 확산되어 가는 것이 일반적이다. 이렇게 확산되어 나가는 모양을 보면 다음 [표 3]과 같다고 할 수 있다.

[표 4] 87페이지	성경	예루살렘	온 유대	사마리아	땅끝
	나의 지역	나의 고장	자기 나라	인접 적대국	세계 열방

예수님께서 복음을 확산시키신 선교전략도 이와 비슷하다. 예수님의 관심은 대중에게 전도하는 프로그램에 있는 것이 아니고, 그 대중이 따를 사람들에게 관심이 있으셨다. 결국은 배가운동을 일으키는 사람들이야말로 세상을 하나님께로 돌아오게 하는 방법이라고 생각하셨다. 예수님은 12제자를 훈련 시키셨지만 사실은 3명을 중심으로 제자훈련을 시키셨다(마 17:1, 마 26:37). 즉 베드로, 요한, 그리고 야고보를 통해 12제자를 이끌게 하셨으며, 이들은 70인의 제자/전도자(눅 10:1)로 확산되었으며, 그 후에는 예수님의 승천을 목격한 500여명의 제자들(고전 15:6)로 확산되었다. 이것을 보고 콜만(Robert E. Coleman)은 "전도의 종합계획"이라는 책에서 "예수님의 집중전략"이라고 하였으며, 이것은 예수님의 훈련방법 중 가장 기본적인 요소 중의 하나라고 하였다.

예수님 → 베드로, 요한, 야고보 → 12제자 → 70인(어떤 사본에는 72인) → 500여 명 → 3,000명/5,000명

(2) 제자의 재생산 (딤후 2:2)

"네가 많은 증인 앞에서 내게 들은 바를 충성된 사람들에게 부탁하라. 저희가 또 다른 사람들을 가르칠 수 있으리라." 이것이 세대를 뛰어넘는 복음전파의 원리이다. 전도사역은 계속적인 연쇄 훈련으로 전도자를 계속해서 만들어 나가야 한다. 사과를 주기보다는 사과나무를 심는 방법을 가르쳐 주어서 계속 수확을 하게 하며, 물고기를 주기보다는 고기 잡는 방법을 가르쳐주어서 계속 많은 고기를 세대를 이어서 낚을 수 있도록 하여 풍성한 수확을 하게 하는 것이 모든 만민에게 복음을 전파하는 원리이다. 기독교는 이런 사람들에 의해 계속 이어져 오고 있는 것이다. 주님께서도 "그러므로 추수하는 주인에게 청하여 추수할 일꾼들을 보내 주소서 하라"(마 9:38)고 말씀하셨다. 세대를 이어서 계속 일꾼이 공급되어야 한다.

【2】 삼인조운동의 전략

(1) 추수꾼(전도자)을 기하급수적으로 증가시킨다.

전도사역을 담당한 사역자들만 전도하면 그 수의 증가는 산술급수적으로 증가하기 때문에 매우 느리다. 그러므로 삼인조운동에서는 전도자의 수를 기하급수적으로 증가시켜 나아가는 예수님의 전도전략(배가 운동)을 중심 전략으로 채택하였다. 이것은 모든 성도들을 무장시켜 모두가 제자삼기를 반복하여 증식해 나가는 방법이다. 삼인조는 자체적으로 1년에 한번은 자체 훈련을 통해서 배가시켜야 한다. 이것은 전도폭발의 정상적인 증가 방법이기도 하다. 아래 [표 9]는 삼인조의 배가 운동을 숫자적으로 보여주고 있다. 삼인조운동의 확산은 국가와 종족을 넘어서 모든 인류를 향한 예수 그리스도

의 증인들의 행렬이 될 것이다. 실제로 삼인조의 각 조원은 1년에 조원 각자가 두 명을 제자로 훈련하여 3명이 9명으로 증가해야 한다.

[표 5]

삼인조훈련을 통한 전도자 수의 증식(최대치)

연도	기수	훈련 받을 제자의 수	삼인조 수	교회개척 수	비 고
1	1	45	15	6(3X2)	최대치
2	2	135	45	18	최대치
	3	405	135	54	최대치
3	4	1,215	405	162	최대치
	5	3,645	1,215	486	최대치
4	6	10,935	3,645	1,458	최대치
	7	32,805	10,035	4,374	최대치
5	8	98,415	32,805	13,122	최대치
	9	265,245	98,415	39,366	최대치
6	10	885,735	265,245	118,098	최대치
	11	2,657,205	885,735	354,294	최대치

※ 위의 [표 5]에서 처음 훈련생 45명을 삼인조로 편성하면 삼인조 15개조가 되며, 훈련을 시작하고 6-12개월 후에 각 삼인조가 9명으로 (삼인조 3개조) 증가하면 135(45조)명이 되는 것을 보여주고 있다. 교회개척의 경우는 한 곳에 5개 삼인조씩 교회개척을 나가면 하루에 3개, 그리고 2일이면 6개의 교회를 개척하게 되는 것을 보여준다.

[#24] 기도와 전도로 풍성한 삶을 살고자 하는 나의 결정

훈련생 고유번호 _____   일자   년   월   일

팀	이름	성별	나이	교회 이름	직책	교인 수	신앙 연수
주소 및 전화번호							

근거	숙고하여 대답할 질문들	O,X로 표시	기록하기
# 1	1. 당신은 천국에 갈 확신을 갖고 계십니까?	1.	
	2. 언제 그런 확신을 갖게 되셨습니까?		2.
# 1	3. 천국에는 어떻게 들어갈 수 있습니까?		3.
# 2	4. 당신은 기도로 산을 옮길 수 있는 믿음을 가지고 있습니까?	4.	
# 3	5. 당신은 기도 제목을 매일 기록하고 기도하시겠습니까?	5.	
# 4	6. 매일 한 사람의 전도대상자를 기록하고 위하여 기도하시겠습니까?	6.	
# 7	7. 세계복음화를 위해서 매일 기도하시겠습니까?	7.	
# 6	8. 당신이 전도한 사람의 영적성장을 위해서 매일 기도하시겠습니까?	8.	
# 7	9. 매년 삼인조를 배가시키시겠습니까?	9.	
	10. 매년 삼인조를 몇 개 조나 배가시키시겠습니까?		10.
# 8	11. 지금까지 몇 사람이나 전도하셨습니까?		11.
	12. 매일 한 사람씩 전도한다고 약속할 수 있습니까?	12.	
# 8	13. 당신은 기도와 전도를 위해 일주일에 하루를 바칠 수 있습니까?	13.	
	14. 일주일 중 어느 요일에 팀으로 전도하시겠습니까?		14.
# 9	15. 기회가 주어졌을 때, 일 년에 몇 개의 교회를 개척하시겠습니까?		15.